억만장자가 되려면
대학을 중퇴해야 할까

억만장자가 되려면
대학을 중퇴해야 할까

어떻게 인과를 제대로 구별할 것인가

권오상 지음

들어가는 말

인과가 평균이나 상관보다 중요하다

전 세계에서 가장 돈이 많은 사람은 누굴까? 제일 먼저 떠오르는 사람은 빌 게이츠다. 그의 재산은 2020년 기준 119조 원에 달한다. 그는 유복한 환경에서 자랐지만 상속받아서 현재의 재산을 갖게 된 것은 아니다. 스물한 살 때인 1975년 마이크로소프트를 창업해 지금의 돈을 모았다. 그 덕분에 잡지 『포브스』가 선정하는 '세계의 억만장자' 순위에서 1995년부터 2019년까지 총 25번 중 17번이나 1위를 차지했다.

게이츠는 젊었을 때 돈밖에 모른다고 욕을 먹었다. 특히 1990년대의 게이츠는 인터넷 브라우저의 선두주자 넷스케이프를 무자비하게 압살했다. 요즘의 게이츠는 다르다. 한평생 모은 재산을 재단에 기탁하고 전 세계의 빈곤과 불평등 퇴치 그리고 보건과 교육에 쓰고 있다. 그가 세운 재단은 상속세를 회피하기 위한 수단이 아니다. 게

이츠 부부가 죽은 후 20년 내로 재단의 모든 돈을 소진하고 청산하게 되어 있다. 세 명의 자녀들은 각각 120억 원을 유산으로 받을 뿐이다. 물론 그럼에도 최근 갑작스러운 이혼발표와 함께 드러난 과거 행동은 비판받아 마땅하다.

게이츠의 이력을 살펴보다 보면 학력이 눈에 들어온다. 하버드대학교에 입학해서가 아니라 중간에 자퇴해서다. 모두가 선망하는 학교니 어떻게 해서라도 마칠 법하다. 그런데 그는 대수롭지 않았던 듯 학부를 마치지 않았다. 보통 사람이 그랬다면 끈기가 부족하고 산만하다는 평가를 면하기 어려웠을 행동이다. 결과적으로 그의 공식 학력은 고졸이다.

그러고 보면 억만장자 중에는 유독 대학교 중퇴자가 많다. 예를 들어 페이스북의 마크 저커버그도 게이츠처럼 하버드대학교를 중간에 자퇴했다. '아, 중간에 자퇴해도 하버드대학교에 들어갈 정도면 다른 이야기지.' 하고 생각할 사람도 있을 것 같다. 꼭 그렇지는 않다. 소프트웨어 제조 회사 오라클을 세운 래리 엘리슨은 일리노이 어버너-섐페인대학교 중퇴자다. 재산 순위로 보면 엘리슨이 5위고 저커버그가 6위다.

그뿐이랴. 애플과 픽사의 고 스티브 잡스가 한 학기 만에 집어치운 대학은 오리건에 있는 리드 칼리지였다. 자라의 창업자면서 71조 원의 재산으로 세계 일곱 번째 부자인 아만시오 오르테가Amancio Ortega는 한술 더 뜬다. 대학은 고사하고 중학교도 마치지 못했다. 즉 전 세계 부자 순위에서 1등부터 7등까지 중 넷이 대학 졸업장이 없다. 졸업장이 있는 사람은 셋으로 아마존의 제프 베이조스, 루이뷔통모에 헤네시의 베르나르 아르노, 버크셔 해서웨이의 워런 버핏뿐이다.

이 이야기에 대한 사람들의 반응은 세 종류다. 학력을 능력과 연봉의 전제조건으로 여기는 사람이라면 부인한다. 통계학의 안경으로 세상을 바라보는 사람은 대학 중퇴와 억만장자 사이의 상관관계에 주목한다. 또 일부 사람은 학업 중단을 억만장자가 되는 길로 간주한다.

방금 세 종류의 반응은 모두 궤도를 벗어나 있다. 자기 생각에 어긋난다고 해서 일어난 사실을 부정하는 것은 광신도가 저지르는 지적 자살 행위와 다름없다. 근본 원리가 밝혀지지 않은 상관관계는 제아무리 강하다 한들 헛된 신기루에 가깝다. 가장 한숨을 내쉬게 하는 반응은 마지막이다. 억만장자 가운데 대학 중퇴자가 많다는 사실은 어느 정도 일리가 있다. 하지만 학업 중단이라는 행위가 억만장자가 되는 원인일 리는 없다. 원인은 다른 데 있다.

원인과 결과를 연결 짓는 일은 실로 중요하다. 결과에 대한 원인을 잘못 지목하면 어이없는 행동을 대책이랍시고 저지르게 되기 때문이다. 예를 하나 들자. 고대 그리스의 히포크라테스Hippocrates는 모든 병의 원인은 사람의 몸을 구성하는 네 가지 기질humor, 즉 혈액, 점액, 황담즙, 흑담즙 사이의 불균형이라고 주장했다. 엠페도클레스Empedocles가 주장한 4원소의 물, 불, 공기, 흙을 적당히 체액으로 일대일 대응시킨 히포크라테스의 4체액설은 19세기까지도 의학적 진리로 간주됐다.

의사들은 혈액의 지나친 영향을 줄인다면서 아무 때나 환자의 피를 뽑았다. 그 결과 피를 너무 뽑아 죽은 사람의 수는 이루 셀 수도 없이 많았다. 그럼에도 존스홉킨스대학교 병원의 네 명의 공동창업자 중 한 명이자 '현대 의학의 아버지'로 일컬어지는 윌리엄 오슬러 William Osler는 1923년에도 "사혈은 폐렴 치료에 효과가 있음에도 불구하고 지난 반세기 동안 너무 적게 시행됐다."라고 투덜댔다. 일반인은 물론이고 전문가조차도 원인을 오인하는 경우가 적지 않다는 의미다.

원인과 결과 사이의 관계를 가리켜 인과라고 부른다. 사실 인과가 증명되지 않은 모든 관찰과 지식은 헛된 것이기 쉽다. 그 대표적인 예가 바로 상관이다. 예를 들어 여자의 치마 길이와 아이스크림 판매량 사이에는 강한 음의 상관관계가 존재한다. 그렇다고 해서 치마 길이를 짧게 만들면 아이스크림이 더 팔린다고 이야기할 수는 없다. 평균도 마찬가지다. 평균적으로 전 세계에서 매년 태어나는 아이 열 명 중 두 명은 중국인이다. 그렇다고 해서 흑인 남편과 브라질인 아내 사이에서 태어날 다섯 번째 아이가 중국인이라고 이야기하면 곤란하다.

이 책은 평균과 상관의 한계와 더불어 인과를 설명한다. 인과에 관한 책을 쓰게 된 출발은 금융론이 현실과 너무 동떨어져 있다는 자각에서였다. 관련한 논문들을 학술지에 게재했지만 교수나 읽을 따름이었다. '이럴 바에야……'라는 생각에 금융론을 바로 세우고 일반인도 쉽게 이해할 수 있는 책을 썼다. 변화는 생각보다 더뎠다. 제대로 된 이론을 알아도 사람들의 의사결정은 주먹구구가 되기 쉬웠다. 혹시나 해서 의사결정에 도움이 되는 책도 여럿 냈다. 그렇게 10년이라는 시간이 지났다. 여전히 주위의 현실은 만족스럽지 못했다. 가짜 주장과 근거 없는 허위 정보가 판쳤다. 그 대부분은 인과가 모자란 현상의 집합체였다. 이 책을 통해 진짜 인과가 무엇인지를 사람들에게 알리는 일이 미션이 된 연유다.

그러면 이 책은 금융 관련 경제서일까? 출간을 논의하는 과정에서 수차례 맞닥뜨려야 했던 질문이다. 출판사의 고심을 모르지는 않는다. 책은 출간되면 하나의 분야를 부여받는다. 그 분야가 뭐냐에 따라 오프라인과 온라인 서점의 판매 위치가 정해진다. 기존 시각으로 보기에 여러 분야에 걸친 듯한 내 책들을 출판사들이 난감해한 이유다. 이 책은 문과와 이과라는 구태의연한 세계관과 언어로 바라보면 수구적 질서를 어지럽히는 교란자다. 이 질문에 대답하자면 "그렇기도 하고 그렇지 않기도 하다." 이 책은 금융과 경제에 고스란히 적용되는 이론과 사례로 가득하다. 그런 면으로는 금융 관련 경제서가 틀림없다.

한편 그게 전부는 아니다. 평균, 상관, 인과의 개념이 적용되는 분야는 다양하기만 하다. 원리의 관점으로 평균과 상관을 다룬 1장과 2장은 통계학, 인과의 기본을 다룬 3장은 논리철학, 최신의 고급 인과를 다룬 4장과 5장은 컴퓨터과학과 관련이 있다. 취급한 사례는 금융과 경제 외에도 천체물리, 사회, 비즈니스, 교육, 지구온난화, 의료, 스포츠, 정치, 영화, 법률 등을 망라한다. 심지어 추리소설도 포함되어 있다. 이렇게 남들이라면 하지 않을 방식으로 쓴 이유는 그래야만 인과의 풍부한 적용 가능성을 보여줄 수 있다고 생각했기 때문이다.

물론 이 책 한 권으로 인과의 모든 내용이 해결되지는 않을 것이다. 최소한 '아, 이런 게 있구나!' 하는 자극을 받고 추가로 읽을거리를 찾아보게 된다면 저자로서 더 이상 바랄 바 없다. 이 책을 통해 인과를 널리 알린다는 미션이 성공할 수 있을까? 미리 결과를 알 수 있다면 미션이 아니다. 우리 바깥에 존재하는 운에서 그분의 모습을 발견하도록 돕는 책을 썼을 때와 비슷한 마음으로 궁극의 인과에서 그분의 에피파니*를 느끼는 계기가 되기를 바랄 뿐.

낮은 곳을 향하며, 세상에 감사와 평화를.

2021년 9월
자택 서재에서
권오상

---

* 공현公現

차례

들어가는 말 인과가 평균이나 상관보다 중요하다 ... 4

평균
실체 없는 우상에 지나지 않는다

1 왜 천문가들은 평균을 계산하려 했을까 ... 19
 산술평균은 편차가 크지 않은 측정값들을 대표한다 · 19
 중점값을 산술평균이라고 부르는 경우도 흔했다 · 24

2 평균의 또 다른 기원은 무엇이었을까 ... 26
 영어에서 평균의 어원은 손실을 뜻하는 단어다 · 27
 애버리지는 실재하지 않는 허구의 평균이다 · 30

3 왜 지도 제작자는 항로 측정에 중앙값을 추천했을까 ... 32
 중앙값은 순서상 한가운데 위치하는 값이다 · 33
 최빈값은 가장 높은 빈도로 측정된 값이다 · 36

4 사물의 평균을 내듯이 인간의 평균을 낼 수 있을까 ... 37
 케틀레는 천문가의 평균방법을 사람에 적용했다 · 40
 인간 정신의 평균을 구할 수 있을까 · 42

5 평균인은 위대하고 선하고 아름다울까 ... 44
 평균인은 우월하고 비평균인은 열등할까 · 44
 평균적 조종사에 맞춰진 조종석은 무엇이 문제일까 · 48

6 누구나 평균적으로 1인당 국민소득만큼 벌까 ... 50
 1인당 국민소득이 늘면 모두에게 좋을까 · 51
 1인당 국민소득으로 경제 수준을 평가할 수 있을까 · 55

7 평균적 투기자는 시장의 평균수익률을 얻을까 ... 57
 주식시장의 평균수익률을 어떻게 구할까 · 57
 주식 투기자의 몇 퍼센트가 평균수익률을 앞설까 · 61

8 왜 평균에 의존한 의사결정은 평균적으로 잘못될까 ... 64
 기업이 평균 수요량으로 계획하면 수익이 날까 · 65
 평균 이익률이 높으면 수익성이 높을까 · 67

상관
배후 원리 없이 현상의 묘사에 그친다

1 상관계수에는 평균과 똑같은 문제가 있다 75
　상관계수는 어떻게 계산하는가 · 76
　상관계수도 평균의 한 종류다 · 78

2 왜 우생학은 상관에 관심을 가졌을까 81
　상관의 원조는 우생학자 프랜시스 골턴이다 · 82
　부모와 자녀의 키 사이에는 상관이 존재한다 · 84

3 학력과 소득 사이에는 어떠한 관계가 있을까 88
　학력이 높을수록 중위소득이 올라간다 · 89
　같은 학력 내 소득 차이가 더 결정적이다 · 91

4 국가 지능지수가 높으면 개인의 소득이 오를까 94
　지능지수가 높으면 연 소득도 높을까 · 95
　국가 지능지수는 1인당 국민소득과 어떠한 관계를 갖는가 · 98

5 왜 금융시장은 상관계수를 중요하게 여길까 100
　어떻게 헤지펀드 애머런스는 8조 원의 손실을 봤을까 · 101
　어떻게 JP모건의 런던고래는 신용파생시장을 뒤집어 놓았나 · 106

6 이산화탄소 농도가 증가하면 비만율이 올라갈까 110
　지표면 온도 상승이 온실효과 때문일까 · 110
　살을 빼면 지구온난화가 해결될까 · 115

7 1인당 담배 소비량이 늘면 기대수명이 줄어들까 117
　흡연량이 늘어나면 기대수명도 늘어날까 · 118
　데이터 분석 방법에 따라 결론이 달라진다 · 121

8 주가와 상관계수가 높은 지표로 주가를 예측해도 될까 124
　주가지수를 예측할 수 있다면 큰 돈을 벌 수 있다 · 124
　상관계수가 높다고 인과가 성립하는 것은 아니다 · 127

3장 인과
원인이 결과를 낳는 관계다

1 인과는 두 가지 제약조건을 갖는다   135
    원인은 결과를 낳는 힘을 갖는다 · 136
    원인은 결과보다 나중에 올 수 없다 · 137

2 옛날 사람들은 인과를 어떻게 인식했을까   141
    원인을 네 가지로 분류한 사람은 누구일까 · 142
    인과의 규명은 곧 책임 소재의 규명이었다 · 144

3 해가 언제나 동쪽에서 떴으니 앞으로도 그럴까   149
    왜 하늘로 던진 돌멩이는 땅에 떨어질까 · 149
    인과의 핵심은 원인과 결과 사이의 불가피성이다 · 154

4 인과를 데이터 관찰로 알 수 있을까   156
    원인은 필요조건이 아니라 충분조건이다 · 156
    숙취의 원인은 맥주일까, 포도주일까 · 158

5 탐정 셜록 홈스는 어떻게 범인을 추리할까   164
    홈스는 범인 추리 방법으로 연역을 강조했다 · 165
    홈스의 작가도 세 가지 추론 방법을 헷갈렸다 · 167

6 심리적 인과는 어디까지 인정할 수 있을까   172
    심리적 인과는 물리적 인과와 무엇이 다른가 · 173
    살인사건은 궁극의 심리적 인과 시험장이다 · 175

7 상관이 인과가 아니듯 인과도 상관이 아니다   181
    끈 달린 금색 팬티를 입으면 슬럼프에서 벗어날까 · 182
    통화정책과 경제 사이의 상관은 무엇을 알려줄까 · 185

8 왜 통계학은 인과를 인정하려 하지 않을까   189
    왜 통계학은 인과를 금기시할까 · 190
    통계학의 언어인 확률에는 원인이라는 개념이 없다 · 194

개입
인과를 확인하는 최선의 방법이다

1 어떻게 인과가 있는지를 알 수 있는가   199
    인과를 구별할 줄 알면 어떤 도움이 될까 · 200
    어떻게 인과와 상관을 구별할 것인가 · 202

2 박씨나 류씨를 감독으로 뽑으면 LG 트윈스의 성적이 오를까   207
    확률적 인과는 어떻게 정의할 수 있을까 · 209
    체력훈련을 하면 성적이 올라갈까 · 211

3 날씨가 좋으면 선거에서 보수가 승리할까   214
    날씨에 따라 대통령이 달라질까 · 216
    기압계 수은주의 높이를 낮추면 비구름이 생길까 · 219

4 어떤 관계를 인과로 만드는 것은 무엇인가   221
    과학과 엔지니어링 사이에는 어떤 관점의 차이가 있을까 · 222
    1970년대에 컴퓨터과학자들이 개입의 반대칭을 깨닫다 · 224

5 흡연이 폐암의 원인이 아닐 수 있을까   226
    무작위대조시험으로 인과를 판단할 수 있을까 · 226
    왜 통계학자 로널드 피셔는 담배가 폐암의 원인이 아니라고 했을까 · 231

6 확률적 인과는 인과 미적분과 그래프를 통해 확립된다   235
    원인과 결과 사이에는 뒤집을 수 없는 방향성이 있다 · 235
    인과를 그래프로 그리면 복합 인과도 설명할 수 있다 · 236

7 신약의 치료 효과에 결정적인 요인은 무엇일까   243
    남녀의 성별과 혈압 수준은 완치율에 어떤 영향을 줄까 · 244
    개입의 효과는 상황에 따라 어떻게 달라질까 · 246

반사실
발생하지 않은 과거를 상상한다

1 인과 지능의 최정점은 반사실을 상상하는 능력이다   257
    인과와 반사실은 어떻게 관련이 있을까 · 257
    반사실은 인과 지능의 가장 높은 단계다 · 262

2 반사실 또한 인과를 정의하는 방식이다   263
    투키디데스는 반사실로서 역사적 사건을 설명했다 · 264
    통계학은 반사실을 인정하지 않는다 · 266

3 다람쥐가 발길질을 하면 골프에서 버디를 할 수 있을까   269
    인과에는 특정 인과와 유형 인과가 있다 · 270
    특정 인과와 유형 인과는 서로 충돌할 수 있다 · 272

4 공부하는 시간을 늘리면 성적이 오를까   274
    공부량이 늘면 성적이 오르는 게 타당할까 · 276
    공부량을 더 늘렸더라면 어떻게 됐을까 · 278

5 전쟁 중 명령서를 어떻게 전달할 것인가   280
    어떻게 전령에게 임무를 맡길 것인가 · 281
    이익집단의 독점 폐해를 깨트릴 방법은 무엇일까 · 283

6 재판과 법률에서 반사실은 어떻게 사용될까   286
    오스카가 칼을 휘두르지 않았다면 파파가 죽지 않았을까 · 287
    칼을 피하다가 피아노에 깔려 죽었다면 범인은 누구인가 · 289

나오는 말 당신이 대학을 중퇴했더라면 억만장자가 됐을까   291
참고문헌   297

1장
평균

실체 없는 우상에
지나지 않는다

우리는 평균의 시대를 살고 있다.

평균은 온갖 곳에 똬리를 틀고 있는 뱀 같다. 산업화의 기반인 기계문명을 비롯해 경제, 금융, 사회, 심리 등 평균을 활용하지 않는 분야가 드물다. 통계와 확률이 왠지 불편한 사람은 많지만 평균까지 낯설어하는 사람은 많지 않다. 평균은 초등학교 5학년 2학기 수학 교과서에 나올 정도로 계산 과정이 쉽다.

평균이 얼마나 우리 삶에서 폭넓게 사용되는지를 상징하는 예를 하나 들자. 결혼정보회사 듀오는 매년 설문조사를 진행한다. '대한민국 미혼남녀가 꿈꾸는 이상적인 배우자의 조건'을 알아보기 위해서다. 듀오는 25세에서 39세 사이 미혼인 남성과 여성 각각 500명을 대상으로 수행한 2019년 설문조사 결과를 다

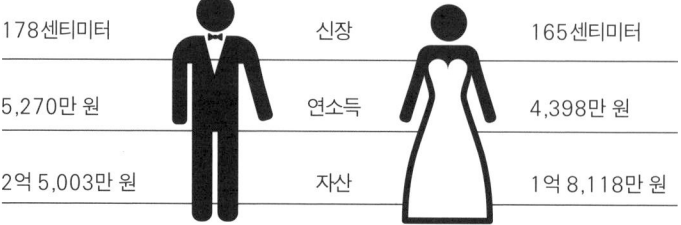

음과 같이 발표했다.

"이상적인 남편은 신장 178센티미터, 연 소득 5,270만 원, 자산 2억 5,003만 원을 가진 남성이다. 이상적인 아내는 신장 165센티미터, 연 소득 4,398만 원, 자산 1억 8,118만 원을 가진 여성이다."

만 원 단위까지 제시된 정밀도로 듀오가 이상적인 배우자의 조건을 구하기 위해 쓴 방법은 무엇일까? 바로 평균의 계산이다. 듀오는 설문에 응한 미혼남녀가 각각 이상적이라고 생각한 조건을 평균함으로써 '이상적인 배우자를 대표하는 조건'을 얻을 수 있다고 생각했기 때문이다. 오늘날 누구라도 당연하게 여길 법한 생각이다. 그리고 이번 1장이 끝날 때쯤이면 '말이 안 되는 이야기였네…….' 하고 무릎을 칠 생각이기도 하다.

본격적인 이야기에 앞서 먼저 평균의 역사를 간략히 알아보도록 하자.

1

왜 천문가들은 평균을 계산하려 했을까

산술평균은 편차가 크지 않은 측정값들을 대표한다

사람들이 실제로 평균을 계산하기 시작했을 때는 언제일까? 과거 문헌으로 미루어보건대 16세기 초반으로 추측할 수 있다. 니콜라우스 코페르니쿠스Nicolaus Copernicus를 시발점으로 해 천체에 관심이 새로 높아지던 때다. 코페르니쿠스는 1473년에 태어났는데 지구가 태양 주위를 돈다는 혁명적 발상의 창시자였다.

천체 관측은 인류의 오랜 활동이었다. 고대 바빌론과 이집트 고위 사제들은 별의 움직임을 관찰했다. 그들은 보통 사람은 알지 못하는 우주의 섭리를 꿰뚫어 미래를 예측하는 마술사 겸 예언자이기도 했다. 천상의 존재인 별은 기하학적으로 완벽한 원 궤도로 회전함이 마

프톨레마이오스와 저서 『알마게스트』. 알마게스트는 '위대한' 책이라는 뜻이다.

땅했다. 2세기의 클라우디오스 프톨레마이오스Klaudios Ptolemaeos는 이전 800여 년간의 관측 결과를 종합해 완결된 체계를 내놓았다. 프톨레마이오스가 남긴 책 『알마게스트』는 그 후 1,000년이 넘도록 절대적 권위를 누렸다.

후대의 천문가들에게는 덜기 어려운 마음의 짐이 있었다. 그건 자신의 측정 결과가 『알마게스트』와 완벽하게 일치하지 않는다는 찜찜함이었다. 아무리 정확히 관측하려 해도 조금씩 벗어나는 일을 면하기는 어려웠다. 이는 천구의 위아래를 뒤집어버린 코페르니쿠스도 피해가지 못한 곤란이었다. 기록을 보면 코페르니쿠스의 세 차례에 걸친 금성 관측은 그중 한 값을 기준으로 +2분과 -12분이라는 차이가 났다. 1분은 각도를 재는 단위로서 1도를 60으로 나눈 값이다.

'여러 번 관측해서 정확한 값을 구하면 되지 않을까?'

그런 생각한 최초의 천문가는 아마도 튀코 브라헤Tycho Brahe일 것이다. 그는 1546년에 태어났는데 천체 관측의 질과 양의 두 가지 측면에서 신기원을 이루었다. 그는 병적 집착에 가깝도록 관측의 정밀성을 추구했다. 관측 도구 육분의와 사분의를 끊임없이 개량했고 나중에는 바람과 건물 진동의 영향을 줄이기 위해 지하에 천문대를 짓기도 했다. 그의 업적 중 하나는 지평선에 가까운 별이 대기의 굴절로 인해 실제보다 더 높게 보이는 현상을 발견한 것이다. 그는 이 효과를 제거하는 방법으로 반복적인 관측을 추천했다. 안타깝게도 그렇게 관측된 값들을 구체적으로 어떻게 처리할지는 명시적인 기록을 남기지 않았다.

관측 혹은 측정은 필연적으로 오차를 수반하게 마련이다. 오차는 측정기구와 측정자의 불완전성 양쪽 모두에 원인이 있다. 그러므로 천문가 사이에 여러 번 측정해서 평균을 내면 신뢰할 만한 값을 얻을 수 있다는 생각이 점차 퍼졌다. 천체와 같은 물리계를 다루던 그들의 경험상 그럴 법한 생각이었다. 브라헤보다 열여덟 살 어렸던 갈릴레오 갈릴레이는 "개별 관측의 오차는 불가피하다. 하지만 작은 오차가 큰 오차보다 빈번히 발생하고 측정이 중복되면 관측자의 실수로 인한 오차가 상쇄된다."라고 주장했다. 관측값의 평균을 염두에 두지 않았다면 할 수 없었던 주장이다.

여기서 잠깐. 지금까지 이야기한 평균의 계산이 어떤 의미인지를 확인하고 가자. 여기서 평균은 산술평균arithmetic mean이다. 산술평균은 개별 측정값을 모두 더한 후 측정 횟수로 나눈 값이다. 예를 들어 포탄의 구경을 세 번 잰 결과가 120.1밀리미터, 119.9밀리미터, 120밀리미터였다고 하자. 그럼 이의 산술평균은 120밀리미터로 계산된다.

앞의 사실에 더해 세 가지 사항을 추가로 언급하도록 하자.

첫째, 여기에서의 산술평균은 전적으로 같은 대상을 여러 번 반복 측정해 계산한 경우였다. 태양계에 화성은 하나만 존재할 뿐 여러 개가 존재하지는 않는다. 존재는 유일하지만 측정하는 사람이 불완전해 한 번의 측정이 완벽하다는 보장이 없다. 갈릴레오가 주장했듯이 복수의 측정은 완벽에 가까운 값에 가까워질 수 있는 방법이었다. 측정은 한 명이 여러 번 할 수도 있고 여러 명이 한 번씩 할 수도 있었다. 즉 동일하지 않은 복수의 사물을 대상으로 한 산술평균이란 상상하기 어려운 개념이었다. 예를 들어 금성, 화성, 목성의 평균은 계산이 불가능하지는 않지만 계산하려는 시도 자체가 우스꽝스러운 일이었다. 각각의 행성은 모두 유일한 존재이기 때문이다.

둘째, 여기에서의 산술평균은 최소한 3회 이상의 실제 측정을 전제로 했다. 다시 말해 측정 횟수가 두 번인 경우는 거의 해당 사항이 없었다. 방금의 언급은 추가 설명이 필요하다. 산술평균의 개념 자체는 16세기 초반의 산물은 아니었다. 이미 기원전 6세기에 피타고라스는 평균의 세 가지 종류인 산술평균, 기하평균geometric mean, 소반대평균subcontrary mean을 논했다. 소반대평균은 2의 제곱근 같은 무비수[*]

---

[*] 정수의 비로 표현할 수 없는 수

피타고라스. 피타고라스의 평균은 앞의 산술평균과 다른 세계관에 기반한 개념이었다.

의 존재를 누설한 탓에 피타고라스파 사람들에게 죽임을 당한 히파소스Hippasus에 의해 조화평균harmonic mean이라는 또 다른 이름을 얻었다. 아리스토텔레스를 가르친 크니도스의 에우독소스Eudoxos는 기원전 4세기에 새로운 세 종류의 평균을 추가했다. 후기 피타고라스파는 3세기에 4종의 평균을 더해 모두 10종의 평균을 알고 있었다.

피타고라스의 평균은 앞의 산술평균과 다른 세계관에 기반한 개념이었다. 피타고라스파의 모든 평균은 세 수 사이의 관계였다. 예를 들어 세 자연수 9, 5, 1이 있을 때 9에서 5를 뺀 값이 5에서 1을 뺀 값과 같다는 게 산술평균을 정의하는 방식이었다. 마찬가지로 9를 3으로 나눈 값이 3을 1로 나눈 값과 같다는 게 3이 9와 1의 기하평균이라는 이유였다. 즉 피타고라스의 평균은 대상을 대표하거나 대체하는 값이 아니라 이어지는 수들을 매개하는 디딤돌 같은 존재였다.

또 다른 차이는 계산을 바라보는 시각이었다. 피타고라스파 사람들에게 계산은 별로 가치가 높은 일이 아니었다. 계산의 전제조건이라 할 수 있는 측정은 더욱 하찮은 일이었다. 그들에겐 완전한 자연수로 표현될 수 있는 이상적 관계와 우아한 기하원리만이 중요했다. 물론 그들도 9와 1을 더해 2로 나누면 5라는 산술평균이 나온다는 것을 알고 있었다. 하지만 정확하지 않게 측정된 두 값을 대표하기 위해 산술평균을 구한다는 생각은 추호도 한 적이 없었다.

셋째, 16세기 초반 천문가들은 평균이라는 단어를 제 마음대로 사용했다. 다시 말해 평균이라는 단어가 정확히 무엇을 의미하는지 의견 일치가 안 돼 있었다. 일부 사람들이 관측에 의한 산술평균을 지칭하기 위해 평균이라는 단어를 사용했음은 분명하다. 하지만 중앙값을 구해놓고 평균이라고 부르는 경우도 적지 않았다. 특히 문제가 되는 경우는 평균이라 부르되 실제로는 범위의 중앙, 즉 중점값midrange을 계산한 경우였다. 범위range는 측정된 여러 값 중 최댓값과 최솟값의 차이다. 중점값은 범위를 구성하는 최댓값과 최솟값의 산술평균이다.

중점값을 산술평균이라고 부르는 경우도 흔했다

중점값은 산술평균의 도입 이전부터 이미 폭넓게 사용되고 있었다. 11세기의 알 비루니Al-Biruni는 천체 관측 시 중점값을 사용하는 규칙을 설명했다. 스스로 사용했다는 증거는 없지만 코페르니쿠스도 자신의 책에서 중점값을 언급했다. 영국의 초대 왕립 천문가인 존 플램스티드John Flamsteed는 1671년에 남긴 기록에서 "어제 아침과 그 전날 밤에 여러 번 관측한 결과 달의 반지름은 16도 53분을 넘지 않았고 16도 47분보다 작지 않았다. 여기서 제시하기엔 너무 많아서 매우 적절한 여러 이유로 나는 16도 50분을 비교할 값으로 정한다."라고 썼다.

천문가들이 중점값을 구한 후 이를 평균이라고 부르는 일은 흔하디흔했다. 일례로 영어 문헌에서 산술평균이라는 단어는 헨리 겔리브랜드Henry Gellibrand의 1635년 글에서 최초로 등장했다. 아이러니하게도 이 문헌의 산술평균은 실제로는 중점값이었다. 아이작 뉴턴Isaac Newton의 뒤를 이어 케임브리지대학교의 루커스 수학 교수였던 윌리엄 휘스턴William Whiston은 1738년에 '항상 9초와 12초 사이로 판명됐던 제임스 파운드의 수많은 그리고 매우 정확한 측정들 간의 평균인 10과 2분의 1초를 시차로 받아들이면'이라는 기록을 남겼다.

이러한 모든 혼동에도 불구하고 조금씩 피타고라스의 산술평균이 3회 이상의 측정값에도 확장 가능하다는 생각이 퍼져나갔다. 특히 그렇게 계산된 산술평균이 여러 값으로 측정된 분포를 대표하거나 혹은 분포 자체를 치환할 수 있다는 생각이 등장했다. 물론 모든 사람이 이러한 생각에 동의한 것은 아니었다. 화학의 창시자로 간주되는 로버트 보일Robert Boyle은 1660년 경험적 산술평균의 세계관을 정면으로 거부했다. 그는 최상의 측정 한 번을 값을 매길 수 없는 동양의 진주에 비교했다. 그 한 번의 정밀한 측정을 값싸고 열등한 다수의 표본과 맞바꿔서는 안 된다며 목소리를 높였다.

2
평균의 또 다른 기원은 무엇이었을까

보통의 한국 사람에게 평균에 해당하는 영어 단어를 물으면 뭐라고 대답할까? 이 책을 읽는 여러분을 포함해서 십중팔구 애버리지$_{average}$라고 대답할 터다. 수학을 공부한 사람이 아니라면 평균을 듣고 애버리지 대신 민$_{mean}$을 먼저 떠올리는 경우는 드물다. 애버리지라는 말은 골프나 볼링을 하는 사람들에게 낯설지 않다.

애버리지는 산술평균을 가리키는 또 다른 단어다. 수식과 계산하는 방법이 산술평균과 전적으로 동일하다. 유일한 차이점은 이 말이 산술평균의 뜻을 갖게 된 배경이다. 애버리지는 고대 그리스의 수학과 아무런 관계가 없었다. 신의 위대한 섭리를 엿보는 천체 관측과는 더더욱 무관했다. 애버리지는 고상함과는 담을 쌓은 단어였다. 이 단어가 태어난 곳은 탐욕, 공포, 그리고 도덕적 해이가 판을 치던 중세

해상무역이었다.

영어에서 평균의 어원은 손실을 뜻하는 단어다

애버리지의 어원은 아랍어 아와르$_{awar}$다. 10세기 이전부터 사용되던 아와르는 '손실, 파손, 손상' 등을 뜻하는 단어였다. 12세기 들어 이슬람인과 무역하며 지중해의 해양 세력으로 성장한 제노바 공화국 등에서는 아랍어 아와르를 빌려와 아바리아$_{avaria}$라는 말을 만들어 쓰기 시작했다. 초기에는 '항구의 세관에 떼어 주는 관세'를 뜻했다. 관세로 빼앗기는 만큼 손실을 본다는 의미였다. 13세기에는 마르세유, 피렌체, 카탈루냐 등에서도 같은 단어를 썼다.

시간이 가면서 라틴어의 아바리아와 프랑스어의 아바리$_{avarie}$는 '상선 항해와 관련한 혹은 상선 항해에서 발생하는 부분적 손실'이라는 의미를 갖게 됐다. 상인들은 세관에 내는 관세와 항해 중 폭풍우나 해적을 만나서 잃는 물품은 금전적 손실이란 면에서 마찬가지라고 생각했기 때문이다. 거친 생활을 하는 선원들은 아바리를 매독 같은 성병을 뜻하는 말로도 사용했다.

영어에 애버리지라는 말은 15세기 후반에 처음 나왔다. 중세에 유럽의 변방국이었던 영국은 14세기 중반부터 백년전쟁과 장미전쟁을 백수십 년 동안 연달아 치르느라 지중해의 해상무역에 눈을 돌릴 틈이 없었다. 영국인들은 1485년 장미전쟁이 끝나 해외로 눈을 돌리기 시작한 후에야 아바리라는 말을 처음 접했다. 1491년 과도기적 표현인 아버리$_{averay}$가 영국 문헌에 처음 등장했다. 그로부터 11년 후인 1502년 애버리지라는 말이 최초로 문헌에 기록됐다.

 해상무역의 일부 손실, 즉 분손을 뜻하는 애버리지는 이후 해사법에서 확립된 용어로 자리잡았다. 예를 들어 페티 애버리지$_{petty\ average}$는 '사소한 해손'을 칭하는 용어로 오늘날에도 사용되고 있다. 지금쯤 '왜 산술평균과 아무 상관 없는 듯한 중세 유럽의 해손 이야기만 계속하는 거지?' 하고 생각할 독자가 분명히 있을 것 같다. 이제 그 연결고리를 이야기하자.

 선장은 거센 풍랑을 만났을 때 배와 선원을 지키기 위해 어려운 결정을 내려야 했다. 예를 들어 배가 뒤집힐 것 같으면 돛대를 잘라버리거나 혹은 싣고 있던 화물을 바다에 던졌다. 선주 처지에서 보면 선장이 배를 파손하면서 화물 전체를 지킨 것인데 혼자 망가진 배의 손실, 즉 수리비를 떠안기는 억울했다. 선주는 위험이 닥쳤을 때 선장이 배를 망가트리는 것보다 화물을 내다 버리기를 원했다.

 화주 관점에서 선주의 이러한 생각을 수긍하기는 어려웠다. 결과적으로 배는 멀쩡하고 화물만 바다에 수장되는 경우를 상상하면 억울하기는 마찬가지였다. 계산 하나는 확실했던 영국인들은 16세기 후반 즈음 이러한 문제에 대한 한 가지 방안을 내놓았다. 바로 손실을 공동으로 부담하자는 아이디어였다. 배의 손실을 선주와 화주가 공동으로 부담하고 화물의 손실 또한 화주와 선주가 함께 부담하는 것이다. 그러면 서로 억울할 일이 없었다.

해상무역에서 애버리지라는 단어가 만들어졌다.

그 후 사람들은 이러한 방식의 손실 부담법을 가리켜 제너럴 애버리지general average라고 불렀다. 전체가 함께 손실을 나눈다는 뜻이었다. 억울함이 생기는 기존 방식은 파티큘러 애버리지particular average라고 칭했다. 우리말로 제너럴 애버리지와 파티큘러 애버리지는 각각 공동해손과 단독해손으로 번역된다. 공동해손은 상선항해의 손실을 합리적으로 나누는 공평한 방법이었다. 선주와 화주는 각각의 이익을 분리해서 생각하기 어려운 관계였다. 이 경우 개인의 이익을 극대화하기만 하면 저절로 최선의 결과가 나온다는 시장지상주의는 작동하지 않았다. 그들은 글자 그대로 '한배를 탄' 운명 공동체였기 때문이다.

애버리지는 실재하지 않는 허구의 평균이다

이익이 아니라 손실을 나누기로 하고 보니 또 다른 문제가 나타났다. 특히 화주가 여러 명인 경우가 문제였다. 선장이 손에 잡히는 대로 빠트린 화물이 하필 자기 물건이고 다른 화주의 화물은 무사하면 분하기 그지없었다. 여러 화주 간에도 손실을 공평하게 나눌 필요가 있었다. 그렇다고 손실을 무조건 똑같이 나누기도 쉽지 않았다. 가령 물건 여덟 개를 실은 화주 알파와 두 개를 실은 화주 브라보에게 똑같은 금액을 물어내게 하면 또 다른 억울함이 생겼다. 모두가 공평하다고 느끼려면 지분 비율대로 손실액을 나눠야 했다. 지분의 크기를 일종의 빈도로 이해하면 이는 곧 손실액의 산술평균을 구하는 과정이기도 했다. 이러한 관습이 계속되면서 대략 18세기 중반에 애버리지에 산술평균의 의미가 생겼다. 즉 애버리지가 평균이 된 지는 300년이 채 되지 않았다.

18세기 중반부터 애버리지가 산술평균의 뜻을 갖게 됐다 해도 전적으로 똑같지는 않았다. 예를 들어 19세기 후반의 정치경제학자 윌리엄 스탠리 제번스William Stanley Jevons는 통상의 영역뿐만 아니라 과학에서도 민, 곧 평균과 애버리지를 구별하지 않고 사용한다고 불평했다. 즉 제번스는 둘을 구별해야 한다고 생각했다. 제번스에게 평균은 '실제로 존재하는 수량의 근사치'를 지칭하는 값이었다. 이를테면 제번스는 앞서 나온 천문가의 산술평균을 평균으로 인식했다.

이에 반해 애버리지는 '실재하지 않는 허구의 평균fictitious mean'이었다. 제번스는 애버리지의 예로서 지구의 평균밀도를 언급했다. 밀도는 질량을 부피로 나눈 값인데 같은 지구라 해도 바다와 육지가 서로 다르게 마련이다. 또 같은 육지라 해도 지역에 따라 또 땅속으로 얼마나 들어가느냐에 따라 제각각이다.

그렇기에 지구의 평균밀도를 구하는 방법은 천문가의 산술평균 계산과 성격이 같을 수 없다. 개별적인 측정을 통해 산술평균을 구하기는 불가능하다. 그보다는 총계를 갖고 추정할 따름이다. 지구 전체의 질량과 부피가 얼마쯤 된다고 가정하면 지구의 평균밀도를 계산하기는 어렵지 않다. 그렇다고 해서 지구 곳곳의 밀도가 그 평균밀도와 가깝다는 뜻은 아니다. 평균밀도로부터 개별적인 밀도를 짐작할 재간은 전혀 없다. 지구의 평균밀도는 지구 어느 부분의 밀도와도 같지 않은 가상의 존재다. 말하자면 애버리지는 일종의 유령과 같다.

3

왜 지도 제작자는 항로 측정에 중앙값을 추천했을까

평균만이 여러 측정값을 대표하는 유일한 방법은 아니다. 앞에 나왔던 범위나 중점값 또한 측정값의 분포를 대표해서 나타내는 이른바 대푯값의 하나다. 그 외에도 흔히 쓰이는 대푯값으로서 중앙값과 최빈값이 있다. 중학교 3학년 2학기 수학 교과서에 나오는 중앙값과 최빈값은 사실 산술평균보다도 더 이해하기 쉽다. 알고 나면 오히려 초등학교 때 먼저 중앙값과 최빈값을 배우고 평균을 중학교 때 배우는 게 타당하다고 느낄 정도다. 이들 대푯값이 무엇인지 간략히 알아보자.

중앙값은 순서상 한가운데 위치하는 값이다

미디언median, 곧 중앙값은 측정된 값을 순서대로 늘어놓았을 때 정중앙인 한가운데에 위치하는 값이다. 예전에 배운 사람들은 이를 중간값이라고 불렀다. 중앙값의 어원은 라틴어 메디아누스medianus다. 메디아누스는 해부학 교육을 받은 사람에겐 팔의 말초신경 중 하나로 손목의 정중앙을 지나는 정중신경nervus medianus으로 익숙한 단어다. 모드mode, 곧 최빈값은 중앙값보다도 더 쉽다. 측정된 값 중 가장 높은 빈도로 측정된 값이 최빈값이다.

중앙값과 최빈값은 평균보다 나중에 생긴 개념일까? 표면적으로 보면 미디언과 모드라는 용어는 평균이나 애버리지보다 뒤늦게 만들어졌다. 영어에서 중앙값의 뜻으로 미디언이 최초로 사용됐을 때는 1881년이었다. 진화생물학자 찰스 다윈의 사촌인 프랜시스 골턴Francis Galton이 만든 말이다. 최빈값의 뜻으로 모드가 최초로 사용됐을 때는 1894년이다. 수리통계학자 칼 피어슨Karl Pearson이 만든 말이다. 골턴과 피어슨이 현대 통계학에 미친 영향은 2장에서 다룬다.

중앙값과 최빈값의 개념은 19세기보다 한참 전부터 존재해왔다. 일례로 13세기 기록은 물건의 금전적 가치가 일치하지 않을 때 중앙값으로 정하는 방법을 공정한 해결책으로 제시했다. 또 애버리지의 개념이 막 등장하던 1599년 영국의 지도 제작자 에드워드 라이트Edward Wright는 나침반을 이용한 항로 측정에서 중점값이나 평균 대신 중앙값의 사용을 추천했다. 최빈값의 사용은 아예 기원전으로 거슬러 올라간다. 단적으로 고대 그리스의 민주적 투표제는 최빈값으로 집단의 의사를 대표하는 제도였다.

중앙값과 최빈값이 어떻게 결정되는지 간단한 예로써 설명하자. 예로 들 대상은 골프공이다. 골프공에는 준수해야 할 규격이 있다. 전 세계가 따르는 영국골프협회R&A와 미국골프협회USGA의 「골프 규칙 부속서 Ⅲ」에 의하면 골프공의 무게는 1.620온스가 넘어서는 안 된다. 1온스는 국제단위계로 바꾸면 약 28.3495그램이다. 따라서 골프공 무게의 상한인 1.620온스는 약 45.9262그램과 같다.

특정한 골프공 한 개의 무게를 여러 번 측정한다면 어떻게 될까? 저울의 정밀도에 따라 조금씩 다른 값이 나올 수 있다. 시스템적 편향이 있지 않다면 측정 오차는 무작위이기 쉽다. 그러므로 여러 번 측정해서 산술평균을 구하면 측정 오차가 많이 상쇄된 진실에 근접한 값을 얻을 가능성이 크다. 이러한 상황은 앞에 나왔던 천문가들의 천체 관측과 동일한 상황이다.

이제부터 언급하려는 상황은 위와 조금 다르다. 이번의 관심사는 특정한 골프공 한 개가 아니다. 특정 공장에서 생산되는 다수의 골프공으로 구성된 집단이다. 각각의 골프공은 조금씩 무게에 차이가 있게 마련이다. 완전히 전적으로 똑같을 수는 없다. 핵심은 하나가 아닌 여러 개의 골프공 무게를 평균 등의 대푯값으로 나타내는 것이 의미가 있는가다. 계산 과정은 한 개의 골프공 무게를 여러 번 쟀을 때와 전적으로 똑같다. 여기서 묻고자 하는 질문은 평균 등을 구할 수 있는가가 아니라 구해야 할 타당한 이유가 있는가다.

생각해보면 여러 개의 골프공 무게를 산술평균하는 것이 아예 의미가 없는 것은 아니다. 골프공은 규격에 맞는 범위 내에서 특정 무게가 되도록 만든 것이기 때문이다. 개별 골프공의 무게 차이는 규격에 맞는 한 무시해도 되는 우연의 소산이다. 즉 이 경우 계산된 산술평균은 한 무더기의 골프공에 부여된 목표치의 근삿값이다. 개별 골프공의 무게는 이 근삿값으로부터 크게 벗어나지 않는다. 물리적인 한계로 인해 완벽하진 않을지언정 그들은 모두 똑같게 만들어졌다. 한마디로 말해 그들은 서로 간의 차이가 중요하지 않은 물건이다. 차이가 크지 않기 때문에 그만큼 평균도 유용성을 갖는다.

예를 들어보자. 어떤 골프공 공장에서 자신들의 골프공 무게를 45.926그램에 맞추려고 했다. 골프공 제조에 사용되는 재료와 공정의 불완전함 때문에 일부 골프공은 45.926그램에서 벗어난다. 골프공 12개를 임의로 골라 측정한 결과 6개는 무게가 완벽하게 45.926그램이었다. 그리고 45.9259그램과 45.9261그램의 골프공이 각각 두 개씩 나왔고 45.9258그램과 45.9262그램의 골프공이 각기 한 개씩 있었다.

위 12개 측정값의 중앙값은 얼마일까? 중앙값은 측정값 개수가 홀수냐 짝수냐에 따라 구하는 방법이 다르다. 측정값 개수가 홀수라면 크기 순서대로 늘어놓고 제일 큰 값과 제일 작은 값을 쌍쌍이 지워 나가다보면 마지막에 홀로 남는 수다. 모두 아홉 개의 값이 있는 경우 제일 큰 값이나 혹은 제일 작은 값부터 순서를 세어 다섯 번째 오는 값이 중앙값이다.

짝수 개를 측정하면 어느 측정값도 엄밀한 의미의 순서상 정중앙이 될 방도가 없다. 이런 경우, 정중앙에 가장 가까운 두 값으로 산술평균을 구해 중앙값으로 삼는다. 위 12개의 골프공 예에서는 제일 큰 값부터 세어 여섯 번째와 일곱 번째 측정값의 평균이 중앙값이다. 여섯 번째와 일곱 번째로 큰 측정값이 모두 45.926그램이므로 중앙값은 45.926그램이다.

최빈값은 가장 높은 빈도로 측정된 값이다

최빈값은 어떨까? 가장 높은 빈도로 측정된 값이 45.926그램이다. 따라서 앞 예의 최빈값은 45.926그램이다. 즉 앞 예에서 최빈값은 중앙값과 똑같다. 최빈값과 중앙값이 똑같다는 사실은 무엇을 의미할까? 측정된 대상이 한가운데로 모이는 성질을 가졌음을 짐작할 수 있다. 45.926그램을 목표로 했기에 그 무게가 가장 많이 나오고 또 순서상으로도 정중앙에 위치한다는 이야기다.

앞 골프공 예의 산술평균을 재미 삼아 구해보면 얼마가 나올까? 흥미롭게도 중앙값, 최빈값과 똑같은 45.926그램이 나온다. 즉 한가운데로 모이는 성질을 갖는 대상이라면 산술평균의 계산이 중앙값이나 최빈값을 구하는 일의 대용물이 될 수 있다.

4

사물의 평균을 내듯이 인간의 평균을 낼 수 있을까

사람들은 천체나 나침반의 방위 등 여러 측정값을 산술평균으로 대체하는 일을 '평균 방법'이라고 부르기 시작했다. 기본적으로 평균 방법의 대상은 사물에 국한됐다. 19세기 초반까지만 해도 사람을 상대로 산술평균의 잣대를 들이댄다는 것은 생각조차 하기 어려웠다.

19세기 중반에 평균 방법을 사람에 적용한 최초의 사례가 만들어졌다. 1796년에 플랑드르의 유서 깊은 도시 겐트에서 태어난 아돌프 케틀레Adolphe Quetelet가 그 주인공이다. 1819년 겐트대학교에서 수학으로 박사학위를 받은 케틀레가 산술평균에 낯설지 않았으리라는 점은 충분히 짐작할 수 있다. 실제로 그는 1834년에 준공된 벨기에 왕립 천문대의 초대 대장으로서 1874년 죽을 때까지 그 자리를 지켰다. 이미 수백 년 이상 천문가들이 사용해온 평균 방법에 케틀레

아돌프 케틀레. 그는 평균 방법을 사람에게 적용할 생각을 했다.

가 익숙했다는 뜻이다.

케틀레는 어떤 동기로 평균 방법을 사람에게 적용할 생각을 하게 됐을까? 천체의 물리법칙을 밝혀낸 아이작 뉴턴을 우상으로 여겼던 케틀레는 명성에 대한 욕심이 남달랐다. 원래 그는 천체물리의 영역에서 자신의 발자취를 남기길 희망했다. 그러나 케틀레의 바람과 달리 천체물리에서 새롭게 개척한 영역은 별로 없었다. 케틀레는 직업적인 천문가로서 자리는 꿰차고 있을지언정 특별한 게 없는 사람이었다. 사람에게 평균 방법을 적용한다는 과격한 시도는 어쩌면 이름을 남기고 싶었던 케틀레의 절박한 몸부림일지도 모른다.

숫자로 세상을 바라보던 케틀레에게는 평균 방법을 사람에게 적용하려는 또 다른 동기가 있었다. 그는 밤하늘의 천체와는 질적으로 다른 사람들의 변덕스러움을 못 견뎌 했다. 케틀레는 프랑스 혁명과 나폴레옹 전쟁이 겐트를 휘저어놓던 때 유소년기를 보냈다. 겐트는 오랜 기간 스페인과 오스트리아의 지배 아래에 있었다. 그러다가 케틀레가 태어나기 2년 전에 프랑스 공화국에 흡수됐다. 케틀레는 프랑스인으로 태어나 자랐다. 그런데 프랑스의 황제 나폴레옹이 워털루 전투에서 최종적으로 몰락하자 1815년 본인의 의사와는 무관하게 네덜란드 왕국의 신민이 됐다.

케틀레는 1823년부터 네덜란드의 왕 빌럼 1세William I에게 천문대를 세워달라고 청원하기 시작했다. 빌럼 1세는 녹록한 사람이 아니었다. 그는 긍정도 부정도 하지 않은 채 그 해 12월에 케틀레를 프랑스로 보냈고 약 6개월간 파리 천문대에서 실무를 경험하면서 프랑스의 유명 수학자 조제프 푸리에Jean Baptiste Joseph Fourier와 피에르-시몽 라플라스Pierre Simon de Laplace에게 확률을 배우도록 했다. 네덜란드 왕정이 그 모든 비용을 부담했다. 1826년 마침내 빌럼 1세가 천문대의 건설을 승인하면서 케틀레의 꿈이 이루어지는 듯했다. 1827년 천문대 첫 삽을 떴다. 케틀레는 준공 전인 1828년에 이미 천문대장으로 임명됐고 천문대의 건설과 관측을 총지휘했다.

1830년 8월 케틀레가 상상하지 못한 일이 벌어졌다. 네덜란드로부터 독립하려는 벨기에인들의 혁명이었다. 미완성이었던 천문대 건물은 벨기에 혁명군의 기지로 징발됐다. 1831년 서구 열강들은 독일 왕자 레오폴트 프레데릭을 벨기에 국왕으로 결정했다. 케틀레는 한순간에 네덜란드에서 벨기에로 국적이 바뀌는 처지에 놓였다. 네덜란드 왕이 임명했던 미완성 천문대의 대장 케틀레의 위치는 미묘했다. 케틀레는 주변 사람들의 변화를 느꼈지만 용케 천문대장 지위를 유지했다. 하지만 이때의 경험은 그에게 지워지지 않는 흔적을 남겼다.

'사람들의 변덕에 기인하는 오차도 천체의 관측 오차처럼 평균 방법으로 줄이지 못할 이유가 뭐야?'가 케틀레의 속마음이었을 것이다. 개별적인 사람의 차이나 특성은 케틀레의 관심사가 아니었다. 그는 그러한 차이를 이를테면 측정 오차로 간주했다. 그에게는 평균 방법을 통해 오차가 상쇄된 사람의 모습만이 진실한 것이었다. 말하자면 일종의 관념적인 플라톤식 이데아였다.

케틀레는 천문가의 평균방법을 사람에 적용했다

케틀레의 출발점은 사람의 몸이었다. 그는 신체 조건 데이터를 광범위하게 수집해 분석했다. 일례로 1840년대 초반 케틀레는 스코틀랜드 병사 5,738명의 가슴둘레 평균을 구했다. 계산기와 컴퓨터가 없었던 시절임을 고려하면 노고가 필요한 일이었다. 사실 이런 데이터는 군대가 아니라면 얻을 수 없는 자료였다. 스코틀랜드 연대의 가슴둘레 평균은 약 101센티미터였다.

국가와 군대는 케틀레의 방법에 열광했다. 징병제를 운영하기 시작한 19세기의 제국주의 국가들은 양계회사가 사육하는 닭의 규격을 대하듯 국민을 일종의 상품 자원으로 여겼다. 그들에게 자국 인구의 키와 몸무게는 중요한 통계였다. 괜히 통계학statistics이라는 이름이 국가state의 제반 자료를 요약하는 데서 유래한 게 아니었다. 케틀레는 제각각인 신체 조건을 평균 하나로 요약할 수 있을 뿐만 아니라 오직 그 평균만이 진실이라고 생각했다. 그의 그런 생각은 국가와 군대의 입맛에 딱 맞았다. 통치와 명령-복종의 관계에서 개인의 개별성은 억눌러야 할 대상이었다.

케틀레가 구한 가슴둘레 평균의 시사점은 분명했다. 가령 스코틀랜드 연대와 전장에서 맞붙기 쉬운 프랑스군의 가슴둘레 평균이 101센티미터보다 작다면 뭔가 대책을 마련해야 했고 커졌다면 기뻐할 일이었다. 신체의 각 부분에 대한 평균을 계산한 뒤 집단 간에 비교하는 일은 최소한 한 가지 측면에서는 변호가 가능했다. 사람의 몸 자체는 여전히 물리계의 일부라는 점이었다.

2018년에 병역판정검사를 받은 한국 남자를 예로 들어 설명해 보자. 그해 검사받은 31만 5,698명의 키 평균은 173.6센티미터였다. 또한 평균이 포함된 170센티미터 초과, 175센티미터 이하 구간의 사람 수는 10만 6,434명으로 전체의 약 3분의 1에 달했다. 키가 155센티미터 이하거나 195센티미터를 초과한 사람 수는 전체의 0.4퍼센트인 1,270명에 지나지 않았다. 가장 큰 사람의 키는 206센티미터였고 가장 작은 사람의 키는 121센티미터였다.

즉 키는 사람마다 다 달랐지만 그 분포는 대체로 좌우대칭이면서 가운데로 쏠리는 성질을 보인다. 아무리 평균에서 벗어난다고 해도 3미터가 되거나 1미터가 안 되는 일은 생각하기 어렵다. 다시 말해

키는 정규분포에 가까운 모습을 보인다. 2018년 병역판정검사의 평균이 중앙값 174센티미터에 근접한다는 것도 사람의 키가 정규분포에 가깝다는 증거 중 하나다. 정규분포를 갖는 대상이라면 평균 간의 비교가 의미 있을 수 있다. 정규분포를 갖는 대상은 평균과 표준편차의 두 지표로 완전하게 묘사가 가능하다. 그러므로 분포 전체와 전체의 비교가 가능하다. 어느 쪽의 최댓값이 더 크고 어느 쪽의 최솟값이 더 작은지도 짐작할 수 있다.

정규분포의 핵심은 대부분의 측정값이 평균 근처에 몰려 있다는 점이다. 달리 말해 평균에서 먼 값은 존재할 수 없다. 어떤 측정된 값들이 정규분포임을 증명하는 일은 생각보다 쉽지 않다. 반대로 어떤 대상이 정규분포가 아님을 증명하는 일은 손쉽다. 평균에서 너무 먼 값이 한 번이라도 측정된 분포는 정규분포가 아니다.

인간 정신의 평균을 구할 수 있을까

케틀레가 궁극적으로 해결하고 싶은 대상은 사람의 정신이었다. 하지만 심리를 객관적으로 관측할 방법이 당시에는 존재하지 않았다. 그는 신체와 같은 물리적 특징을 측정함으로써 자살, 범죄, 정신착란, 심지어 시적 능력에 대한 비밀을 벗기기를 희망했다.

현재까지 남아 있는 케틀레의 유산 중 하나는 일명 체질량지수 BMI, body mass index다. 체질량지수는 몸무게를 키의 제곱으로 나눈 값으로 뚱뚱한 정도를 나타낸다고 해서 비만지수라고도 불린다. 체질량지수의 원래 이름은 바로 케틀레지수$_{\text{Quetelet's index}}$였다. 체질량지수를 만든 장본인이 바로 케틀레다. 1835년 케틀레는 평균 방법으로써 사람을 분석하는 자신의 방법을 가리켜 '사회물리$_{\text{social physics}}$'라 불렀다. 천체물리의 거성 아이작 뉴턴을 의식한 행동이 아닐 수 없다. 케틀레는 사회물리의 아이작 뉴턴이 되기를 바랐다.

사회물리라는 말을 만든 사람은 사실 따로 있었다. 사회학$_{\text{sociology}}$의 창시자로서 케틀레보다 두 살 어린 오귀스트 콩트$_{\text{Auguste Comte}}$였다. 콩트는 인간 사회를 과학적 방법으로 분석한다는 의미에서 사회물리라고 작명했다. 하지만 콩트는 나중에 케틀레가 자신이 만든 용어를 도용했음을 알게 된 뒤 어쩔 수 없이 사회학이라는 용어를 새로 만들었다. 그는 천체물리의 평균 방법과 통계를 사회이론에도 적용하려 한 케틀레의 방법론에 전혀 동의할 수 없었기 때문이다.

5

평균인은 위대하고 선하고 아름다울까

케틀레는 평균 방법을 단순히 사람과 사회에 적용하는 데서 멈추지 않았다. 그는 그보다 훨씬 야심 찬 주장을 했다. "평균적 특징을 가진 사람인 롬무아앵 l'homme moyen 이 가장 이상적인 사람이다."라고 선언했다. 그가 한 말을 옮기면 다음과 같다. "만약 어떤 개인이 평균인 average man 의 모든 특징을 지녔다면 위대하고 선하고 아름다운 모든 것을 대표한다."

평균인은 우월하고 비평균인은 열등할까

평균인이 이상적이라는 케틀레의 선언을 민주주의자의 외침으로 착각하는 경우가 있다. 하지만 케틀레에게 그런 생각은 없었다. 그저 자신이 아는 천체물리의 원리가 사회에도 성립하리라는 막연한 추정을 무모하게 했을 뿐이다. 케틀레는 평균에서 벗어난 사람에게 노골적인 반감을 드러냈다. 이상적인 평균인에 도달하지 못한 인간 오류로 간주했다는 의미다. 그의 말을 직접 들어보자.

"평균인의 비례적 균형과 조건에 상이한 모든 것은 기형과 질병을 구성하게 된다. 상이함의 한계를 벗어난 모든 것은 흉측한 괴물이 되고 만다."

즉 케틀레의 평균인은 우리 주변의 평범한 사람이 아니었다. 사람에 대한 그의 세계관은 말하자면 이분법적이었다. 우월한 평균인과 열등한 비평균인으로 나누는 것이었다. 케틀레가 꿈꾼 이상향은 모든 사람이 똑같은 세상이었다. 한 치의 차이도 없는, 마치 공장에서 찍어낸 로봇 같은 사람들만 사는 곳이었다. 결과적으로 그는 지옥을 꿈꿨다.

케틀레 이후 평균인을 직접 구해보려는 시도가 종종 이루어졌다. 그중 로버트 디킨슨Robert Dickinson의 시도가 유명하다. 1861년에 미국에서 태어난 디킨슨은 화가로도 활동한 산부인과 의사였다. 그는 그냥 보통의 산부인과 의사가 아니었다. 미국부인과학회 회장과 미국의학회 산과분과 회장으로 뽑힌 해당 분야의 거물이었다.

디킨슨은 케틀레의 평균인을 가슴 깊이 새긴 사람이었다. 그는 만 21세에서 25세 사이의 미국 남자와 여자 각각 1만 5,000명의 신체를 측정했다. 케틀레의 생각에 따른 이상적인 미국인의 모습을 얻기 위해서였다. 1942년 영국 조각가 에이브러햄 벨스키Abram Belskie는 디킨슨이 제공한 신체 데이터에 따라 남녀 나체상을 만들고 각각 노먼Normman과 노마Norma라고 이름 붙였다. 그 이름들을 표준과 규범을 뜻하는 단어 놈norm과 정상 혹은 평균을 뜻하는 단어 노멀normal에서 가져왔음은 누구라도 짐작할 수 있었다. 벨스키가 구현한 나체상의 치수는 물론 각기 1만 5,000명의 산술평균과 같았다.

1945년 클리블랜드 보건박물관은 노먼과 노마를 전시 목적으로 구입했다. 그리고 전시에 대한 관심을 높이기 위해 특별한 미인 대회를 후원하기로 했다. 클리블랜드의 의사협회, 의과대학, 교육위원회도 후원에 동참했다. 1등 상은 미국 정부 전쟁채권으로 지급되는 100달러였다. 오하이오 주민인 여자라면 누구나 참가할 수 있었다. 자신의 신체 치수를 재서 제출하기만 하면 끝이었다. 흥미롭게도 노먼에 대한 대회는 열리지 않았다.

대회의 순위를 결정하는 기준은 간단했다. 노마에 가장 근접한 몸 치수를 가진 사람이 우승자였다. 대회 기간 클리블랜드 보건박물관은 노마의 작은 모형을 특별 제작해 '이상적인 아가씨'라는 이름으로 팔았다. 저명한 인류학자, 예술가, 체육교육자 등이 노마의 완벽함과 아름다움을 칭송했다. 심지어 한 목사는 노마의 정상적인 신앙을 가정하여 설교의 소재로 삼기까지 했다. 노마는 당대의 '아메리칸 뷰티American Beauty'였다.

대회 주최 측은 노마의 신체 치수 중 아홉 가지를 평가 항목으로 삼았다. 예를 들어 엉덩이둘레, 가슴둘레, 허리둘레, 목둘레, 손목둘레 등이 평가 항목에 포함됐다. 주최 측은 항목별로 참가자 치수가 노마를 기준으로 일정 범위 내에 들면 합격으로 판정했다. 노마와 외관상 거리가 있는 여자들은 아예 참가를 꺼렸다. 그러다 보니 대다수 참가자는 어느 정도 노마와 비슷했다. 심사위원들은 적지 않은 참가자가 모든 평가 항목에서 노마와 똑같은 나머지 우승자를 가리키가 쉽지 않을까 봐 지레 걱정할 정도였다.

1945년 9월 23일 우승자가 발표됐다. 갈색 머리에 몸매가 호리호리한 만 23세의 극장 직원 마사 스키드모어였다. 춤과 수영과 볼링을 즐긴다는 스키드모어는 취미도 노마에 가장 근접한 게 우승자다웠다. 겉보기로도 스키드모어의 외모는 노마와 흡사해 보였다. 그런데 한 가지 곤란한 점이 있었다. 총 3,864명의 참가자 중 아홉 가지 평가 항목 모두 다 합격한 사람이 아무도 없었다. 여덟이나 일곱 혹은 여섯 항목에 합격한 사람도 없었다. 전체의 1퍼센트 남짓한 39명이 겨우 다섯 항목에서 합격했을 따름이었다. 스키드모어도 그 39명 중 한 명일 뿐이었다.

노마 닮기 대회의 결과가 뜻하는 바는 분명했다. 케틀레의 평균인은 실제에서는 존재하지 않는 허상이었다. 평균인을 우상화하는 일은 마치 일본 만화의 팔다리 긴 주인공을 닮으려 하는 일과 같았다. 평균인이 실재하지 않는다는 말을 조금 더 자세히 설명해보자. 신체 치수별로 각각이 평균에 근접하는 사람은 물론 많이 있다. 하지만 하나의 치수가 평균에 가깝다고 해서 다른 치수까지 평균에 가까운 경우가 별로 많지 않다. 평가 항목 수가 늘어나면 모든 항목에서 다 평균에 가깝기는 불가능하다.

평균적 조종사에 맞춰진 조종석은 무엇이 문제일까

이와 비슷한 사례는 어렵지 않게 찾을 수 있다. 1950년대에 미국 공군은 소속 조종사 4,063명을 대상으로 140개 신체 부위의 수치를 측정했다. 미국 공군의 전신인 미국 육군항공대는 1926년 모든 군용기의 조종석 규격을 하나로 통일했다. 통일된 규격은 물론 당시 육군항공대 소속 조종사들의 신체 크기를 평균한 결과였다.

미국 공군은 1949년과 1950년 초 이유를 알 수 없는 추락 사고가 잦자 골머리를 썩였다. 그 이유를 찾는 과정에서 조종석이 문제의 원인일까 하는 의구심을 갖게 됐다. 음속에 가까워진 제트 전투기를 몰기에는 20여 년 전의 프로펠러 전투기에 맞춘 조종석이 적합지 않다는 가설이었다. 미국 공군은 조종석을 새로 디자인하겠다는 각오로 예전에는 재지 않았던 다양한 신체 부위까지 대대적으로 측정했다.

하버드대학교를 졸업한 중위 길버트 다니엘스는 140개 신체 부위 중 조종석에 중요한 열 가지 항목을 추렸다. 다니엘스는 항목별 평균을 먼저 구했다. 그런 후 평균을 중심으로 해당 부위가 정규분포를 따른다면 전체 조종사의 약 24퍼센트가 선택되도록 범위의 상한과 하한을 정했다. 다니엘스의 상관과 동료들은 상당수 조종사가 열 가지 항목 모두에서 평균적 범위 내에 들 거라고 짐작했다. 이들이야말로 케틀레의 평균인에 근접할 조종사일 터였다.

첫 번째 항목인 키에서 평균적 범위에 속한 조종사의 수는 1,055명이었다. 여기까지는 애초의 예상과 크게 다르지 않았다. 두 번째 항목인 가슴 폭에도 똑같은 조건의 범위를 부과하자 1,055명 중 302명이 남았다. 세 번째 항목인 팔길이까지 적용하고 나니 143명으로 줄었다. 마지막 열 번째 항목인 샅 높이까지 적용한 후 남은 조종사는 단 한 명도 없었다. 즉 열 가지 항목 모두에서 평균적인 신체 치수를 가진 조종사는 전무했다. 다시 말해 '평균적 조종사'란 존재하지 않았다.

이 이야기에서 얻을 수 있는 결론은 하나일 수밖에 없다. 우리 각각은 모두 다른 사람들이다. 평균인이란 이 세상 어디에도 존재하지 않는다. 어느 부분은 평균에 가깝더라도 다른 부분은 평균과 거리가 멀기 마련이다. 어디가 가깝고 어디가 먼지는 사람마다 다르다. 우리 모두 신에게서 남들과 구별되는 '나다움'이라는 선물을 받았기 때문이다. 다르기 때문에 우리 모두는 존엄한 존재다.

6

누구나 평균적으로
1인당 국민소득만큼 벌까

 사람들의 먹고사는 문제와 관련된 경제는 결코 가볍게 볼 수 없다. 또한 경제를 연구하는 경제학자의 사고방식 또한 사람들에게 큰 영향을 미친다. 경제학자가 한 나라의 경제를 요약해 설명할 때 쓰는 지표는 크게 두 가지다. 하나는 국내총생산이고 다른 하나는 1인당 국민소득이다. 그중 1인당 국민소득이 평균과 관련이 있다. 국내총생산과 1인당 국민소득은 두 가지 방식으로 활용된다. 전자는 전년도와 비교해 경제가 얼마나 좋아졌는지 혹은 나빠졌는지를 나타내기 위해서다. 즉 시간적 비교다. 후자는 어느 나라가 경제적으로 더 잘살고 못사는지를 견주기 위해서다. 즉 국가 간 비교다.

 실제의 1인당 국민소득에 대한 감을 잡기 위해 예를 들어보자. 이를테면 한국의 1인당 국민소득은 얼마나 될까? 한국은행이 2020년

3월에 발표한 2019년 1인당 국민소득은 3,736만 원이다. 때로 이보다 더 많이 인용되는 수치는 미국 돈으로 환산한 3만 2,047달러다. 1년 전인 2018년의 3만 3,434달러보다 4.1퍼센트 준 결과다.

당시 언론은 4년 만에 국민소득이 줄었다고 난리를 쳤다. 그렇다면 경제 관점에서 2018년보다 2019년이 국민들이 평균적으로 어려운 한 해였을까? 꼭 그렇지는 않다. 원화를 기준으로 했을 때 1인당 국민소득은 늘어났기 때문이다. 같은 한국은행 발표 자료에 의하면 2018년 1인당 국민소득은 3,679만 원이라서 2019년은 1.5퍼센트가 증가했다. 게다가 물가 변동을 보정하는 국내총생산 디플레이터가 해당 기간에 마이너스 0.9퍼센트였으므로 실질소득은 그만큼 더 늘었다.

1인당 국민소득이 늘면 모두에게 좋을까

원화로 표현된 1인당 국민소득과 미국 달러로 표현된 1인당 국민소득 중 어느 쪽이 더 의미가 있을까? 상식적인 대답을 하라면 당연히 원화다. 국민 입장에서 버는 소득과 써야 하는 생활비가 원화이기 때문이다. 여차하여 해외로 도주할 생각이 아니라면 달러화의 1인당 국민소득은 큰 의미가 없다. 그냥 미국 달러-원 환율 변동에 따라 널뛰는 값일 따름이다.

국가 간 비교는 어떨까? 국가마다 쓰는 돈이 다르므로 왜곡을 감수하고 환율을 적용하지 않을 수 없다. 월드뱅크가 발표한 2018년 한국의 1인당 국민소득은 전 세계 26위로 3만 600달러다. 29위 스페인의 2만 9,340달러를 앞질렀을 뿐만 아니라 24위를 기록한 산유국 쿠웨이트의 3만 4,290달러와 큰 차이가 나지 않는다. 이제 19위 일본의 4만 1,310달러도 아주 멀지 않다.

다른 기준의 1인당 국민소득을 보면 상상하기 어려운 일까지 벌어진다. 일례로 경제협력개발기구OECD는 이른바 '구매력 동등화'된 1인당 국민소득을 발표한다. 구매력 동등화란 나라마다 물가의 차이를 고려해 돈의 가치를 추가로 바로잡는 일이다. 2018년 기준 한국과 일본의 구매력 동등화 1인당 국민소득은 각각 4만 2,136달러와 4만 1,502달러다. 단적으로 한국의 국민소득이 일본보다 높다. 사실 구매력 동등화 1인당 국민소득은 보정을 수행하는 측의 주관적인 기준이 개입되는 약점이 있다. 예를 들어 국제통화기금IMF이 발표하는 구매력 동등화 1인당 국민소득상으로는 여전히 일본이 한국보다 높다. 전적으로 신뢰하기 어려운 통계치라는 의미다.

어떠한 기준과 지표를 사용하든 간에 일반적인 메시지는 다음과 같은 식이다. 전년보다 값이 커지면 좋은 일이다. 옆 나라보다 값이 커도 그 또한 좋은 일이다. 이와 같은 "클수록 좋다."라는 메시지는 시장자본주의의 만트라*이기도 하다.

1인당 국민소득이 커졌다고 해서 모두에게 좋다는 보장은 없다.

---

* 진언 혹은 주문을 뜻하는 힌두교와 불교의 용어다.

한국의 1인당 국민소득이 일본보다 크다고 해서 모든 한국인이 모든 일본인보다 잘살 리는 없다. 1인당 국민소득은 평균이기 때문이다. 하지만 최소한 "평균적으로는 좋다."라고 주장할 터다. 이를테면 평균적인 한국인은 경제적 관점에서 평균적인 일본인을 능가한다고 선전한다. 문제는 그 '평균적인 한국인'이 누구냐는 데 있다.

가상의 두 나라 찰리와 델타를 가지고 구체적인 상황을 비교해보자. 찰리의 1인당 국민소득은 4,000만 원이고 델타의 1인당 국민소득은 3,000만 원이다. 즉 찰리의 평균적인 국민은 델타의 평균적인 국민보다 매년 1,000만 원의 돈을 더 번다. 델타가 아니라 찰리의 국민이라는 사실을 다행이나 혹은 자랑거리로 여길 만한 상황이다.

그렇다면 좀 더 자세히 들여다보자. 두 나라의 국민 수가 각각 모두 100명이라고 가정하자. 먼저 델타를 검토하자. 델타 국민 100명 중 25명은 매년 3,900만 원을 번다. 또 50명은 3,000만 원을 벌고 나머지 25명은 2,100만 원을 번다. 이러한 소득을 평균 내면 연 3,000만 원이 나온다. 즉 델타 국민의 소득은 평균 3,000만 원을 중심으로 좌우대칭인 특징을 보인다. 또 너무 높은 값도, 너무 낮은 값도 존재하지 않는다. 이러한 분포라면 평균으로써 전체를 대변하는 게 불가능하지 않다.

찰리는 어떨까? 찰리는 국민 100명 중 한 명이 전체 소득의 80.125퍼센트를 벌어들이는 나라다. 금액으로 하면 32억 500만 원이 연간 소득이다. 이어 30명이 매년 1,500만 원을 벌고 나머지 69명이 매년 500만 원을 번다. 이러한 소득 분포를 평균한 결과가 연 4,000만 원이다.

　이러한 데이터를 바탕으로 찰리와 델타를 다시 비교해보자. 찰리 국민의 평균 소득이 델타 국민의 평균 소득보다 1,000만 원이 더 많음은 부인할 수 없는 사실이다. 그렇지만 찰리 국민 100명 중에서 4,000만 원에 가까운 연 소득을 올리는 사람은 한 명도 없다. 즉 1인당 국민소득으로 4,000만 원을 올리는 찰리의 '평균적인 국민'이 누구를 가리키는지 아리송하다.

　다른 각도에서 바라봐도 찰리의 '평균적인 국민'은 찰리의 1인당 국민소득과 거리가 있다. 경제 성장이나 1인당 국민소득의 증대가 국민의 상위 1퍼센트만을 위한 것일 리는 없다. 그렇다고 하위 1퍼센트만을 목표로 한 정책도 과도하다. 국민 전체를 대표하는 출발점은 소득의 '순위상 평균', 즉 중앙값이 되기 쉽다. 찰리의 경우, 많이 버는 순으로 50번째와 51번째인 사람의 소득은 연 500만 원에 그친다. 또한 가장 흔하게 발견되는 소득, 즉 최빈값도 찰리는 연 500만 원이다.

　실상은 그보다 더 나쁘다. 찰리의 국민은 한 명을 제외한 나머지 99명이 델타 국민의 평균 소득에 못 미치는 돈을 번다. 나아가 델타 국민 100명 모두가 찰리 국민 99명보다 소득이 크다. 즉 델타 국민 중 누구를 골라도 99퍼센트의 확률로 찰리 국민보다 더 많은 돈을 번다. 1인당 국민소득이 높다고 해서 찰리의 '평균적인 국민'이 델타의 '평균적인 국민'보다 잘산다고 이야기할 수 없다는 이야기다.

　현실의 소득 분포는 어느 쪽에 가까울까? 실제 대부분 국가의 소득 분포는 델타가 아니라 찰리에 가깝다. 1인당 국민소득이란 개념이 신기루나 다름없다는 의미다. 나아가 위 예는 1인당 국민소득 계산에 대한 오해를 낳기 쉽다. 1인당 국민소득을 계산하는 실제 방법과 전혀 동떨어져 있기 때문이다.

경제학자들이 1인당 국민소득을 계산하는 방식은 다음과 같다. 먼저 국내총생산GDP을 구한다. 국내총생산이란 1년 동안 한 국가에서 생산돼 소비된 최종적인 제품과 서비스의 가격을 더한 값이다. 국민총소득GNI은 국내총생산에 해당 국가의 국민이 해외에서 벌어들인 돈을 더하고 외국인이 국내에서 번 돈을 뺀 값이다. 국민총소득을 인구수로 나눈 결과가 1인당 국민소득이다.

1인당 국민소득으로 경제 수준을 평가할 수 있을까

일반적으로 국내총생산과 국민총소득은 세금을 빼돌리기 위한 조세회피처가 아닌 한 거의 같다. 한국은 2019년의 국내총생산은 1,914조 원, 국민총소득은 1,932조 원으로 채 1퍼센트의 차이도 나지 않는다. 1인당 국민소득의 99퍼센트 이상은 국내총생산의 결과라는 뜻이다. 그렇게 보면 실체가 없는 1인당 국민소득은 작명마저 얄궂다. 국민총소득은 예전에는 국민총생산GNP이라고 했는데 어느새 슬쩍 이름만 바뀌었다. 총생산은 돈으로 거래된 최종 제품과 서비스의 가격을 더한 값이다. 그래서 기업 매출의 비중이 결정적이다.

또한 국민총소득에서 국민이라는 단어도 적절하지 않다. 영어 단어 내셔널national을 국민으로 번역했지만 국적이 더 올바른 번역이다. 기업은 사람이 아니기에 국민이라는 단어의 사용은 사실을 호도한다. 1인당 국민소득 대신 1인당 국적총생산이라 불러야 오해를 피할 수 있다. 국적 기업이 돈을 더 번다고 해서 반드시 대다수 국민의 소득이 올라가지는 않기 때문이다.

1인당 국민소득으로 한 나라의 경제 수준을 평가하는 일은 평균 체온으로 한 사람의 건강을 평가하는 일과 다르지 않다. 아무리 평균 체온이 섭씨 37도라고 하더라도 머리는 장작불 위에 두고 발은 얼음물에 둔 사람이 건강할 수는 없다.

7

평균적 투기자는 시장의 평균수익률을 얻을까

평균이 폭넓게 사용되는 또 다른 분야는 금융이다. 주식시장 같은 금융시장의 평균수익률은 날마다 뉴스에서 다룰 정도로 중요하게 취급된다. 평균수익률이 무엇인지 어리둥절할 독자도 있을 듯싶다. 다우존스지수나 스탠더드앤드푸어스500 같은 주가지수의 변동이 바로 대표적인 평균수익률이다. 한국에서는 코스피나 코스닥 같은 주가지수가 여기에 해당한다.

주식시장의 평균수익률을 어떻게 구할까

주가지수는 증권거래소에서 거래되는 모든 상장주식을 시가총액

비중대로 가중평균한 값이다. 앞에서 설명했던 애버리지의 계산과 전적으로 같은 작업이다. 그러므로 주가지수의 변화율은 곧 개별 주식의 수익률을 평균한 값과 같다. 그런데 코스피와 같은 주가지수를 구하는 이유는 무엇일까? 개별 주식 종목의 수익률은 절대 똑같지 않다. 오르는 종목도 있고 내리는 종목도 있다. 제자리걸음 중인 종목도 없지 않다. 즉 개별 투기자의 수익률은 천차만별이다. 반면 주가지수의 수익률은 그러한 개별 투기자의 수익률을 평균한 결과다. 모든 투기자의 수익률을 깔끔하게 하나의 평균값으로 대변할 수 있기에 주가지수의 수익률을 계산한다.

금융시장의 가격은 두 가지 상반된 성격을 포괄하고 있다. 하나는 단기간에 무작위로 오르내린다. 이를테면 소음에 가깝다. 이 경우의 핵심 요소는 확률이다. 50퍼센트가 넘는 오를 확률을 골라내는 게 중요하다. 비유하자면 카지노의 도박과 다르지 않다. 예를 들어 블랙잭에서 딜러가 9를 받았을 때 내 패가 5와 6인 경우가 에이스와 6인 경우보다 이길 확률이 높다. 그러므로 전자는 판돈을 두 배로 키우고 후자는 판돈을 키우지 않으면서 그냥 한 장 더 받는 게 최선이다.

다른 하나는 장기간의 추세 변화다. 말하자면 신호에 비유할 만하다. 여기에서의 핵심은 오랜 기간에 걸쳐 누적된 수익이다. 일반적으로 투기보다는 투자라고 칭해지는 영역에 가깝다. 주가지수 수익률이 일정한 단위 기간에 대해 평균적인 투기자가 얻게 될 수익률을 나타낸다고 볼 수 있을까? 개별 종목 수익률이 해당 단위 기간에 너무 크거나 작지 않다면 근사적으로 그렇다고 대답할 수 있다. 이처럼 시간을 고정시켜 놓은 상태에서 공간을 평균하는 경우를 가리켜 앙상블평균ensemble average이라고 부른다. 여기서 공간은 개별 종목으로 구성된 집합을 가리킨다. 즉 주식시장의 평균인은 단기적으로는 주가지수 수익률 같은 평균수익률을 얻는다.

그렇다면 이 말이 장기적으로도 성립할까? 다시 말해 평균적인 투기자가 장기적으로 주가지수 수익률을 얻을 수 있는가 하는 질문이다. 얼핏 생각하면 단기간이라는 단위 기간에 성립하는 성질이 장기간이라고 해서 성립하지 않을 이유는 없을 것 같다. 전체를 잘게 쪼갠 요소로써 전체를 파악할 수 있다는 현대 과학의 분석적 개념과도 일맥상통하기 때문이다.

확인해보자. 주가가 단위 기간에 10퍼센트 오르거나 혹은 10퍼센트 내릴 수 있다고 가정하자. 단위 기간 설정은 하기 나름이지만 여기서는 한 달로 간주하자. 모든 종목이 다 오르거나 내릴 리는 없으므로 일단 공평하게 반반씩 오르고 내린다고 가정하자. 즉 1,000개의 종목이 있으면 그중 500개는 한 달 뒤 주가가 10퍼센트 오르고 나머지 500개는 10퍼센트 내려간다. 달리 표현하자면 개별 주식 종목이 매 단위 기간 오르고 내릴 확률은 50퍼센트다. 혹은 개별 투기자의 단위 기간 수익 확률은 50퍼센트다.

이제 이 과정을 총 60기간 동안 누적하도록 하자. 단위 기간을 한 달로 가정했으므로 전체 기간은 5년이다. 통상적으로 장기투자라고 불릴 만큼 긴 기간이다. 60기간 후의 개별 종목 혹은 개별 투기자의 수익률은 제각각이다. 운이 정말로 좋은 종목이나 투기자는 60기간 내내 상승을 경험한다. 그러한 일의 발생은 이론으로나 실제로나 불가능하지 않다. 50퍼센트를 60제곱한 확률은 0에 가깝기는 하지만 0은 아니다. 행운의 여신이 심하게 웃어준 이 경우의 누적수익률은 약 303배에 달한다. 1억 원의 돈으로 시작했다면 304억 원의 돈을 갖게 된다.

반대의 일도 물론 벌어진다. 악운을 60기간 내내 피하지 못한 종목과 투기자도 있을 수 있다. 그런 일이 벌어지면 처음의 1억 원은 18만 원으로 쪼그라든다. 주식 거래를 하다가 이른바 깡통 찼다는 이야기를 심심치 않게 듣는 것을 고려하면 놀랄 일은 아니다. 이 경우의 확률도 50퍼센트의 60제곱으로서 앞의 304억 원이 된 경우와 같다.

더 흔한 상황은 오르기도 하고 내리기도 하는 경우다. 전체 60번의 단위 기간 중 딱 한 번 오른 경우부터 두 번, 세 번, 나아가 58번, 59번까지 다양한 경우가 존재할 터다. 말하자면 304억 원과 18만 원에 해당하는 수익률을 포함해서 모두 61개의 주가 혹은 수익률이 발생한다.

이와 같은 주식시장 전체의 5년 평균수익률은 얼마나 될까? 발생 가능한 수익률이 61가지 존재하고 각각의 수익률에 해당하는 확률을 구할 수 있으므로 5년간의 평균수익률은 각각의 수익률에 해당 확률을 곱해 모두 더한 값이다. 계산해보면 0퍼센트가 나온다. 즉 5년간의 평균수익률은 0퍼센트다.

다른 방식으로 위의 0퍼센트인 평균수익률을 구할 수도 있다. 최초 시점의 모든 주가를 1로 표준화하고 5년 후의 주가를 계산하면

304에서 0.0018까지 모두 61종의 주가가 나온다. 이 주가에 해당 확률을 곱해서 모두 더하면 다시 1이 나온다. 즉 1에서 시작한 주가의 5년 후 평균값이 1이다. 따라서 평균수익률은 0퍼센트다.

주식 투기자의 몇 퍼센트가 평균수익률을 앞설까

시장 전체의 평균수익률을 얻었으므로 이번에는 평균적인 투기자의 수익률이 어떠할지를 검토하자. 평균적인 투기자가 될 후보는 다음 둘 중 하나다. 첫째는 중앙값에 해당하는 투기자다. 예를 들어 100명이 있으면 위에서 50번째로 높은 수익률을 얻은 사람이다. 둘째는 최빈값에 해당하는 투기자다. 예를 들어 100명이 있으면 가장 많은 사람이 얻은 수익률을 얻은 투기자다.

흥미롭게도 이러한 경우는 어느 쪽을 골라야 할지 고민할 필요가 없다. 첫째 후보와 둘째 후보가 일치하기 때문이다. 최빈값에 해당하는 투기자는 총 60번 중 30번은 이익을 보고 30번은 손실을 본 투기자다. 전체가 100명이라면 열 명 약간 넘는 사람이 이러한 결과를 갖게 된다. 그리고 위에서 50번째로 높은 수익률을 얻은 사람도 여기에 해당한다.

그러면 위 평균적인 투기자의 수익률은 얼마일까? 마이너스 26퍼센트다. 5년간의 누적수익률이 그렇다. 연평균수익률로 바꾸면 연 마이너스 5.85퍼센트다. 1억 원을 갖고 시작한 평균적인 투기자는

5년 후 2,600만 원이 줄어든 7,400만 원에 만족해야 한다. 평균적인 투기자가 0퍼센트라는 평균수익률을 얻지 못하면 필연적으로 발생하는 일이 있다. 전체 투기자 중 평균수익률 이상을 얻는 사람 수가 전체의 반이 못 된다는 사실이다. 위 경우는 35퍼센트에 약간 못 미치는 수가 평균수익률을 넘긴다. 달리 말하면 100명이 투자했다면 65명이 평균수익률에 미달하는, 즉 원금도 못 지키는 손실을 보게 된다.

단위 기간의 수익률 변동이 커지면 어떻게 될까? 가령 20퍼센트의 상승과 하락이 있다고 할 때 평균적인 투기자는 어떤 결과를 얻을까? 그의 연평균수익률은 마이너스 21.7퍼센트로 더 떨어진다. 1억 원으로 시작했다면 5년 후 2,900만 원만 손에 남게 된다. 평균수익률 이상을 달성하는 투기자의 비율은 더 끔찍하다. 전체 100명 중 18명만이 평균수익률을 넘긴다. 나머지 82명은 원금 손실이다. 즉 결과를 요약하면 이렇다. 평균수익률은 평균적인 투기자와 무관한 값이다. 평균적인 투기자는 누적 수익의 관점에서 평균수익률에 못 미치는 결과를 얻는다. 수익률의 평균은 이처럼 실제와 동떨어진 착시나 다름없다.

앞서 1인당 국민소득과 주식시장에서의 평균수익률이 허상인 이유는 무엇일까? 다루는 대상이 멱법칙을 따름에도 불구하고 억지로 산술평균을 적용한 것이 결정적인 이유다. 멱법칙을 따르는 대상은 극단적인 값이 나타나게 마련이다. 평균을 중심으로 값이 몰려 있는 얌전한 정규분포와 성격이 전혀 딴판이다. 실제의 소득 분포는 빈부

격차로 인해 도저히 산술평균으로 묘사가 불가능하다. 투기도 평균이 의미를 갖지 못하는 대상이다. 303배의 수익과 99.8퍼센트의 손실이 모두 가능하기 때문이다.

8

왜 평균에 의존한 의사결정은 평균적으로 잘못될까

평균을 계산하는 것 자체는 무해한 일일 수도 있다. 그보다 큰 문제는 그렇게 계산된 평균을 바탕으로 한 의사결정이다. 먼저 간단한 예를 하나 들어보자. 1인당 국민소득이 4,000만 원이라고 할 때 5인 가구의 연간 소득은 평균 2억 원일 듯싶다. 1인당 국민소득을 계산하는 관점에서 보자면 부인하기 어려운 숫자다. 그렇다고 미혼인 사람이 결혼해서 세 명의 아이를 낳으면 연 2억 원의 소득을 얻게 된다고 이야기할 수 있을까? 산술적 계산으론 말이 돼도 실제로는 말도 안 되는 이야기다. 식구 수 증가와 현실의 소득 증가 사이에는 아무런 인과관계가 없다.

기업이 평균 수요량으로 계획하면 수익이 날까

위 사례를 농담으로 여기는 독자가 적지 않을 것 같다. 실제로 이처럼 생각할 사람은 거의 드물다. 그렇지만 영역을 달리하면 결과적으로 비슷한 일을 저지르는 경우가 드물지 않다. 한마디로 평균에 의존한 의사결정은 평균적으로 잘못되는 경향을 보인다. 평균에 의존한 의사결정이 평균적으로 잘못되는 첫 번째 예를 보자. 식품을 생산해 판매하는 회사 에코가 있다. 에코의 연구 부서는 지난 수년간 수행해온 신제품 폭스트롯의 개발에 최근 성공했다. 그런데 폭스트롯을 생산하려면 먼저 전용 공장을 지어야 한다. 그리고 공장을 지으려면 공장 설비의 용량 결정이 선행돼야 한다.

회사 대표는 마케팅 임원에게 폭스트롯의 예상 월간 수요량을 보고하라고 지시한다. 마케팅 부서는 시장조사 후 월간 수요량이 최대 20만 개까지도 불가능하지 않다고 결론 내린다. 물론 마케팅 부서의 낙관적인 수요량 예상은 잘 맞지 않는다. 최악의 경우 단 한 개의 제품도 팔리지 않을 수 있다. 미래의 현실은 20만과 0 사이의 어딘가다. 그걸 미리 확실히 알 방법은 없다. 마케팅 임원은 판매 부진에 대한 책임을 지지 않기 위해 한 가지 합리적인 방법을 생각해낸다. 바로 평균을 이용하는 방법이다. 최대가 20만 개고 최소가 0개라면 평균은 그 중간인 10만 개다.

에코의 대표는 예상 평균 수요량이 10만 개라는 마케팅 임원의 보고를 받고 잠시 머리를 굴린다. 폭스트롯을 한 개 팔면 이익으로 1만 원이 남는다. 따라서 매달 10만 개를 팔면 10억 원의 이익을 거둘 수 있다. 대표는 예상되는 이익의 규모에 흡족해하며 공장 증설을 지시한다. 공장의 설비 용량은 매월 10만 개로 결정된다. 신선도가 중요한 폭스트롯은 오래 보관할 수 없고 만드는 대로 팔아야 한다.

한 달에 10억 원의 이익이 예상된다면 1년이면 12를 곱한 120억 원의 이익을 평균적으로 거둘 듯싶다. 물론 매달 판매량이 언제나 10만 개일 리는 없으므로 정확히 120억 원의 이익을 기대하지는 않는다. 하지만 실제의 연간 이익이 충분히 그 값에 가까울 거라고 기대한다. 그러면 에코는 기대한 대로 내년에 폭스트롯을 판매해 약 120억 원의 연간 이익을 거두게 될까? 안타깝게도 그런 일은 벌어지지 않는다. 좀 더 정확히 이야기하자면 이익은 반드시 120억 원보다 적다.

왜 그런지 보자. 월 10만 개는 평균 수요량이다. 어떤 달에 10만 개보다 적게 팔리는 일이 일어나게 마련이다. 그달의 이익은 10억 원에 미달한다. 하지만 평균 수요량이 10만 개라는 말은 어느 달의 수요량이 10만 개보다 크기도 함을 의미한다. 그런데 그달의 이익은 10억 원을 넘지 못한다. 공장의 설비 용량이라는 물리적 한계가 존재하기 때문이다. 아무리 수요량이 10만 개를 훨씬 넘어도 이익은 10억 원에 그칠 뿐이다. 이익이 10억 원에 모자라는 달은 있는데 넘치는 달은 없으므로 연간 이익은 120억 원보다 언제나 적다.

평균 이익률이 높으면 수익성이 높을까

두 번째 예를 보자. 스타트업 골프는 두 부류의 고객이 있다. 한 부류는 매년 100억 원씩 거래하는 기업들이다. 다른 한 부류는 매년 20억 원씩 거래하는 개인들이다. 골프는 기업 고객에게 거래액의 4퍼센트를 이익으로 수취한다. 큰 규모로 거래하기 때문에 수수료를 할인해준 결과다. 거래액이 적은 개인 고객을 대상으로 한 이익률은 20퍼센트다. 거래액의 규모와 무관하게 고객 한 명을 응대하는 데에는 매년 5억 원의 비용이 든다.

회사의 수익성이 궁금했던 골프의 대표는 영업 임원과 재무 임원에게 각각 거래액과 이익률을 물어본다. 영업 임원은 100억 원과 20억 원을 평균한 60억 원을 거래액이라고 보고한다. 재무 임원도 4퍼센트와 20퍼센트를 평균한 12퍼센트를 이익률로 제시한다. 이제 요청한 정보를 모두 받은 대표는 60억 원의 거래액과 12퍼센트의 이익률을 결합해 한 고객당 평균 7.2억 원의 이익을 얻는다고 결론 내린다. 한 고객당 비용인 5억 원보다 2.2억 원이 높으므로 에코의 수익성은 만족스럽다.

과연 그럴까? 섣불리 평균을 구하지 말고 개별 고객군을 따져보자. 한 기업 고객당 버는 돈은 100억 원 곱하기 4퍼센트인 4억 원이다. 즉 비용 5억 원을 채 감당하지 못한다. 그러면 개인 고객 상대로는 돈을 벌고 있을까? 거래액 20억 원에 이익률 20퍼센트를 곱한 결과는 4억 원에 그친다. 즉 개인 고객군에서도 돈을 잃고 있기는 마찬가지다. 모든 고객을 상대로 돈을 잃고 있으므로 결과적으로 골프의 수익성에 문제가 있다.

어리둥절할 독자를 위해 정리해보자. 평균은 총체를 구한 후 후행적으로 계산할 값일 뿐이다. 함부로 다른 무언가의 입력으로 쓸 값이 아니다. 골프를 예로 들자면 전체 거래액과 전체 이익을 구한 후에 평균 이익률을 구할 수 있을 뿐이다. 평균 거래액과 평균 이익률을 구해서 그로부터 평균 이익을 구하면 안 된다는 이야기다.

이러한 사실을 예전부터 수학자들은 모르지 않았다. 벤 다이어그램으로 유명한 존 벤John Venn은 1878년에 다음과 같은 가상의 사례를 들었다. 적의 요새를 포위 공격하던 사령관에게 두 명의 첩보원이 기밀이 있다며 접근해왔다. 한 첩보원은 요새의 대포가 구경 8인치 포탄을 쏜다고 알렸다. 다른 첩보원은 구경 9인치 포탄을 쓴다고 귀띔했다.

요새를 점령한 후 요새의 포를 사용해 적의 증원군과 맞서 싸울 생각이었던 사령관은 미리 포탄 보급을 병참대에 요청하려고 했다. 이때 벤의 질문은 "사령관은 8.5인치 구경의 포탄을 주문해야 합니까?"였다. 만약 그랬다면 어떠한 경우에도 사령관은 보급받은 포탄을 쏠 수 없을 터였다. 평균 구경의 포탄을 요청한다는 결정은 100퍼센트 잘못된 확률의 결과를 낳았다.

평균의 결함을 단적으로 보여주는 상징적인 사례를 들며 이번 장을 마치고자 한다. 인간의 고환 수는 둘 아니면 영이다. 남자와 여자의 수가 같다고 보면 인간의 평균 고환 수는 하나다. 그렇다고 평균적인 인간이 하나의 고환을 가졌다고 이야기할 수는 없다. 평균 고환 수에 따라 만든 팬티는 그 누구도 입지 못한다.

2장

상관

배후 원리 없이
현상의 묘사에 그친다

상관은 두 대상 사이의 관계다. 1장에서 "우리는 평균의 시대를 살고 있다."라고 선언했지만 상관은 평균 이상으로 우리의 사고방식을 지배한다.

상관이 활용되는 경우를 2013년에 발표된 논문을 예로 들어 살펴보자. 스페인의 페드로 팔렌시아Pedro Palencia 등은 딸기의 수확량과 기후 조건 사이의 관계를 연구했다. 상식적으로 딸기는 햇볕을 많이 쬐고 춥지 않으면 잘 자란다. 그들의 논문에 의하면 월간 평균 일조량과 초기 수확량 사이에는 0.85라는 양의 상관관계가 존재한다. 월간 평균 일조량이 제곱미터당 1밀리만큼 늘어나면 초기 수확량이 딸기나무 한 그루당 6.93그램 증가한다는 결과였다.

상식적으로 딸기는 햇볕을 많이 쬐고 춥지 않으면 잘 자란다.

딸기의 성장과 수확량에 중요한 또 다른 변수는 온도다. 월간 평균 온도와 초기 수확량 사이의 상관계수는 0.93으로서 평균 일조량보다도 더 크다. 더불어 평균 온도가 섭씨 1도 올라가면 초기 수확량은 한 그루당 8.9그램이 증가한다는 수식을 제시했다. 결과적으로 햇빛을 많이 받고 따뜻할수록 더 잘 자란다는 딸기의 특성을 상관관계로써 설명한 셈이었다.

당연한 듯 보이는 이러한 설명에는 사실 구멍이 있다. 이번 장의 목표는 바로 구멍의 이해다. 이는 곧 상관의 본질과 한계가 어디까지인지를 아는 기회이기도 하다. 상관관계를 수치화한 지표인 상관계수에 관한 이야기로 시작하자.

1
상관계수에는 평균과 똑같은 문제가 있다

저자로서 웬만하면 하고 싶지 않은 일이 하나 있다. 숫자 계산을 직접 보여주는 일이다. 그간의 경험상 "책이 어렵다!"라는 평이 반드시 따라오기 때문이다. 그렇지만 상관계수를 이야기하면서 숫자 계산을 아예 안 할 수는 없다. 숫자 계산이 생략된 상관계수의 설명은 1인당 국민소득을 평균적인 국민이 버는 돈으로 간주하는 일과 다름없다. 그러니 아주 간단한 계산을 딱 한 번만 하자.

다음과 같은 세 쌍의 데이터를 가정해보자. 12와 3, 16과 4, 20과 5가 서로 대응되는 경우다. 눈썰미가 있는 독자라면 각 쌍의 첫째 값과 둘째 값 사이의 일정한 관계를 눈치챘을 터다. 즉 첫째 값을 4로 나누면 둘째 값이 나온다. 이 데이터의 분포를 호텔이라는 이름으로 지칭하자.

| 12 | 3 | | 16 | 4 | | 20 | 5 |

상관계수는 어떻게 계산하는가

먼저 첫째 값과 둘째 값에 대해 각각의 평균과 표준편차를 구하자. 평균의 계산은 쉽다. 값을 모두 더해 데이터 개수인 3으로 나누면 된다. 첫째 값의 평균은 16이고 둘째 값의 평균은 4다.

표준편차는 여러 값으로 구성된 분포가 해당 분포의 평균에서 얼마나 멀리 퍼져 있는지를 나타내는 지표다. 표준편차를 계산하려면 먼저 각 값의 편차를 구해야 한다. 편차는 각 값에서 평균을 뺀 값이다. 위 첫째 값의 첫 번째 데이터를 예로 들자면 12에서 평균 16을 뺀 -4가 편차다.

첫째 값에 대해 편차를 모두 더하면 0이 나온다. 평균을 기준으로 편차를 정의한 탓이다. 이래서는 멀리 퍼진 정도를 구할 방법이 없다. 그래서 편차 대신 편차의 제곱에 대한 평균을 구한다. 첫째 값의 편차의 제곱인 16, 0, 16의 평균은 32/3이다. 이를 첫째 값의 분산이라고 부른다. 표준편차는 분산의 제곱근이다. 즉 첫째 값의 표준편차는 $(32/3)^{0.5}$이고 둘째 값의 표준편차는 $(2/3)^{0.5}$이다.

이제 공분산을 구하자. 공분산은 공동의 분산을 의미한다. 공분산은 조금 전에 나온 분산과 계산 과정이 비슷하다. 다만, 한 값의 편차를 제곱하는 대신 한 값의 편차와 다른 한 값의 편차를 곱해 구한다. 구체적으로 계산해보자. 첫 번째 쌍은 -4×-1로서 4가 된다. 두 번째 쌍은 0×0이라 0이다. 세 번째 쌍은 4×1이라 4다. 이를 다 더한 8을 데이터 쌍 개수인 3으로 나눈 값, 즉 8/3이 공분산이다. 이로써 상관계수를 계산할 준비가 끝났다.

 이제 상관계수를 정의하자. 상관계수는 공분산을 첫째 값의 표준편차와 둘째 값의 표준편차로 나눈 값이다. 공동으로 퍼지는 경향인 공분산을 각각의 표준편차로 나누어 정규화한 값이라고 이해하면 정답이다. 정규화했다는 말은 값이 가장 크면 1이고 가장 작으면 −1이라는 뜻이다. 즉 상관계수는 1과 −1 사이의 값을 갖는다.

 드디어 호텔의 상관계수를 구할 차례다. 공분산 8/3을 표준편차 $(32/3)^{0.5}$과 $(2/3)^{0.5}$으로 나누면 얼마가 나올까? $(32/3)^{0.5}$과 $(2/3)^{0.5}$을 곱하면 $(64/9)^{0.5}$이 되고, 제곱근을 풀면 결국 8/3이 나온다. 결과적으로 8/3을 8/3로 나눈 1이 호텔의 상관계수다.

 지금까지 보았듯이 상관계수의 계산은 어렵지 않다. 계산보다 중요한 부분은 계산된 값의 해석이다. 상관계수를 제대로 이해하는 최선의 방법은 데이터를 그래프로 그려보는 일이다. 첫째 값을 x좌표로, 둘째 값을 y좌표로 간주하면 각 데이터 쌍은 좌표평면 위의 점이 된다. 평면 위에 서로 다른 점이 두 개 있으면 그 두 점을 지나는 직선은 오직 하나다. 반면 평면 위의 점 개수가 셋 이상이면 일반적으로 그 점들을 모두 지나는 직선은 존재하지 않는다.

 호텔을 좌표평면에 직접 그려보면 어떤 그래프가 나올까? 위 세 점은 용케도 모두 한 직선 위에 위치한다. 직선이 분포의 모든 점을 지난다는 말은 x나 y좌표 중 하나가 주어지면 나머지 좌표가 자동으로 결정된다는 의미다. 앞에서 호텔의 상관계수는 1로 계산됐다. 분포의 모든 점이 한 직선 위에 위치할 경우 상관계수의 절댓값은 반드시 1이 나온다. 바꿔 말하면 한 점이라도 직선 바깥에 위치하는 경우 상관계수의 절댓값은 1보다 작다.

상관계수도 평균의 한 종류다

이로부터 상관계수의 가장 중요한 성질을 유추할 수 있다. 상관계수는 값의 분포가 얼마나 직선과 실제로 일치하는지를 나타내는 지표다. 즉 선형관계의 강도를 묘사한다. 완벽히 직선과 일치한다면 1 혹은 −1의 상관계수를 얻는다. 직선에서 벗어난 점이 많을수록, 그리고 벗어난 점의 수선 길이가 길수록 상관계수의 절댓값은 점차 작아진다. 0에 가까운 상관계수는 값의 분포에 아무런 선형관계가 존재하지 않고 무작위하다는 사실을 가리킨다.

한편 상관계수의 부호와 직선의 기울기의 부호는 서로 같다. 즉 0보다 큰 상관계수는 직선의 기울기가 양수임을 나타내고 0보다 작은 상관계수는 직선의 기울기가 음수임을 나타낸다. 앞에 나왔던 딸기 수확량과 일조량 사이의 상관관계가 0.85로서 양수였음을 확인하자. 그렇기에 일조량이 증가하면 수확량이 따라 증가하는 현상과 일치하는 결과다.

딸기의 성장과 수확량에 중요한 또 다른 변수는 온도였다. 논문에 의하면 월간 평균 온도와 초기 수확량 사이의 상관계수는 0.93으로서 평균 일조량보다도 더 컸다. 평균 온도가 섭씨 1도 올라가면 초기 수확량은 한 그루당 8.9그램이 증가한다는 수식이 제시됐다. 결과적으로 딸기는 햇빛을 많이 받고 따뜻할수록 더 잘 자란다는 특성을 상관관계로써 설명한 셈이었다.

상관계수의 해석에서 가장 중요한 일은 상관계수의 절댓값이 얼마나 커야 값의 분포가 충분히 직선과 가깝다고 이야기할 수 있느냐다. 상관계수는 특이한 존재라서 함부로 그 크기를 재단할 수 없다. 예를 들어 상관계수가 0.2에서 0.4가 됐다고 해서 직선에 가까워진 정도가 두 배가 됐다고 함부로 이야기할 수 없다.

수학적으로 증명된 사실로서 상관계수의 제곱은 직선으로써 설명되는 분포값의 비율과 같다. 예를 들어 상관계수가 0.5나 -0.5라면 상관계수의 제곱은 0.25다. 즉 분포값의 변동 중 직선의 추세에 따르는 부분은 25퍼센트에 지나지 않고 나머지 75퍼센트가 직선에서 벗어난 우연성에 따른다. 상관계수의 제곱은 결정계수라고도 불린다.

그렇기에 상관계수가 의미가 있으려면 꽤 큰 값이 필요하다. 가령 실제 응용에서 1이나 다름없는 값으로 간주되곤 하는 ±0.9라는 상관계수도 제곱하면 0.81이다. 이 경우 전체 변동에서 약 20퍼센트는 우연의 소산이다. 상관계수가 ±0.7이면 제곱이 0.49라서 이미 직선을 따르는 변동이 50퍼센트 밑이다. 여러 분야의 실무에서 절댓값이 0.7보다 작은 상관계수를 그 크기에 의미를 부여하지 않고 일종의 소음으로 취급하는 이유다.

　사람들이 입에 잘 올리지 않는 상관계수의 성질 한 가지를 지적하면서 마치겠다. 바로 상관계수가 평균의 한 종류라는 점이다. 상관계수는 정규화된 공분산인데 공분산은 두 편차를 곱한 값의 평균이기 때문이다. 상관계수가 평균이라는 말은 무엇을 뜻할까? 1장에서 언급했던 평균의 모든 문제가 고스란히 상관계수에도 있다는 의미다. 상관계수를 계산하는 대상이 정규분포를 따르는 자연계의 변수가 아니라면 특히 그렇다.

2

왜 우생학은 상관에 관심을 가졌을까

사람들이 상관에 관심을 보이게 된 지는 얼마나 오래됐을까? 상관의 역사는 평균보다 짧다. 상관이란 말은 19세기 후반인 1888년에 처음 등장했다. 상관이 사용된 지 겨우 100년 남짓밖에 안 됐다는 의미다. 상관계수의 개념과 계산으로 확장하면 1844년 에콜 폴리테크닉의 오귀스트 브라베Auguste Bravais까지 거슬러 올라갈 수 있다. 브라베는 군인이면서 물리학자였는데 천체, 자기, 수로 측량 등에 관심이 있었다. 즉 브라베가 측정 오차의 관점에서 상관계수를 계산한 일은 천체 관측 시 평균 방법을 활용하던 일과 그 성격이 다르지 않았다. 브라베의 상관계수 공식은 이내 잊혔다.

상관의 원조는 우생학자 프랜시스 골턴이다

오늘날 광범위하게 이용되는 상관의 원류를 찾아 거슬러 올라가면 한 사람과 만나게 된다. 1장에서 소개했던 프랜시스 골턴이다. 골턴은 중앙값을 칭하는 미디언이라는 영어 단어를 1881년에 만든 사람이다. 그는 1888년에 상관co-relation이라는 말을 최초로 사용했다. 평균인의 원조가 아돌프 케틀레인 것처럼 상관의 원조는 프랜시스 골턴이라는 이야기다.

골턴은 그 자신보다는 다른 사람과의 관계로 더 유명하다. 바로 진화론의 창시자 찰스 다윈의 친척이라는 점이다. 엄밀하게 말하자면 골턴의 엄마는 다윈의 아빠의 열일곱 살 아래 친동생이었다. 즉 골턴에게 다윈은 외사촌 형이고 다윈에게 골턴은 고종사촌 동생이었다. 1822년에 태어난 골턴이 1809년에 태어난 다윈보다 열세 살 어렸다.

찰스 다윈의 친할아버지이자 프랜시스 골턴의 외할아버지인 이래즈머스 다윈Erasmus Darwin은 식물학자면서 영국 왕 조지 3세George William Frederick의 주치의였다. 프랜시스 골턴의 친할아버지 새뮤얼 존 골턴Samuel John Galton은 무기 제조로 한몫 잡은 사람이었다. 다윈 일가와 골턴 일가는 명망가와 재력가들의 모임인 일명 '루나 소사이어티Lunar Society'의 일원이었다. 이들 그룹은 자식들을 대대로 근친결혼을 시킬 정도로 폐쇄적이었다. 일례로 유서 깊은 도자기회사로 현재도 성업 중인 웨지우드를 창업한 조사이어 웨지우드Josiah Wedgwood는 루나 소

사이어티의 창립 멤버였다. 찰스 다윈의 엄마는 바로 조사이어 웨지우드의 첫째 딸인 수재너 웨지우드Susannah Wedgewood였다. 찰스 다윈은 조사이어 웨지우드의 둘째 아들인 조사이어 웨지우드 2세의 딸인 엠마 웨지우드Emma Wedgewood와 결혼했다. 말하자면 찰스 다윈은 자신보다 한 살 많은 외사촌 누나와 결혼한 셈이었다.

다방면에 관심이 많았던 프랜시스 골턴은 아돌프 케틀레의 책을 읽고 크게 감명을 받았다. 골턴은 케틀레에 대해 양가 감정을 느꼈다. 인간을 대상으로 과학적 방법을 적용한 부분은 존경할 만했다. 하지만 평균인이 인간의 이상향이라는 결론은 그렇지 않았다. 골턴은 케틀레가 괴상망측한 결론을 내렸다고 봤다. 평균이 아니라 극단이 중요하다고 생각했기 때문이다. 골턴이 감명 깊게 읽은 책에는 외사촌 형인 찰스 다윈이 1859년에 출간한『종의 기원』도 있었다. 골턴이『종의 기원』에서 특히 영감을 얻은 부분은 1장이었다. 1장의 제목은 바로 '사육재배하의 변이'다. 즉 가축의 종자를 인위적으로 개량해나가는 육종이 주제다.

이내 골턴은 육종의 한 가지 퍼즐에 관심을 갖게 됐다. 세대가 경과해도 형질의 분포는 대체로 안정하다는 사실이다. 예를 들어 개별 젖소의 몸무게는 달라져도 2세대 젖소의 몸무게 평균은 1세대 젖소의 몸무게 평균과 크게 다르지 않았다. 이러한 현상을 가리키는 복귀변이reversion라는 말은 이미 동시대인에게 익숙한 용어였다. 처음에 골턴은 격세유전atavism을 복귀변이의 원인으로 지목했다. 격세유전이란 중간 세대에게는 나타나지 않는 형질이 여러 세대를 건너 유전되는 일을 가리킨다. 골턴은 실험을 통해 복귀변이의 정확한 수학 모형을 찾으려 했다.

부모와 자녀의 키 사이에는 상관이 존재한다

1877년 그가 제일 먼저 택한 실험 대상은 완두콩이었다. 완두콩은 자연계 일부로서 크기가 전적으로 똑같지 않았다. 지름이 평균에 가까운 완두가 많음과 동시에 평균과 차이가 나는 완두도 소수 있었다. 골턴은 어떤 완두가 다른 완두보다 우월한 이유를 타고난 형질에서 찾았다. 즉 원래부터 우월한 완두가 있고 마찬가지로 원래부터 열등한 완두가 있다고 생각했다. 특정 완두가 우월한 것은 우월한 형질을 이전 세대로부터 고대로 물려받았기 때문이라는 식이었다.

완두를 크기별로 분류한 후 다시 재배한 결과는 골턴의 예상과 일치하는 듯 보였다. 큰 완두에서 나온 2세대 완두는 대체로 컸고 작은 완두의 2세대 완두는 대체로 작았다. 골턴은 자신의 가정이 확인됐다며 처음에는 기뻐했다. 그런데 한 가지 사실이 골턴의 눈에 띄었다. 우월한 1세대 완두의 2세대 완두가 대체로 크기는 하지만 1세대만큼은 아니었다. 열등한 1세대 완두의 2세대 완두도 평균보다 작기는 하지만 1세대만큼 작지는 않았다. 골턴은 우월한 형질은 오직 유전된다고 생각했다. 그런데 그렇지 않고 평균으로 되돌아가려는 경향은 골칫거리였다.

골턴은 사람을 대상으로도 유사한 실험을 수행했다. 먼저 골턴은 개별 부모의 키 중점값을 구했다. 골턴은 중점값을 구할 때 남녀의 평균적인 키 차이를 고려해 엄마의 키에 1.08을 곱했다. 그런 후 각 부모가 낳아 이미 성인이 된 자녀의 키를 측정해 표로 만들었다. 부모 세대와 자녀 세대의 키는 중앙값이 173.4센티미터로 정확하게 일치했다.

그런 후 골턴은 부모 키의 중점값이 같은 그룹을 대상으로 그 자녀들 키의 중점값을 구했다. 가령 키의 중점값이 중앙값보다 5센티미터가 큰 부모 그룹의 자녀는 키의 중점값이 중앙값보다는 컸지만 부모만큼 크지는 않았다. 골턴은 그래프를 그려 부모 키가 중앙값에서 3 정도 변할 때 자녀 키의 중앙값은 2 정도 변하는 데 그친다는 사실을 확인했다.

골턴은 위와 같은 현상을 역겨운 심정으로 바라보았다. 1885년 그는 이 현상에 자신의 혐오감이 그대로 드러나는 새로운 이름을 붙였다. 바로 '평범함으로의 퇴행regression toward mediocrity'이었다. 오늘날 통상 평균회귀라고 부르는 현상을 최초로 지적한 경우였다. 골턴은 왜 평범함으로의 퇴행이 나타나는지를 찾는 과정에서 상관을 정의했다. 그에게 상관은 '한 변수의 변동이 같은 방향으로 다른 변수의 변동과 평균적으로 동반될 때 발생하는 현상'이었다. 예를 들어 부모의 키와 자녀의 키 사이에는 어느 정도의 상관이 존재했다.

흥미롭게도 평균회귀는 비단 부모에서 자녀로만 나타나지 않았다. 가령 키가 180센티미터인 자녀들의 부모 키의 중앙값을 구해보면 약 176.5센티미터가 나왔다. 이렇게 시간의 흐름과 무관하게 나타나는 평균회귀를 설명할 유일한 방법은 바로 불완전한 상관에 내재된 우연이라는 요소였다. 즉 자녀의 키가 큰 이유는 부모의 키가 큰 탓이 전부가 아니었다. 우연이 개입되지 않는다면 키가 동일한 부모에게서 다양한 키의 자녀가 나올 수가 없었다. 달리 말하면 부모의 키가 크다는 사실 자체가 우연이 개입된 결과였다. 골턴은 우연이 배제된 완벽한 상관의 경우 평균회귀가 나타날 수 없음을 깨달았다.

골턴이 정의했던 용어는 오늘날과 다소 차이가 있다. 예를 들어 골턴이 상관지수index of co-relation 혹은 퇴행regression이라고 부른 값을 요즘은 회귀계수regression coefficient라고 부른다. 상관지수 혹은 회귀계수는 직선의 기울기로서 골턴이 조사한 사람들 키의 경우 3분의 2다. 또한 현대의 상관계수correlation coefficient를 정의한 사람은 골턴의 열렬한 추종자이자 최초로 최빈값, 즉 모드라는 단어를 사용한 칼 피어슨이다.

골턴은 우월한 형질의 유전이 결코 완벽할 수 없다는 사실을 알았음에도 불구하고 본심을 접지 않았다. 그에게 평균이란 곧 시시함이었다. 그는 혈통에 의해 결정되는 피라미드 구조의 인간 사회를 이상화하고 당연시했다. 그의 관심사는 자신과 같은 우수한 혈통의 일가가 어떻게 평범함에 물들지 않고 계속 우월성을 유지할 수 있는가였다. 골턴은 이러한 생각을 구체적으로 실현하려는 진지한 목표하에 우생학eugenics을 창시했다. 우생학이란 가축을 육종하듯 사람도 종족 개량을 해야 한다는 주장이다. 우생학이라는 단어를 1883년에 만든 사람이 바로 골턴이었다.

그는 남자와 여자를 각각 세 그룹으로 분류했다. 남자는 명망가, 하찮은 이류, 머저리의 셋 중 하나에 속했다. 여자는 끌림, 아무 느낌 없음, 역겨움 중 하나였다. 골턴은 명망가는 끌림과만 결혼해야 하며 아무 느낌 없음이나 역겨움과 피를 섞어서는 안 된다고 주장했다. 그는 런던에 끌림이 많고 애버딘에 역겨움이 많다는 것을 증명하기 위해 자신이 개발한 상관지수를 적극적으로 활용했다.

골턴은 명망가와 끌림을 교배해 우수한 순종 인류를 만들겠다는 목표를 가졌다. 그런 그에게 열등 종자의 출산 금지는 자연스러운 논리적 귀결이었다. 더 나아가 그는 열등한 종자의 출산을 금지시키는 것은 자선을 베푸는 일이라고까지 주장했다. 심지어 골턴은 1873년 일간지 『타임스』에 '중국인은 고도 문명이 가능한 종자니 아프리카로 강제 이주시켜 열등한 흑인종을 대치하자.'라는 글을 싣기도 했다. 골턴은 스스로를 우수한 혈통의 명망가로 여겼다. 그런 그는 아이러니하게도 결혼은 했지만 아이를 낳는 데 실패했다.

3

학력과 소득 사이에는 어떠한 관계가 있을까

상관은 우생학에서 출발했다. 하지만 가장 많이 활용하는 곳은 어쩌면 경제학이다. 일례로 경제학자는 학력과 소득 사이의 관계에 주목한다. 2017년 세인트루이스 연방준비은행의 스콧 월라Scott A. WollaScott A. Wolla와 제시카 설리번Jessica Sullivan이 발표한 보고서에 의하면 미국에서 중학교가 최종학력인 사람의 연 중위소득은 한국 돈으로 약 2,700만 원이다. 반면 고등학교까지 졸업한 사람의 연 중위소득은 4,900만 원이고 대학교와 대학원을 졸업한 사람의 연 중위소득은 각각 9,200만 원과 1억 4,000만 원이다.

한국의 경우는 어떨까? 찾아보면 통계청이나 한국은행이 발표하는 공식적인 자료는 존재하지 않는다. 사실 학력별 소득의 분포는 고사하고 한국 전체의 중위소득도 공표되지 않는다. 정부가 알려고 마음먹으면 못 구할 이유가 없고 또 내부에 갖고 있을지는 모르겠지만 대외적으로 발표한 적은 없다.

정부가 발표하는 값으로 기준 중위소득이 있기는 하다. 매년 발표되는 기준 중위소득은 가구당 식구 수에 따라 각각 다른 값이 제시되고 또 여러 보정이 가해진 탓에 실제의 진정한 중위소득이라고 보기는 어렵다. 참고 삼아 공식적인 2020년 기준 1인 가구의 중위소득은 월 176만 원 정도다.

그나마 부분적인 양상이라도 볼 수 있는 자료는 한국고용정보원이 매년 발표하는 「한국의 직업정보」라는 보고서다. 한국고용정보원은 외부 리서치 업체에 용역을 주고 보고서에 담을 표본조사를 한다. 2020년 4월에 발표된 2018년도 대상 보고서는 600개 직업별로 각각 최소 30명씩 임의로 선발해 총 1만 8,176명을 조사한 결과다. 즉 해당 보고서가 본문에서 인정했듯이 '해당 표본으로 분석된 결과가 일반화될 수 없다는 한계를 지닌다.'

학력이 높을수록 중위소득이 올라간다

어쨌거나 「2018 한국의 직업정보」에 의하면 고졸 이하의 중위소득은 3,000만 원, 학부를 마친 사람의 중위소득은 3,800만 원, 그리고 대학원을 졸업한 사람의 중위소득은 5,200만 원으로 조사됐다. 학력이 높을수록 중위소득이 올라가는 경향은 미국과 마찬가지로 한국에서도 공통으로 발견된다. 이런 데이터가 있을 때 어떠한 이야기를 할 수 있을까? 소득의 중앙값, 즉 중위소득과 학력 사이에 일종의 비례 관계가 관찰됨은 부인하기 어렵다. 상급학교를 마칠수록 연봉 등 소득이 올라감은 통상의 상식에 맞는 결과다. 교육은 대체로 스킬의 향상을 가져오며 어느 선까지는 소득의 증가를 가져온다.

학력을 교육 기간으로 환산하면 교육 기간과 중위소득 사이의 상관계수 계산이 가능하다. 이 경우 중학교 졸업은 교육 기간을 9년, 고등학교 졸업은 12년, 학부 졸업은 16년으로 간주함이 당연하다. 대학원 졸업은 석사와 박사를 포괄하기 때문에 딱 몇 년이라고 이야기하기가 쉽지 않다. 2년의 석사과정과 대체로 석사 후 5년 정도 걸리는 박사과정 기간을 고려하고, 또 석사 학위자의 수와 박사 학위자의 수를 고려해 대학원 졸업은 교육 기간이 20년이라고 치자.

한국의 위 상관계수는 얼마나 될까? 거의 0.99에 가까운 값이 나온다. 미국은 더 높다. 0.996이 교육 기간과 중위소득 간의 상관계수다. 이 정도의 상관계수라면 둘 사이의 관계는 거의 직선과 다르지 않다. 결정계수, 즉 상관계수의 제곱도 각각 약 98퍼센트와 99퍼센트로 100퍼센트에 근접한다. 그러면 이로써 학력과 소득 사이의 관계가 증명된 걸까? 그렇게 보기는 어렵다. 위 상관계수는 오직 중위소득에 대한 결과이기 때문이다.

상관계수를 잘못 사용하는 예를 하나 들자. 1이나 다름없는 상관계수로부터 변수 사이의 관계를 외삽하는 경우다. 외삽이란 특정한 값의 범위 내에서 유추한 관계가 범위 바깥에서도 여전히 성립한다는 가정하에 값을 예측하는 일이다.

1에 가까운 상관계수를 믿고 외삽을 함부로 하면 무슨 일이 벌어질까? 가령 한국의 경우 학부 졸업자가 4년을 더 들여 대학원 과정을 밟으면 중위소득이 1,400만 원 늘어난다. 따라서 평균적인 한국의 대졸자가 연 1조 원을 버는 억만장자가 되려면 7만 1,426년을 더 공부하면 된다. 미국의 대졸자는 조금 형편이 나은데 그 기간이 30퍼센트에 못 미치는 2만 832년이면 충분하다. 둘 다 논리적으로는 흠잡을 데 없지만 현실적으로는 우스꽝스러운 이야기다. 그렇게 오래 살 수 있는 사람은 없다.

같은 학력 내 소득 차이가 더 결정적이다

다른 문제도 있다. 중위소득이 평균소득보다 평균적인 사람의 소득을 잘 대표하는 것은 틀림없다. 하지만 모두가 중위소득을 거둔다고 가정함은 무리다. 학력별로 소득은 다시 분포를 이룬다. 다양한 소득이 같은 학력에 존재함을 고려하면 상관계수는 뚝 떨어지기 마련이다.

「2018 한국의 직업정보」는 조사된 표본에 대한 상관계수를 제시하지 않았다. 그렇더라도 상관계수를 추측해보는 일이 불가능하지는 않다. 먼저 보고서는 학력별로 1사분위 소득과 3사분위 소득 정보도 제공하고 있다. 1사분위 소득이란 예를 들어 100명이 있다고 할 때 소득이 낮은 순으로 25번째 사람과 26번째 사람의 소득을 평균한 값이다. 3사분위 소득은 밑에서 75번째와 76번째인 사람의 소득 평균이다.

보고서에 의하면 고졸자, 대졸자, 대학원 졸업자의 1사분위 소득과 3사분위 소득은 각각 2,400만 원과 4,000만 원, 3,000만 원과 5,000만 원, 그리고 3,800만 원과 7,500만 원이다. 이 값들은 실제 표본의 소득이므로 이를 포함해 계산된 상관계수는 현실과 동떨어진 공상의 산물이 아니다.

그렇게 구한 상관계수는 얼마가 될까? 0.665가 그 결과다. 이때의 결정계수는 고작 44퍼센트 남짓이다. 실제의 소득에서 학력의 차이가 설명해줄 수 있는 부분이 반에 못 미친다는 이야기다. 해당 표본 전체나 모집단에 대한 결정계수는 이보다도 훨씬 적을 수밖에 없다.

2사분위 소득이라고 할 수 있는 중위소득을 학력별로 각각 1사분위 소득과 3사분위 소득과 비교해보면 한 가지 공통된 사실이 눈에 띈다. 3사분위 소득자가 중위소득자보다 더 버는 돈이 중위소득과 1사분위 소득의 차보다 더 크다는 점이다. 대졸자를 예로 들어 3사분위 소득과 중위소득의 차는 1,200만 원인 반면 중위소득과 1사분위 소득의 차는 800만 원에 그친다.

등위가 올라갈수록 소득 격차가 커진다면 어떤 일이 벌어질까? 필연적으로 소득의 평균이 중위소득보다 크게 계산된다. 보고서도 고졸자, 대졸자, 대학원 졸업자의 평균소득을 각각 3,325만 원, 4,375만 원, 6,002만 원으로 제시하고 있다. 이들 평균소득은 모두

3사분위 소득과 중위소득 사이의 값이다. 즉 평균소득은 예외 없이 현실의 소득을 실제보다 많이 부풀린다.

은연중에 착각하기 쉬운 한 가지 사항을 지적하자. 학력이 높다고 해서 학력이 낮은 사람보다 반드시 소득이 더 높지는 않다는 사실이다. 예를 들어 고졸자 중 상위 25퍼센트는 최소 4,000만 원을 번다. 이는 곧 대졸자의 하위 50퍼센트와 대학원 졸업자의 하위 25퍼센트가 버는 최대 3,800만 원보다 높은 소득이다. 학력 간의 소득 차이 이상으로 동일 학력 내의 소득 차이가 클 수 있다는 이야기다.

지금까지의 이야기를 정리해보자. 학력과 소득 사이에 어느 정도의 비례 관계는 존재한다. 그러나 대부분의 차이는 학력 외의 다른 요소들에 기인한다. 그 요소들을 정확히 분리해내기 전에는 해당 요소 전부를 합쳐 우연과 운으로 불러도 무방할 터다. 분명한 사실은 공부를 오래하거나 혹은 더 높은 학위를 취득함으로써 억만장자가 되겠다는 계획은 결코 현명한 방책이 못 된다는 것이다.

4
국가 지능지수가 높으면 개인의 소득이 오를까

앞에서 가방끈의 길이가 억만장자가 되는 방법이 될 수 없음을 확인했다. 그렇다면 학력을 대신할 다른 건 없을까? 한 가지 확실한 방법이 있기는 하다. 바로 상속이다. 쉽게 말해 돈 많은 부모 밑에서 태어나는 것이다.

앞에서 언급한 세계의 부자 순위에서 1등부터 7등 중 억만장자가 된 이유가 상속인 사람이 있을까? 의외로 별로 눈에 띄지 않는다. 그나마 루이뷔통모에헤네시의 베르나르 아르노가 어느 정도 걸맞다. 아르노가 무수한 인수합병을 통해 지금의 명품 제국을 만든 장본인임은 틀림없다. 하지만 그 시작은 외할아버지가 세우고 아버지가 물려받은 건설사 페레-사비넬이었다.

순위가 조금 내려가면 좀 더 눈에 띈다. 예를 들어 51조 원이 넘는 개인 재산에 각각 2,000억 원 차이로 10위, 11위, 13위에 랭크된 짐 월튼Jim Walton, 앨리스 월튼Alice Walton, 롭 월튼Rob Walton은 모두 월마트의 창업자 샘 월튼Sam Walton의 자녀들이다. 51.1조 원으로 14위가 된 프랑수아즈 베탕쿠르 메이예Francoise Bettencourt Meyers도 화장품회사 로레알의 창업주 외젠 슈엘러Eugène Schueller의 외동딸의 외동딸이다.

아무리 확실하다고 해도 상속을 억만장자가 되는 방법이라고 할 수는 없다. 태어날 때 임의로 주어질 뿐 내가 바꿀 수 있는 일이 아니라서다. 로또 당첨이 생계를 해결하기 위한 직업이 될 수 없음과 같다.

그외 부모가 누구냐도 중요한 대상이 있다. 뛰어난 외모나 우수한 두뇌 같은 것도 유전으로 물려받는 대상이다. 그래서일까. 모든 귀족과 권력자는 기회가 될 때마다 자신의 우월한 혈통을 강조한다. 그런 면에서 아이큐IQ, 즉 지능지수는 가방끈을 대신할 후보 중 하나다. 억만장자까지는 몰라도 머리가 좋을수록 학교 성적도 좋고 그만큼 고소득 직업을 갖게 될 가능성이 크기 때문이다.

지능지수가 높으면 연 소득도 높을까

그렇다면 실제로는 어떨까? 보스턴대학교의 제이 자고르스키Jay Zagorsky는 미국 노동부의 공식 데이터인 NLSY79를 분석해 위 질문에 대한 답을 얻고자 했다. NLSY79는 미국 전역을 대표해 선발된 1만 2,686명의 미국인 남녀를 대상으로 한 데이터다. 1957년에서

1964년 사이에 태어난 이들에 대한 데이터는 1979년부터 매년 수집됐고 1994년부터는 격년으로 수집됐다.

자고르스키는 지능지수 1점의 증가는 28만 원에서 74만 원 사이에 해당하는 연 소득 증가와 상관관계가 있다고 밝혔다. 이 말은 가령 지능지수가 110인 사람들의 연 소득 평균과 비교해 지능지수가 120인 사람들의 연 소득 평균이 280만 원에서 740만 원 사이로 더 많다는 의미다. 많다면 많고 적다면 적은 차이다. 표본 전체의 평균 소득은 연 5,200만 원 정도다. 그렇지만 이와 같은 회귀식 결과만을 보고 섣불리 결론을 내리면 곤란하다. 이 이야기는 평균적인 결과이기 때문이다. 회귀분석이 어떠한 직선을 제시하든 간에 그 결과가 설명하는 비중을 확인하기 전에는 무용지물에 가깝다.

앞의 표본에서 지능지수와 연 소득 사이의 상관계수는 얼마나 될까? 논문에 의하면 0.3이다. 이는 곧 회귀직선에 의한 비중이 채 10퍼센트가 안 된다는 의미다. 소득 차이의 거의 대부분, 즉 90퍼센트 이상이 지능지수와 무관한 요소에 의해 결정된다. 자고르스키도 논문에서 '지능지수와 소득 사이의 관계는 그렇게 강하지 않다.'라고 설명했다. 나라면 "없는 거나 마찬가지다.'라고 썼을 터다.

혹시 지능지수와 재산과의 관계라면 무언가 다른 게 있을까? 재산은 저량이고 소득은 재산을 결정하는 유량이니 소득에서 그렇게 강하지 않았던 관계가 별안간 강해질 가능성은 적다. 그럼에도 유산을 상속받았다든지 로또에 당첨됐다든지 혹은 주식 투기에 남다른 소질이 있어 소득과 무관하게 재산이 갑자기 불었을 경우가 이론으로

나 현실로나 존재한다.

자고르스키는 지능지수와 재산과의 관계도 같은 표본을 대상으로 분석했다. 이에 의하면 둘 사이의 상관계수는 0.16으로 소득과 지능지수의 상관계수 0.3보다도 작다. 이때의 결정계수는 2.6퍼센트다. "아무런 관계가 없다."라는 말은 이럴 때 쓰는 것이다. 자고르스키도 "회귀분석 결과는 지능지수와 재산 사이에 통계적으로 식별할 수 있는 관계가 존재하지 않는다는 것을 시사한다."라고 요약했다.

논문은 흥미로운 사항을 추가하고 있다. 제때 관리비를 내지 못한다든지, 신용카드를 한도액까지 쓴다든지, 파산하는 경우와 지능지수 사이에 아무런 선형적 관계가 발견되지 않는다는 점은 어쩌면 예상 가능하다. 반면 지능지수의 이차함수와 재무적 곤경 사이에 약간의 관계가 관찰된다는 점은 예상 밖이다. 이 말은 지능지수가 평균보다 높을수록 재무적 곤경에 빠질 확률이 높아진다는 의미다. 즉 높은 지능지수는 재산을 모으는 데 오히려 약간의 걸림돌이 될 수 있다.

이만하면 지능지수와 소득 사이에서 특별한 관계를 찾으려는 시도는 접는 게 마땅할 듯싶다. 하지만 경제학자를 포함한 일군의 사람들은 쉽게 포기할 생각이 없다. 예를 들어 영국 얼스터대학교의 리처드 린Richard Lynn과 핀란드 헬싱키대학교의 타투 반하넨Tatu Vanhanen은 개인의 지능지수를 포기하는 대신 국가의 지능지수라는 개념을 들고 나왔다.

국가 지능지수는 1인당 국민소득과 어떠한 관계를 갖는가

린과 반하넨은 저서 『지능지수와 국가의 부』에서 81개국 대상으로 국가별 평균 지능지수를 먼저 구했다. 그런 후 이를 1인당 국내총생산과 비교해 상관계수를 계산했다. 이들에 의하면 국가 지능지수와 1인당 국내총생산 사이의 상관계수는 무려 0.82다. 결정계수가 약 67퍼센트다. 이를테면 셋만큼의 1인당 국민소득 차이가 있으면 그중 둘은 국가 지능지수에 의해 결정된다는 이야기가 외관상 가능하다. 린과 반하넨은 이러한 결과에 고무됐던지 국가의 지능지수와 국내총생산 평균 성장률 사이의 상관계수에도 도전했다. 이들은 자신들의 기준에 만족할 만한 0.64라는 상관계수를 책에서 제시했다.

이들 듀오의 원래 계획은 총 185개국을 대상으로 한 상관계수 획득이었다. 그 계획은 금세 난관에 봉착했는데 185개국 중 104개국의 평균 지능지수를 유추할 통계자료가 없었기 때문이다. 이들은 자신들이 인접한 이웃 국가나 혹은 인종적으로 유사하다고 간주한 국가의 지능지수를 다시 평균하는 방법으로 나머지 104개국의 국가 지능지수를 만들어냈다. 이들의 기대와는 달리 확장된 표본에 대한 상관계수는 0.62로 이전보다 하락했다.

린과 반하넨은 국가 간의 경제력 차이가 국가별 국민의 평균적 지적 능력에 기인한다는 생각의 소유자였다. 그리고 그 평균적 지적 능력이란 주로 유전적, 인종적 차이에서 유래한다고 주장했다. 당연하게도 다수 연구자들은 린과 반하넨의 결과가 무의미하며 유해하다고 지적했다. 린과 반하넨의 전공 분야는 사실 경제학과는 무관했다. 리처드 린은 심리학 교수였고 타투 반하넨은 정치학 교수였다. 더욱이 린은 이전에 열등한 인간 종자를 도태시키라는 『열생학』과 『우생학』이라는 두 권의 책을 낸 적이 있었다.

경제학자라고 해서 모두 린과 반하넨의 주장에 반대하지는 않는다. 예를 들어 캘리포니아 샌디에이고대학교에서 경제학으로 박사학위를 받은 가렛 존스Garett Jones는 2016년에 출간한 책 『벌집 정신』에서 '한 개인의 지능지수는 자신의 소득에 거의 영향을 주지 못하지만 국가의 평균 지능지수는 엄청나게 영향을 준다.'라고 썼다. 린과 반하넨의 주장을 반복하는 이 책의 출판사는 스탠퍼드대학교 출판부다.

존스가 그렇게 주장한 근거는 69개 국가의 평균 지능지수와 1인당 국내총생산 사이의 0.56이라는 신통치 않은 상관계수가 전부였다. 존스는 "상관이 인과를 의미하지 않음은 사실이지만 저 정도 크기의 상관계수라면 뭔가 있기 마련이다."라는 묘한 주장을 폈다. 이는 음주 상태에서 사고를 낸 후 "술은 마셨지만 음주운전은 하지 않았다."라는 말이나 다름없다.

린과 반하넨의 0.82와 존스의 0.56이라는 상관계수는 의미를 가질 만큼 충분히 큰 값일까? 이 질문에 답해야 할 필요는 별로 없다. 이들의 상관계수는 두 개의 평균값 사이에 계산된 값이기 때문이다. 즉 1인당 국내총생산과 국가 지능지수는 모두 평균이다. 1장에서 평균은 함부로 다른 무언가의 입력으로 쓸 값이 아니라고 이미 지적한 바다.

5

왜 금융시장은 상관계수를 중요하게 여길까

지금까지 살펴본 것처럼 경제학자들의 유별난 상관계수 사랑은 유명하다. 그런 경제학자조차 왜소해지는 분야가 있다. 바로 금융시장이다. 왜 금융시장은 상관계수에 의존할까? 그 이유는 여러 가지다.

우선 학계의 금융론을 들 수 있다. 상관계수는 재무론의 가장 중요한 두 축이라고 할 수 있는 현대 포트폴리오이론과 자본자산가격결정모형에서 핵심적인 역할을 수행한다. 좀 더 부연하면, 현대 포트폴리오이론은 금융자산 간 상관계수에 따라 여러 자산이 담긴 바구니의 수익률과 변동성이 달라진다고 가정한다. 자본자산가격결정모형은 특정 금융자산의 수익률이 전체 자산시장 수익률과의 상관계수에 비례한다는 이론이다.

둘째로 금융시장에서 상관계수는 직접 거래되는 기초자산의 한 종류다. 기초자산이란 투기를 목적으로 사고파는 금융시장의 거래 대상을 말한다. 크게 보면 기초자산에는 세 종류가 있다. 가장 익숙한 종류는 직접 가격이 매겨지고 현물로 거래되는 주식과 채권 같은 대상이다. 그다음은 주로 옵션의 형태로 거래되는 변동성이다. 마지막 세 번째가 바로 상관계수다. 상관계수는 대개 파생거래에 의해 거래된다.

 셋째로 금융시장에는 상관에 의지해 거래하는 시장 참여자가 적지 않다. 예를 들어 가격이 역사적 평균으로부터 멀어질수록 다시 평균으로 되돌아가려는 경향이 강해진다는 이른바 '평균회귀'는 투기자가 애용하는 레퍼토리 중 하나다. 금융시장의 평균회귀와 통계의 평범으로의 퇴행은 비슷해 보이지만 성격이 다르다. 후자가 무작위와 운의 존재에 기인하는 논리적 귀결이라면 전자는 원리보다는 현상의 단순한 관찰에 가깝다. 즉 후자가 연역의 결과라면 전자는 귀납의 결과다.

어떻게 헤지펀드 애머런스는 8조 원의 손실을 봤을까

 금융시장은 0.7이 채 안 되는 상관계수에 대해서도 의미를 부여하는 특이한 곳이다. 또한 다양한 방식으로 널리 활용되는 상관계수는 많은 금융시장 문제의 주범이기도 하다. 대표적인 몇 가지 사례를 살펴보자. 먼저 다음 그래프를 보자. 인디아와 줄리엣이라는 두 금융자

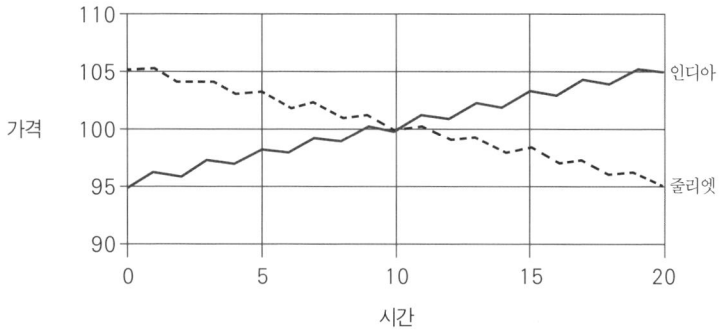

자산의 시간에 따른 가격 변동

산의 가격이 시간이 지남에 따라 어떻게 변하는지를 보여주는 그래프다. 둘 사이의 상관관계가 어떨지 생각해보자.

지금까지 이야기된 상관의 성질로 볼 때 인디아와 줄리엣 사이에는 강한 음의 상관관계가 성립할 듯싶다. 인디아의 가격이 95에서 105까지 오르는 사이에 줄리엣의 가격은 정반대로 105에서 95로 떨어졌기 때문이다. 실제로 인디아와 줄리엣의 가격 간 상관계수를 구하면 -0.97이 나온다. -1이나 다름없는 값이다.

상식 차원에서 인디아와 줄리엣은 거울에 비친 쌍둥이 같다. 금융 용어로 표현하자면 인디아와 줄리엣은 서로 간에 거의 완벽한 헤징 수단처럼 보인다. 헤징이란 보유한 금융자산의 가격 변동으로 인한 손실을 제거하거나 줄이기 위해 행하는 거래 행위를 말한다. 가령 내가 줄리엣을 갖고 있었다면 인디아를 추가로 매수함으로써 줄리엣의 가격 변동 리스크를 최소화할 수 있다.

그런데 금융시장이 인디아와 줄리엣의 관계를 바라보는 시각은 위와 다르다. 금융론의 주된 변수는 가격이 아니라 수익률이기 때문이다. 당장 앞에서 언급했던 현대 포트폴리오이론과 자본자산가격결정모형 둘 다 가격에 대한 이론이 아니라 수익률에 대한 이론이다. 현실의 금융시장도 사정은 마찬가지다.

인디아와 줄리엣의 가격을 매 단위 기간의 수익률로 환산한 후 두 수익률 사이의 상관계수를 구하면 얼마가 나올까? 그 결과는 0.998이다. 이번에는 -1이 아니라 +1에 가까운 값이다. 이에 따라 보유 중인 줄리엣의 헤징 목적으로 인디아를 거래했다면 매수가 아니라 매도를 하게 됐을 것이다. 결과적으로 헤징이 아니라 리스크가 두 배가 되는 레버리지를 일으킨 셈이다.

이와 같은 사례는 금융시장에서 심심치 않게 벌어진다. 대표적인 예가 애머런스$_{Amaranth}$ 청산 사건이다. 애머런스는 2000년에 생긴 헤지펀드였다. 애머런스의 창업자는 전환채권 재정거래로 유명한 닉 마우니스$_{Nick\ Maounis}$다. 전환채권은 보유자가 원하면 미리 정한 조건으로 주식으로 바꿀 수 있는 채권이다. 원래 마우니스는 1981년에 설립된 헤지펀드 팔로마파트너스의 스타 트레이더였다. 팔로마파트너스의 트레이더 중에는 『블랙스완』과 『행운에 속지 마라』 등의 책의 저자로 유명한 불확실성의 현자 나심 탈레브$_{Nassim\ Taleb}$도 있었다.

마우니스는 1990년부터 팔로마파트너스에서 10년간 일하면서 연 22퍼센트의 평균수익률을 거뒀다. 그가 손실을 본 달은 총 10개월에 불과했다. 심지어 그는 1998년 세계 금융위기 와중에도 2퍼센트 손실에 그쳤다. 팔로마파트너스는 같은 해 30퍼센트의 손실을 보았다. 마우니스는 팔로마파트너스 창업자인 도널드 서스먼Donald Sussman이 출자한 2,400억 원을 비롯해 약 7,000억 원의 돈으로 애머런스의 운용을 시작했다. 2006년까지 애머런스의 운용자산은 약 11조 원으로 불어났다. 당시 애머런스는 전 세계에서 가장 큰 헤지펀드 중 하나였다.

브라이언 헌터Brian Hunter는 애머런스에 2004년에 합류한 사람이었다. 도이체방크의 천연가스 파생 트레이더였던 헌터는 벌 때는 크게 벌지만 잃으면 그만큼 크게 잃는 무모한 트레이딩 스타일로 유명했다. 그는 자신의 보너스 규모를 두고 도이체방크와 소송을 벌이기도 했는데 애머런스에 와서도 비슷한 물의를 일으켰다. 어쨌거나 2005년 한 해 동안 헌터는 애머런스가 약 1.2조 원을 버는 데 크게 이바지했다. 허리케인 카트리나가 미국을 강타하면서 천연가스 가격이 올랐던 덕분이다.

2005년 12월에 돈을 벌게 해주던 천연가스 가격이 하락하자 헌터의 트레이딩 포지션이 피를 흘리기 시작했다. 헌터는 손실을 빨리 메우고 보너스를 더 받을 욕심에 2006년에 오히려 포지션을 키웠다. 포지션을 키운 방법은 일명 '캘린더 스프레드calendar spread' 거래였다. 캘린더 스프레드 거래는 만기가 다른 두 장내 파생거래를 하나는 매수하고 다른 하나는 매도하는 방식이다.

헌터는 2007년과 2008년 3월 만기 장내 파생거래를 매수하고 반대로 같은 연도의 4월 만기 장내 파생거래를 매도했다. 통상 겨울의 끝으로 간주되는 3월에는 천연가스 가격이 오르고 4월에는 하락했다. 기대한 대로만 된다면 헌터의 캘린더 스프레드는 하나만 거래하는 경우보다 두 배로 돈을 벌 터였다. 설혹 만기 전 현물 천연가스 가격이 변동하더라도 그 효과는 3월물과 4월물에 비슷하게 미치는 게 일반적이었다. 그럴 경우 헌터의 막대한 매수와 매도 포지션은 서로 상쇄되기 마련이었다.

2006년 8월의 마지막 주에 2007년 만기 3월물과 4월물의 가격 스프레드는 2.49달러였다. 9월 15일 금요일에 스프레드는 1.15달러로 쪼그라들었다. 아마란스는 주말을 보내고 난 후인 9월 18일 월요일에 약 3.6조 원의 돈을 잃었다고 출자자들에게 알렸다. 9월 말까지 4.2조 원을 더 잃어 단 한 달 만에 총 7.8조 원의 손실을 보았다. 전체 펀드 운용자산의 약 70퍼센트가 눈 녹듯 사라졌다.

헌터는 3월물은 오르고 4월물은 내린다는, 즉 둘 사이에 강한 음의 상관을 기대했다. 2006년 8월 이전까지 헌터의 기대는 대체로 실현됐다. 포지션이 막대해진 2006년 9월에는 아니었다. 4월물 가격이 내렸음에도 3월물 가격이 오르기는커녕 오히려 4월물보다 더 떨어졌다. 둘 사이의 상관계수가 -1에서 +1로 순식간에 돌변한 셈이었다. 애머런스는 결국 2006년 10월 초 잔존 자산을 다른 헤지펀드에 넘기고 청산됐다. 애머런스가 입은 손실 7.8조 원은 현재까지도 개별 헤지펀드 역사상 가장 큰 손실이다.

어떻게 JP모건의 런던고래는 신용파생시장을 뒤집어 놓았나

 상관계수로 거래하다 크게 다치는 일은 비단 헤지펀드의 전유물이 아니다. 대표적인 예가 2012년 JP모건의 일명 '런던 고래' 사건이다. 아이나 드류Ina Drew는 2005년 이래로 JP모건의 최고투자책임자CIO였다. 그녀는 JP모건의 최고경영자 겸 이사회 의장인 제이미 다이먼Jamie Dimon에게 직접 보고하는 비중 있는 인물이었다. 상업은행의 배경을 가진 JP모건에서 최고투자책임자는 자산운용사나 헤지펀드의 최고투자책임자와는 성격이 달랐다. 즉 JP모건이 실행한 대출과 보유한 채권 전체의 총합적 리스크를 모니터링하고 필요하다면 헤징에 나서는 역할이었다.

 드류의 데스크는 전 세계 신용파생시장의 큰손이었다. JP모건의 총합적 리스크를 헤징하려면 거래 규모가 크지 않을 수 없었다. 하지만 파생거래의 가격이 왜곡될 정도로 큰 규모라면 다른 차원의 이야기였다. 드류의 트레이더 중 JP모건 런던 소속의 브루노 익실Bruno Iksil은 한번 거래하면 시장을 뒤집어 놓는다고 해 '런던 고래'라는 별명을 얻기까지 했다.

 익실이 주로 거래하던 대상은 이른바 신용부도스왑지수였다. 신용부도스왑이란 회사가 발행한 채권의 부도위험을 제거할 수 있는 신용보장을 사거나 파는 파생거래다. 신용부도스왑지수는 개별적인 회사에 대한 신용부도스왑의 스프레드를 합쳐 만든 지수다. 익실이 거래한 신용부도스왑지수는 미국의 우량한 회사 125개를 대상으로 만든 지수였다. 이는 부도 위험이 큰 이른바 투기등급 채권들로 구성된 지수가 아니었다.

신용부도스왑지수는 지수 자체를 사거나 파는 거래 외에도 트랑셰tranche로도 거래됐다. 트랑셰란 부도가 났을 때 손실을 보는 순서에 따라 나누어놓은 조각이다. 신용부도스왑지수에는 가장 먼저 손실을 보는 '주식 트랑셰'부터 가장 나중에 손실을 보는 '슈퍼시니어 트랑셰'까지 모두 다섯 종류의 트랑셰가 존재한다.

익실이 갖고 있던 포지션 중 하나는 주식 트랑셰에 대한 신용보장 매수였다. 이는 당연한 일이었다. 드류의 데스크는 명목상 헤징을 목표로 했다. 문제는 신용보장 매수에 돈이 든다는 점이었다. 익실은 매수 자금을 자체 조달하기 위해 슈퍼시니어 트랑셰의 신용보장을 매도했다. 손실을 볼 가능성이 가장 낮은 슈퍼시니어 트랑셰의 특성상 원금이 같다고 할 때 슈퍼시니어 트랑셰의 매도로 받은 돈은 주식 트랑셰의 매수에 나간 돈에 비해 미미했다. 그 차이를 해결하기 위해 익실은 주식 트랑셰보다 어마어마하게 큰 규모로 슈퍼시니어 트랑셰를 매도했다.

익실의 과도한 보장 매도는 곧 신용부도스왑지수 자체의 하락으로 이어졌다. 도이체방크의 신용 트레이딩 글로벌 공동대표였던 보아즈 와인스타인Boaz Weinstein이 지수가 정상적인 가격보다 21퍼센트나 떨어졌다며 2012년 2월에 보장 매수를 자신의 헤지펀드 고객들에게 권할 정도였다.

익실이 지수 자체를 사거나 팔았다면 상관계수가 끼어들 여지는 없었다. 지수는 그저 125개 회사의 신용부도스왑 스프레드를 가중평균한 값이었기 때문이다. 트랑셰라면 전혀 다른 이야기였다. 트랑셰가 거래되는 가격에는 125개 회사의 부도 확률 간 상관계수가 가정돼 있었다. 즉 각각의 트랑셰는 신용부도스왑지수뿐만 아니라 내재된 상관계수를 거래하는 수단이기도 했다.

2012년 2분기 들어 유럽의 부채 위기가 커지자 지수가 올랐다. 이는 이보다 낮은 스프레드를 받는 익실의 막대한 보장 매도 포지션에 평가상 손실을 줄 요인이었다. 하지만 지수가 오른 규모는 0.3퍼센트 포인트 정도로 절대 크지 않았다.

익실의 문제는 그의 보장 매도가 지수가 아니라 슈퍼시니어 트랑셰라는 점이었다. 슈퍼시니어 트랑셰는 지수가 제자리에 있어도 거래되는 상관계수가 올라가면 평가가격이 비선형적으로 올라가는 특성이 있었다. 익실의 보장 매도 포지션은 지수의 상승보다 상관계수의 상승으로 인해 훨씬 더 크게 두들겨 맞았다.

그로기 상태의 익실을 끝장낸 주먹은 역설적이게도 보장 매수해 놓은 주식 트랑셰였다. 보장 매수이기에 지수 상승은 평가상의 이익을 가져와야 마땅했다. 아이러니하게도 주식 트랑셰는 상관계수에 관해 슈퍼시니어 트랑셰와 정반대의 성질을 가졌다. 즉 주식 트랑셰는 상관계수가 올라가면 평가가격이 오히려 내려갔다. 이의 효과는 지수 상승의 효과를 압도했다.

결국 드류 데스크의 손실은 최종적으로 10.8조 원에 달했다. 이는 현재까지 금융시장에서 발생한 손실 규모로 역대 1위 기록이다.

추가로 JP모건은 2013년 미국과 영국의 금융감독기관에 총 1조 1,000억 원의 과징금을 냈다. 손실이 커지자 데스크 차원에서 파생거래의 손실을 조직적으로 축소해 보고하는 불법을 저질렀기 때문이다.

6

이산화탄소 농도가 증가하면 비만율이 올라갈까

"상관은 인과를 의미하지 않는다."

통계학 수업을 한 번이라도 들어본 사람이라면 반드시 들어본 말일 것이다. 통계학자 중에 이 사실을 부인하는 사람은 없다. 흥미롭게도 통계학을 빌려다 쓰는 다른 분야 전공자 중에는 단순히 상관을 보이면 인과가 증명된 듯 여기는 사람이 심심치 않게 있다. 앞에서도 이미 한 명을 만났다.

지표면 온도 상승이 온실효과 때문일까

어느 쪽이 타당한지를 사례로써 살펴보자. 먼저 확인할 대상은 대기의 이산화탄소 농도다. 대기의 이산화탄소 농도는 오랜 논쟁거리다. 1903년 노벨 화학상을 받은 물리학자 스반테 아레니우스Svante Arrhenius는 1896년 이른바 '온실효과'를 최초로 수식으로써 표현했다. 당시 아레니우스의 주장에 대해 반론하는 실험이 있었다. 크누트 옹스트룀Knut Ångström은 농도가 어느 선을 넘으면 이산화탄소가 태양의 적외선 복사를 흡수하는 양이 더는 늘지 않는다는 측정 결과를 내놓았다. 아레니우스의 주장은 곧 사람들의 관심에서 멀어졌다.

잊고 있었던 아레니우스의 이론에 관심을 되살린 사람은 증기터빈 엔지니어인 가이 캘린더Guy Stewart Callendar였다. 그는 1938년에 취미 삼아서 다른 사람들이 측정한 과거의 이산화탄소 농도를 수집했다. 예를 들어 1898년부터 3년간 영국에서 측정된 이산화탄소 농도 평균은 100만 분의 274인 반면 1936년부터 2년간 미국 동부에서 측정된 평균값은 100만 분의 310이었다. 대기의 이산화탄소가 꾸준히 증가하는 현상은 이후 '캘린더 효과'라는 이름을 얻었다.

캘린더가 되살린 이산화탄소 농도에 관한 관심은 20년 후 비로소 의미 있는 첫발을 뗴었다. 캘리포니아 샌디에이고대학교의 찰스 킬링Charles David Keeling은 1958년부터 하와이 마우나로아 관측소에서 대기의 이산화탄소 농도를 실시간 측정하기 시작했다. 2005년 킬링이 사망할 때까지 50년 가까이 계속된 측정은 현재까지 후임자들이 중단 없이 수행 중이다. 이렇게 마우나로아 관측소에서 측정된 대기의 이산화탄소 농도를 가리켜 '킬링 곡선'이라고 부른다.

이산화탄소의 온실효과가 주된 관심사라면 그다음으로 다룰 변수는 지구의 온도다. 다수의 과학자들은 지표면 온도 상승의 원인이 온실효과라고 믿는 듯하다. 다수의 의견에 동의하지 않는 일부 과학자도 있기는 하다. 나는 다른 변수를 다뤄보려 한다. 바로 비만율이다.

세계보건기구WHO와 긴밀한 협력 관계인 이른바 '비감염성만성질환 위험요소 공동그룹NCD-RisC'은 보건학자들의 모임이다. 이들은 전 세계 200여 개 국가를 대상으로 비감염성만성질환의 위험요소와 관련한 데이터를 수집하고 공표한다. 이들이 공표하는 데이터 중 하나가 국가별 비만율이다. 즉 뚱뚱한 사람이 나라별로 얼마나 많은지에 관심을 쏟는 것이다.

비만을 공식적으로 정의해보자. 세계보건기구는 비만을 체질량지수가 30 이상인 경우로 정의한다. 체질량지수는 몸무게를 키의 제곱으로 나눈 값이다. 실제 체질량지수에 대한 감을 잡아보자. 가령 키가 182센티미터고 몸무게가 85킬로그램인 사람이 있다고 해보자. 체질량지수를 구하려면 먼저 단위계를 국제단위계의 기본단위로 통일해야 한다. 즉 길이는 미터로, 질량은 킬로그램으로 표시해야 한다. 계산해보면 85를 1.82^2으로 나눈 값인 25.7이 위 사람의 체질량지수다.

비만의 문턱값이라 할 수 있는 체질량지수 30은 실제로 어떤 상태일까? 키가 182센티미터인 사람이 체질량지수 30이 되려면 99킬로그램 이상이 돼야 한다. 키가 170센티미터면 87킬로그램 이상이다. 세계보건기구 기준상 비만으로 판정되기가 흔한 일은 아니다. 사실 세계보건기구는 비만이 포함된 과체중이라는 상태도 정의하고 있다.

과체중은 체질량지수 25 이상이다. 과체중이기는 하지만 아직 비만은 아닌 체질량지수 25 이상, 30 미만을 가리켜 경도비만이라고 부른다. 키가 182센티미터와 170센티미터인 사람이 경도비만 판정을 받으려면 몸무게는 각각 약 83킬로그램과 72킬로그램이 돼야 한다.

위험요소 공동그룹은 성인 남자의 비만율을 연간 기준으로 발표한다. 여기에서의 비만율은 성인 남자 100명 중 과체중인 사람 수를 퍼센트로 나타낸 값이다. 예를 들어 만 18세 이상 남자 100명 중 체질량지수가 25 이상인 사람이 40명이라면 비만율은 40퍼센트다.

이제 대기의 이산화탄소 농도와 한국의 비만율을 비교해보자. 킬링 곡선에 의하면 1959년 100만 분의 315.97이었던 연 평균 이산화탄소 농도는 2019년 100만 분의 411.43으로 약 30퍼센트 증가했다. 한국의 비만율은 1975년 6.5퍼센트였던 데 반해 2013년 36.8퍼센트로 증가했다.

데이터가 양쪽 모두 존재하는 1975년부터 2013년 사이의 기간에 대해 두 지표의 상관계수를 계산하면 얼마가 나올까? 데이터로 미루어보건대 어느 정도 수준의 양의 상관은 기대할 만하다. 최소한 상관계수가 음수로 나올 것 같지는 않다.

날카로운 독자라면 '저 둘의 상관계수를 구하는 일은 문제가 있지 않아?' 하고 생각할지도 모른다. 비만율은 1년에 한 번 측정된 값인 반면 대기의 이산화탄소 농도는 실시간으로 측정된 값이라서다. 즉 실시간으로 측정된 값을 평균한 연평균 이산화탄소 농도는 앞에서 누누이 지적했던 평균의 문제가 있을 수 있다.

대기의 이산화탄소 농도와 한국의 비만율
(기간: 1975~2013년)

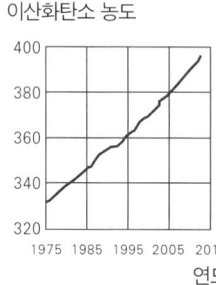
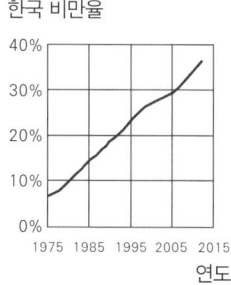
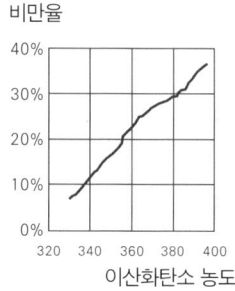

　다행히도 이 경우는 너무 걱정하지 않아도 된다. 실제로 이산화탄소 농도는 계절에 따라 또 날마다 어느 정도의 편차가 있다. 하지만 가장 차이가 크게 나는 값이 연평균 농도를 기준으로 약 ±1퍼센트 정도다. 이런 정도의 분포라면 1년의 데이터를 연 평균값 하나로 나타내도 크게 문제되지 않는다.

　그래서 실제로 계산해보면 얼마가 나올까? 0.993이 위 경우의 상관계수다. 제곱해도 98.6퍼센트가 될 정도로 1에 가깝다. 『벌집 정신』을 쓴 가렛 존스였다면 입에 거품을 물 숫자다. 위 그래프 「대기의 이산화탄소 농도와 한국의 비만율」을 봐도 거의 직선이나 다름없다.

　1에 가까운 상관계수를 얻었으니 이제 인과를 따져보자. 먼저 이산화탄소 농도가 비만을 불러왔을 가능성을 생각해보자. 이게 사실이라면 이미 이를 활용한 다이어트 비법이 세상에 등장했을 것이다. 지구 전체를 대상으로 하기는 어렵겠지만 실내의 이산화탄소 농도를 낮추는 일은 그렇게 어렵지 않다.

그럼에도 불구하고 아무도 그런 다이어트법을 쓰지 않는다면 결론은 둘 중 하나다. 사람들이 아직 모르거나 그런 다이어트법이 성립하지 않거나다. 그런데 전자에 해당하려면 이를 뒷받침할 과학적 이론이 제시되고 실제 실험으로 확인돼야 한다. 하지만 그런 과학적 이론은 나오지 않았고 실제 실험으론 증명됐다는 이야기도 들어보지 못했다. 즉 대기의 이산화탄소 농도 증가가 한국의 비만율 증가를 불러왔을 가능성은 극히 낮다.

살을 빼면 지구온난화가 해결될까

 그렇다면 반대의 가능성을 타진해보자. 가렛 존스의 바람이 사실이 되려면 이제 남은 길은 한국의 비만율 증가가 대기의 이산화탄소 농도를 올렸을 가능성이다. 체중이 증가한 사람이 숨을 쉬면서 더 많은 이산화탄소를 내뿜는다면 가능한 일이다. 조금만 생각해보면 그럴 가능성도 극히 낮다. 그러한 가능성을 뒷받침할 이론도 실험 결과도 본 적이 없다. 비만율 증가가 이산화탄소 농도 증가의 원인이라면 다 같이 살을 뺌으로써 지구온난화를 해결할 수 있을 터다. 그러나 그럴 것 같지는 않다.

 둘 사이에 아무런 인과가 없음에도 불구하고 왜 상관계수는 1에 가깝게 나온 걸까? 이를 설명하기는 어렵지 않다. 원인이 아니라 결과에 해당하는 두 지표를 쳐다봤기 때문이다. 이런 경우 아무리 상관이 높게 나오더라도 둘 사이에는 아무런 인과가 존재하지 않는다. 좀 더 자세히 설명해보자. 대기의 이산화탄소 농도 증가와 한국의 비만율 증가에는 공통의 원인이 있다. 바로 기술의 발전과 그로 인한 부의 증가다. 기술의 발전은 화석연료를 보편적으로 사용하게 했고 부의 증가는 고칼로리의 풍요한 식탁을 가능하게 했다.

이처럼 공통의 원인이 숨어 있고 그로부터 생긴 두 결과 사이에 강한 상관이 관찰되는 일은 흔하디흔하다. 이를 일컫는 용어가 한두 개가 아닐 정도다. 이른바 제3원인 오류, 공통 원인 무시, 잠복 변수 등이다. 이런 경우의 강한 상관은 문제의 해결과는 거리가 멀다. 공통 원인에서 비롯된 두 결과 사이의 강한 상관은 입력과 출력 사이의 관점에서 무용지물이다.

좀 더 직관적인 예를 제시하면서 이번 이야기를 마치자. 얼음 판매량과 물에 빠져 죽는 익사자 비율 사이에는 강한 상관이 존재한다. 그렇다고 둘 사이에 인과가 있다고 이야기할 수는 없다. 강한 상관이 관찰되는 이유는 날씨가 더워졌다는 공통 원인이 둘을 지배하기 때문이다. 얼음을 덜 소비하는 방안이 익사 사고를 줄이는 해결책이 될 수 없는 이유다.

7

1인당 담배 소비량이 늘면 기대수명이 줄어들까

이번에는 마이애미대학교의 알베르토 카이로Alberto Cairo가 지적한 국가별 1인당 담배 소비량과 기대수명 사이의 관계를 살펴보자. 여러분은 담배 소비량과 건강 사이에 일종의 반비례 관계가 있으리라 짐작할 것 같다. 이를 부인할 사람은 담배회사에 다니는 사람과 담배회사로부터 돈을 받은 사람 외에는 없다.

개인이 흡연으로 건강을 해치면 그만큼 빨리 죽기 마련이다. 그걸 설명할 이론은 아주 많다. 이론을 뒷받침할 실제 통계도 넘쳐난다. 따라서 1인당 담배 소비량이 늘어날수록 기대수명이 감소하는 게 당연한 일이다. 즉 둘 사이에는 최소한 음의 상관이 관찰돼야 마땅하다.

그렇다면 한번 실제로 둘 사이의 관계를 산점도를 통해 확인해보자. 산점도란 두 변수의 순서쌍을 좌표평면 위에 점으로써 나타낸 그림이다. 중학교 3학년 2학기 수학 교과서에 나오는 산점도는 두 변수 사이의 관계를 한눈에 파악하는 데 반드시 필요한 도구다. 회귀분석을 통한 회귀식의 결정이나 결정계수의 계산 등은 산점도를 먼저 보고 난 후에 필요하면 수행할 사후 절차다. 점들이 넓게 퍼져서 뚜렷한 경향이 나타나지 않는 경우 그러한 계산은 불필요하다.

전 세계 각국의 흡연 현황은 미국암학회AACR가 주도하는 타바코 아틀라스라는 단체의 자료가 믿을 만하다. 이들은 각 국가의 연간 담배 판매량을 만 15세 이상의 인구수로 나눠 연간 1인당 담배 소비량을 제시한다. 여기서 사용한 자료는 2016년의 데이터다.

흡연량이 늘어나면 기대수명도 늘어날까

국가별 기대수명은 유엔개발계획UNDP이 조사해 공표한다. 여기서 사용한 자료는 2019년 보고서에 실린 2018년의 데이터다. 양쪽 모두 데이터가 있는 국가의 수는 총 171개다. 확보한 두 변수의 데이터를 다음의 그림「국가별 연간 1인당 흡연량과 기대수명의 산점도」로 나타냈다.

그림「국가별 연간 1인당 흡연량과 기대수명의 산점도」를 훑어보면 몇 가지 사실이 눈에 들어온다. 첫째, 점들이 직선에 가깝지 않고 꽤 흩어져 있다. 둘째, 그럼에도 불구하고 어느 정도의 경향성을 확인할 수 있다. 셋째, 이 사실이 중요한데 그 경향성이 양의 기울기를

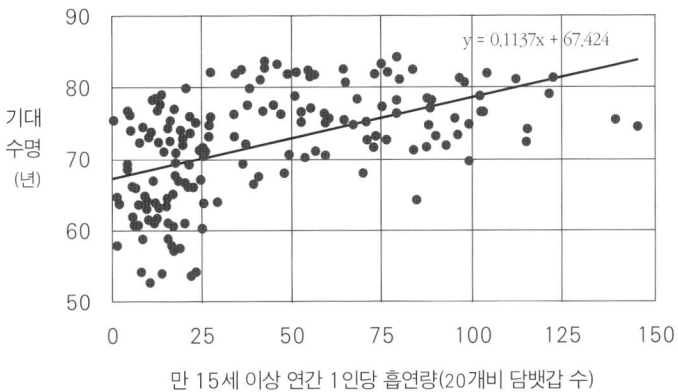

국가별 연간 1인당 흡연량과 기대수명의 산점도

갖는 직선이다. 다시 말해 둘 사이에 양의 상관이 존재한다! 아무리 뚫어지게 봐도 서로 반비례하는 관계처럼 보이지는 않는다.

주어진 171개국의 데이터를 가장 잘 만족하는 직선이 이른바 선형회귀식이다. 그림 「국가별 연간 1인당 흡연량과 기대수명의 산점도」에 나타낸 선형회귀식에 따르면 평균적으로 1년에 10갑을 더 피우면 기대수명이 약 1.1년이 늘어난다. 방송인 샘 오취리Sam Okyere의 모국인 가나는 연간 1인당 흡연량이 2갑인데 국민들이 합심해 매년 98갑의 담배를 더 피우면 기대수명을 63.8세에서 74.9세로 늘릴 수 있다. 이보다 더 환상적인 이야기는 없을 듯싶다. 이 선형회귀식의 상관계수는 얼마일까? 계산해보면 0.51이다. 가렛 존스가 "뭔가 있기 마련"이라고 할 만한 크기다. 즉 위 직선은 데이터 변동의 26퍼센트를 설명할 수 있다.

이번에는 같은 데이터를 다른 방식으로 나타내보자. 먼저 총 171개

1인당 국민소득에 따라 3등분한 그룹별 연간 1인당 흡연량과 기대수명

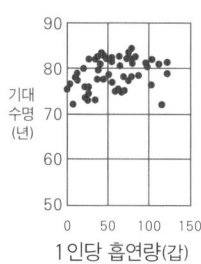
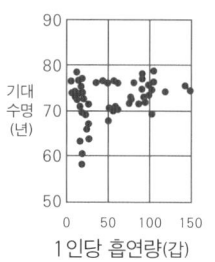
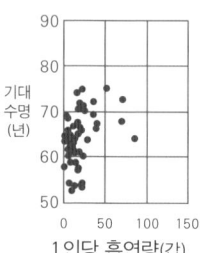

국을 1인당 국내총생산 순위에 따라 세 그룹으로 균등하게 나눈다. 즉 1인당 국내총생산 상위국가는 1등부터 57등까지, 중위국가는 58등부터 114등까지, 하위국가는 115등부터 171등까지다. 상위국가와 중위국가의 경계는 1만 1,000달러이고 중위국가의 경계는 하위국가는 3,000달러다.

그림「1인당 국민소득에 따라 3등분한 그룹별 연간 1인당 흡연량과 기대수명」은 세 그룹을 각각 산점도로 나타낸 결과다. 10퍼센트에 미달하는 결정계수를 고려해 선형회귀식은 표기하지 않았다. 세 개의 산점도가 시사하는 현상은 아까와 또 사뭇 다르다. 1인당 국내총생산의 수준별로 그룹을 나누고 보니 전체의 미약한 양의 상관이 온데간데없이 사라졌다.

좀 더 자세히 살펴보면, 상위그룹과 중위그룹에서 1인당 흡연량과 기대수명 사이에 아무런 상관을 발견할 수 없다. 온전히 우연과 무작위가 결과를 좌우한다고 이야기해도 지나치지 않다. 약간 난처하게도 중위그룹에서는 별로 흡연하지 않음에도 기대수명이 낮은 국가도 여럿 눈에 띈다. 하위그룹도 무작위하기는 마찬가지지만 흡연량보다는 기대수명 쪽이 더 무작위하다.

데이터 분석 방법에 따라 결론이 달라진다

그렇다면 뭐가 잘못된 걸까? 데이터나 산점도에는 아무런 잘못이 없다. 문제는 데이터를 분석하고 나타내는 방법에 있다. 전체를 대상으로 분석했을 때 나타나는 통계적 성질과 전체를 나눈 부분의 통계적 성질이 각각 다른 현상은 통계학자들에게 절대 낯설지 않다. 이를 가리키는 일명 '심슨의 역설' '심슨의 반전' '병합 역설'이라는 말이 있을 정도다.

영국의 공무원 에드워드 심슨Edward H. Simpson은 1951년 위와 같은 현상을 다룬 논문을 발표했다. 심슨의 역설은 예로써 설명하는 게 쉽다. 가장 유명한 심슨의 역설 사례는 어쩌면 내 모교인 캘리포니아 버클리대학교의 대학원 합격률이다. 1973년 자료를 보면 그해의 남자 지원자 합격률은 여자보다 9퍼센트 포인트 높다. 즉 전체적으로 보면 남자가 입학허가를 받을 확률이 높았다. 반면 합격률을 학과별로 다시 분석해보니 가장 정원이 많은 네 개의 학과 중 세 개에서 여자의 합격률이 남자보다 더 높았다.

여기에 딜레마가 있다. 학교 차원에서는 여자를 차별한 듯 보이고 학과 차원에서는 남자를 차별한 듯 보인다. 둘 다 숫자 자체는 거짓

데릭 지터와 데이비드 저스티스의 타율

(기간: 1995~1997년)

	1995년	1996년	1997년	3년간 총계
데릭 지터	2할 5푼 48타수 12안타	3할 1푼 4리 582타수 183안타	2할 9푼 1리 654타수 190안타	3할 1,284타수 385안타
데이비드 저스티스	2할 5푼 3리 411타수 104안타	3할 2푼 1리 140타수 45안타	3할 2푼 9리 495타수 163안타	2할 9푼 8리 1,046타수 312안타

말이 아니다. 그렇다고 지원을 해야 하는 처지에서 둘 다 옳다고 이야기하기도 난감하다. 이런 경우 어느 쪽이 더 유효한 결과일까?

오리건대학교의 케네스 로스Kenneth A. Ross는 미국 프로야구에서 다음과 같은 심슨의 역설을 발견했다. 뉴욕 양키스의 유격수 데릭 지터Derek Jeter와 애틀랜타 브레이브스의 외야수 데이비드 저스티스David Justice는 한 시대를 풍미했던 강타자다. 1995년부터 1997년까지 타율을 매년 각각 비교하면 저스티스가 지터보다 높았다. 하지만 3년간의 통산 타율을 비교하면 지터가 저스티스보다 높다. 이 경우 어느 쪽에 더 무게를 두어야 할까?

심슨의 역설에 대한 간단한 해결책은 없다. 문제되는 상황이 어떤 성격인지에 따라 다른 결론이 나올 수 있다는 뜻이다. 버클리 합격률과 비슷한 상황이라면 전체보다는 부분의 통계적 성질이 더 적절할 가능성이 크다. 반대로 미국 프로야구와 유사한 상황이라면 부분보다는 전체의 통계적 성질이 더 의미 있을 공산이 크다.

그렇다면 국가의 담배 소비량과 기대수명에서 심슨의 역설은 어떻게 해결할 수 있을까? 이 경우의 해결책은 의외로 쉽다. 국가의 담배 소비량과 기대수명을 비교하지 말고 개인을 비교하면 된다. 이를테면 담배를 피운 적이 없거나 피웠더라도 빨리 끊은 사람의 약 50퍼센트는 80세까지 살아남지만 계속 피운 사람은 25퍼센트 정도만 80세에 도달한다. 달리 표현하면 흡연은 평균적으로 개인의 수명을 약 7년 줄인다.

이번 심슨의 역설은 평균의 결함에 속하기도 한다. 국가별 기대수명과 1인당 흡연량은 둘 다 일종의 평균값이다. 그걸 가지고 상관계수를 구하니 담배를 많이 피울수록 수명이 올라간다는 당치않은 결과가 나왔다. 흡연자와 비흡연자로 구분해 비교하면 흡연 여부와 수명 사이의 음의 상관을 확인할 수 있다. 심슨의 역설이 있기에 무턱대고 상관계수를 구해서 그로부터 추세를 이야기하는 일은 어설프다.

8

주가와 상관계수가 높은 지표로 주가를 예측해도 될까

주식시장은 개별 기업을 놓고 돈내기를 벌이는 합법적인 카지노 혹은 경마장이다. 굳이 멀리 강원도 정선이나 경기도 과천에 가지 않아도 되니 편하기 그지없다. 물론 주택가까지 침투한 화상 경마장은 그렇게 멀지는 않다. 그렇더라도 개인용 컴퓨터와 모바일로 돈을 걸 수 있는 주식시장에 비할 바는 아니다. 약 10년 주기로 반복되는 금융 난장판의 가장 최근 형태였던 일명 암호코인도 같은 원리다.

주가지수를 예측할 수 있다면 큰 돈을 벌 수 있다

주식시장을 대표하는 주가지수는 많은 시장 참가자가 관심을 두는 대상이다. 이를 예측할 수 있다면 큰돈을 벌 수 있다. 신뢰성 높게 주가지수를 예측하는 일은 성배를 찾으려는 중세의 시도에 비견할 만하다.

캘리포니아 버클리대학교의 데이비드 라인웨버David Leinweber는 매사추세츠공과대학교MIT에서 물리와 전기공학을 공부했고 하버드대학교에서 응용수학으로 박사학위를 받았다. 그는 7조 원이 넘는 자산을 운용한 경험이 있다. 라인웨버는 미국 주가지수 스탠더드앤드푸어스500과 높은 상관을 갖는 경제 지표를 찾은 사람으로도 유명하다. 그의 팀은 유엔이 공표하는 각국의 각종 공식 데이터를 대상으로 분석했다. 그 결과 1983년부터 1993년까지 10년의 기간에 대해 스탠더드앤드푸어스500과 0.866이라는 높은 상관계수를 갖는 지표를 찾았다. 결정계수가 75퍼센트인 해당 지표는 바로 방글라데시의 버터 생산량이었다.

미국에서 방글라데시는 여러모로 먼 나라다. 지구 반 바퀴를 돌아야 갈 수 있는데다가 이슬람 국가라서 종교적으로도 이질적이다. 가장 큰 산업인 섬유업과 피혁 제조업은 수출도 하지만 미국과의 관련은 미미하다. 어쩌면 그래서 아무도 미국 주가지수와 방글라데시 버터 생산량 사이의 높은 상관을 놓쳤을 수 있다. 75퍼센트의 결정계수에 만족하지 않았던 라인웨버 팀은 방글라데시의 버터 생산량에 미국의 버터 생산량과 치즈 생산량을 합친 새로운 지표를 찾았다. 새로운 지표와 스탠더드앤드푸어스500 사이의 상관계수는 0.975, 결정계수는 95퍼센트였다.

라인웨버 팀은 이전 지표에서 한 가지 아쉬움을 느꼈다. 해당 지표가 유제품에 너무 쏠려 있었다. 다각화가 학계 금융론의 제1원칙이라는 점도 내내 마음에 걸렸다. 라인웨버 팀은 마지막 피치를 올렸다. 이들의 목표는 99퍼센트의 결정계수였다. 상관계수가 0.995 이상이어야 도달할 수 있는 완벽에 가까운 경지였다. 마침내 라인웨버 팀은 성배를 발견했다. 방글라데시와 미국의 양 마릿수를 기존 방글라데시의 버터와 미국의 버터와 치즈에 더한 지표였다. 마지막 지표의 상관계수는 0.995였다.

'뭔가 이상한데?' 하고 어리둥절할 독자가 있을 것 같다. 한 가지 사례를 더 이야기하자. 상관계수로 유명한 타일러 비겐Tyler Vigen의 이야기다. 타일러 비겐은 하버드 로스쿨을 졸업한 변호사로 현재 보스턴컨설팅그룹에서 일한다. 그는 하버드 로스쿨 재학 시절 미국의 과학, 우주, 테크놀로지 분야의 지출액에 관심을 가졌다. 미국 백악관 관리예산실의 공식 데이터를 먼저 찾았다. 이어 다양한 통계자료를 검토한 후 이와 0.992의 상관계수를 갖는 지표를 찾았다. 미국 정부의 과학, 우주, 테크놀로지 지출액과 영혼의 단짝으로 판명된 지표는 바로 목을 매달거나 질식으로 숨진 미국 내 자살자 수였다.

그림 「연도별 미국의 질식 등에 의한 자살자 수와 과학·우주·테크 지출액」은 1999년부터 2009년까지 11년 동안의 지출액과 자살자 수를 비교한 그래프다. 둘은 단지 상관계수만 높은 게 아니라 거의 쌍둥이라고 할 만큼 곡선의 굴곡까지 일치한다. 이제는 거의 모든 독자가 '이게 아닌데……'라고 할 듯싶다.

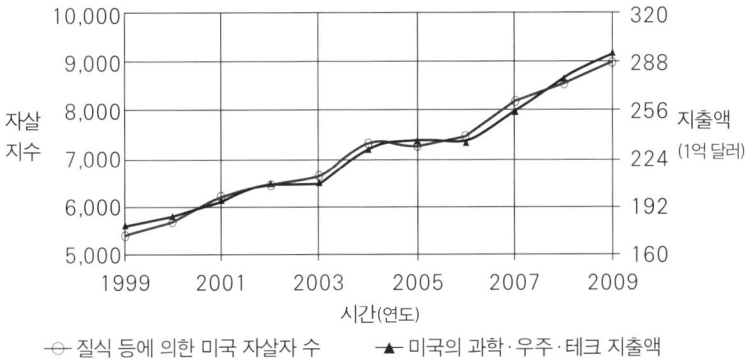

상관계수가 높다고 인과가 성립하는 것은 아니다

 방글라데시의 버터 생산량을 늘리면 미국 주가지수가 올라갈까? 우연히 올라가는 경우를 제외하면 그럴 리는 없다. 반대로 미국 주가지수가 내려간다고 해서 방글라데시의 버터 생산량이 줄어들까? 그럴 가능성도 극히 낮다. 비겐의 사례도 마찬가지다. 미국 정부가 테크놀로지 등 분야에 돈을 더 쓰도록 목을 졸라 자살하는 사람의 수를 늘리자고 할 수 있을까? 혹은 미국이 우주와 과학 분야에 지출을 늘리는 바람에 질식해 죽은 자살자 수가 늘었다고 말할 수 있을까? 둘 다 얼토당토않은 이야기다.

 위와 같은 경우들을 가리켜 부르는 말이 있다. 사생상관 혹은 허위상관spurious correlation이다. 상관계수는 높게 나타나지만 변수 사이에 아무런 진정한 관계가 존재하지 않는 경우다. 이런 경우의 높은 상관계수는 온전히 우연의 결과다. 즉 여기엔 인과가 성립하지 않는다. 마이애미대학교의 알베르토 카이로Alberto Cairo는 허위상관이라는 용어 자체를 없애자고 주장한다. 허위인과라고 부르는 쪽이 사람들의 오해를 피한다고 생각해서다. 사실 원인이 있건 없건 상관계수는 아무 때나 계산이 가능한 숫자다. 문제는 '상관은 인과를 의미하지 않습니다.'라는 교과서 문장에도 불구하고 그 숫자만을 보고 인과를 당연시하려는 지적 게으름에 있다.

짐작했겠지만 라인웨버와 비겐은 성배를 찾기 위해 상관계수가 높은 변수를 찾은 게 아니다. 상관계수만 높으면 인과를 짐작할 수 있다는 관점을 풍자하려는 목적으로 이러한 변수를 찾아 제시했다. 아무리 상관계수가 높다 한들 설마 방글라데시의 버터 생산량과 양 마릿수가 미국 주가지수와 관련이 있다고 생각할 수 있겠냐는 식이었다.

놀라운 일은 그다음에 벌어졌다. 어떻게 소문을 들었는지 라인웨버는 전 세계 각지로부터 연락을 받기 시작했다. 미국 주가지수를 예측할 수 있는 신비의 지표가 궁금하다는 요청이었다. 반쯤 농담으로 지표를 만들었다고 설명해도 막무가내였다. 일부는 돈은 얼마든지 줄 테니 알려달라며 간청하기까지 했다.

천문학자 칼 세이건Carl Sagan은 "기이한 주장은 비범한 증거를 필요로 한다."라고 했다. 방글라데시의 버터가 미국 주가지수와 관련이 있다는 기이한 주장이 성립하려면 단순히 상관계수만으로는 부족하다는 뜻이다. 상관계수는 결코 비범한 증거가 될 수 없다. 빌 게이츠는 한스 로슬링Hans Rosling이 쓴 『팩트풀니스』를 "내가 읽은 가장 중요한 책, 세계를 명확히 이해하기 위한 유용한 안내서!"라고 극찬했다. 그는 2018년 이 책이 출간되자 미국의 모든 대학 졸업생이 무료로 책을 읽을 수 있도록 선물했다. 한스 로슬링의 다음 말은 상관계수를 기계적으로 맹신하는 사람들에게도 그대로 적용될 터다.

"세계는 숫자 없이는 이해될 수 없습니다. 그리고 숫자만으로 이해될 수도 없지요."

3장
인과

원인이 결과를 낳는 관계다

평균과 상관을 앞에서 살펴봤으니 이제 이 책의 진짜 주제인 인과를 살펴볼 차례다. 인과가 중요한 이유는 간단하다. 상관과 평균이 껍데기라면 인과는 알맹이기 때문이다.

인과는 원인과 결과로 이루어진 관계다. 원인과 결과가 무엇인지 상식 수준에서 이해하지 못할 사람은 없다. 그래서일까. 공식 학교 과목에 인과는 들어 있지 않다. 이는 유감스러운 일이다. 인과를 제대로 가르쳤다면 상관이나 평균을 인과로 착각하는 일은 지금보다 줄었을 터다.

다음과 같은 상황을 가정해보자. 한밤중에 외딴집에 불이 났다. 집주인이 별장으로 어쩌다 한 번씩 사용하는 곳이다. 이 별장에는 프로판가스와 전기가 들어왔다. 인적이 드문 이 별장을 불이 난 날 다녀간 사람은 50대 남자와 10대 소년뿐이다. 두 사람 모두 자신은 화재에 책임이 없다고 주장한다. 단지 호기심에 별장 안으로 들어갔을 뿐이라는 식이다. 다 타버린 잔해더미 사이에서는 담배꽁초가 발견됐다.

이 사건에 대해 평균은 무엇을 이야기할 수 있을까? 하나는 담배꽁초가 원인인 화재가 한국에서 매일 평균 22건이 발생한다는 점이다. 또 하나는 누전으로 인한 평균 화재 비율이 통상 10퍼센트가 넘는다는 사실도 있다. 상관은 어떨까? 에프에스라는 회사에 의하면 전력 이용량과 누설전류 사이 상관계수는 0.133이다.

정밀한 숫자긴 하지만 이 자료만으로 만족할 사람은 별로 없다. 우리가 알기를 원하는 사실은 "무엇이 화재의 원인이었나?"다. 이 질문의 답은 인과를 밝히기 전에는 얻을 수 없다. 상관과 평균이 껍데기라면 인과는 알맹이인 이유다. 인과가 어떻게 구성되는지를 알아야 하는 이유이기도 하다.

인과의 기본이라 할 수 있는 내용을 먼저 다루어보자.

1

인과는 두 가지 제약조건을 갖는다

인과란 원인과 결과로 구성되는 관계다. 아마도 원인과 결과가 무엇인지 모르는 사람은 없을 것 같다. 대략 유치원에 다닐 나이 정도가 되면 자연스럽게 인과를 인식하게 된다. 특별한 교육 없이 인과를 인식한다고 해서 인과를 둘러싼 혼란이 전혀 없는 것은 아니다. 다시 말해 인과를 모든 사람이 만족할 정도로 엄밀하게 정의하기는 생각보다 까다롭다. 여기서는 대다수 사람이 고개를 끄덕일 인과에 관한 제약조건 두 가지를 먼저 제시하자.

첫 번째 제약조건은 원인이 결과에 행사하는 힘의 존재다. 즉 원인에게는 결과를 일으키는 일종의 힘이 있어야 한다. 달리 말하면 원인이 없었다면 결과 또한 없었을 거라는 의미다. 원인이 될 수 있는 대상은 다양하다. 행위나 구체적 사건 등이 대표적이다. 앞에서 이야기한 원인이 갖는 힘은 물리적 힘$_{force}$만을 의미하지는 않는다. 일례로 말에서 비롯된 심리적 압력도 어떤 결과를 가져오는 원인이 되기에 충분하다.

원인은 결과를 낳는 힘을 갖는다

힘의 예를 들어보자. 빨간 당구공이 당구대에 놓여 있다. 누군가 나타나기 전까지 빨간 당구공은 움직이지 않는다. 이제 한 사람이 나타나서 당구대 위의 흰 당구공을 당구봉으로 친다. 구르기 시작한 흰 당구공은 얼마 후 서 있던 빨간 당구공에 부딪힌다. 부딪힌 빨간 당구공이 이어 움직인다.

그럼 움직이지 않던 빨간 당구공이 움직이게 된 원인은 무엇일까? 누구라도 흰 당구공이 굴러와서 빨간 당구공에 부딪힌 사건을 원인이라 생각할 터다. 물리 용어를 빌리자면 흰 당구공이 가한 충격량이 빨간 당구공의 운동량으로 바뀐 결과다.

인과를 표현하는 방식은 크게 보면 다음 두 가지 중 하나다. 첫째는 "A가 B의 원인이다."라고 직접 원인과 결과를 명시하는 경우다. 둘째는 "A가 B를 불러일으켰다."와 같은 투로 원인과 결과를 보여주는 경우다. 어느 쪽을 쓰든 간에 A가 원인에 해당하고 B가 결과에 해당한다는 점은 같다.

원인은 결과를 낳는 힘을 가진다는 생각은 당연한 얘기처럼 들리지만 판단이 쉽지 않은 경우도 있다. 대표적인 예가 행위를 하지 않았다는 자체가 원인이 될 수 있는지다. 예를 들면 기찻길 위에 상자가 떨어져 있다. 기관사가 상자를 발견하고 속도를 줄이기 시작했지만 멈출 가능성은 적어 보인다. 하필이면 여러분은 상자에서 멀지 않은 곳에 서 있다. 상자를 치우려고 시도했다면 치울 가능성이 있었다. 하지만 여러분은 아무 행동도 취하지 않았다. 결과적으로 상자는 기차에 깔려 납작해지고 말았다.

이와 같은 상황에서 여러분의 무행위가 상자 파괴의 원인이라고 이야기할 수 있을까? 행동하지 않았다는 사건이 상자 파괴를 불러왔다는 말 자체는 원칙적으로 아주 틀린 말은 아니다. 위에서 상자를 정신을 잃은 사람으로 바꾸면 더욱 그렇다. 그럼에도 불구하고 일반적인 통념은 행위가 없었을 경우 원인이라는 단어를 사용하는 데 조심스럽다. 원인으로 볼 여지가 없지 않지만 원인으로 아예 분류하기는 적절치 않다는 판단 때문이다. 법률에서도 이른바 부작위에 의한 범죄는 굉장히 제한된 경우에 한해 처벌된다. 즉 원인으로 분류되기 위해서는 이전 상태와 구별되는 적극적인 행위, 사건, 변화 등이 전제된다.

원인은 결과보다 나중에 올 수 없다

두 번째 제약조건은 원인과 결과 사이 시간순서다. 즉 원인은 결과보다 나중에 올 수 없다. 원인은 결과보다 시간상 앞선다. 앞의 당구공 예를 다시 생각하자. 빨간 당구공이 움직인 사건은 흰 당구공이 굴러와서 충돌했다는 사건보다 결코 먼저일 수 없다. 이로부터 시간상 순서가 뒤인 빨간 당구공이 움직인 사건이 원인이 될 수 없음은 자명하다.

이와 같은 인과의 성질을 가리켜 반대칭이라고 부른다. 즉 시간을 거꾸로 되돌릴 수 없는 한 원인과 결과 사이에는 한쪽으로만 작용하는 방향성이 있다. 원인과 결과가 쌍을 이룬다고 해서 결과 후에 원인이 올 수는 없다는 의미다. 반대칭은 뒤집었을 때 참일 수도 거짓일 수도 있는 비대칭과 구별된다.

상식 차원에서 지당한 인과의 반대칭도 두 가지 반론이 있을 수 있다. 하나는 동시성이고 다른 하나는 현대 물리학이다. 동시성은 원인과 결과 사이에 시간의 전후 관계가 아니라 동시 관계도 가능하다는 생각이다. 대표적인 예로 위로 던진 물체가 땅으로 떨어지는 현상을 들 수 있다. 물체를 땅으로 끌어당기는 힘은 바로 지구의 중력이다. 중력은 언제나 작용하기에 시간상 먼저 중력이 작용해 물체가 땅에 떨어졌다고 보기 어렵다. 즉 중력의 작용을 원인으로 간주한다면 물체가 땅에 떨어진다는 결과가 원인과 시간이 겹치는 셈이다.

이러한 동시성의 문제는 사실 지엽적인 상황에 성립한다. 원인과 결과가 동시에 발생한다는 사례들은 모두 물리법칙의 형태로 묘사되는 경우다. 물리법칙은 보편적이기에 여기서 동시성이 성립한다는 말은 동어 반복에 가깝다.

인과의 반대칭 관점에서 현대 물리학은 좀 더 심각한 문제다. 가령 피츠버그대학교의 존 어먼John Earman은 물리이론에 의하면 결과가 원인에 시간상 앞서는 경우가 없지 않다고 지적했다. 현재의 결과가 과거의 원인에서 오지 않고 오히려 미래에 발생할 원인에서 유래된다는 이야기다. 황당하게 들리는 이러한 상황을 가리켜 물리학은 역인과retrocausality라고 부른다.

도쿄제국대학교에서 공부한 와타나베 사토시Watanabe Satoshi가 수립한 양자역학의 이른바 '이중 상태벡터 형식화'는 역인과의 구체적인 예다. 와타나베에 의하면 양자상태는 두 가지 상태벡터가 중첩된 결과다. 그중 하나는 과거에서 현재로 흐르는 일반적인 경우지만 다른 하나는 미래에서 현재로 시간을 거슬러 흐르는 경우다.

철학자들의 고민거리까지 밝혀두었으니 이제 현실적인 해결책을 제시하겠다. 역인과는 양자의 세계에서나 성립하는 특수한 경우다. 우리가 살고 있는 뉴턴역학의 세계에서 역인과를 걱정할 필요는 없다. 동시성도 막상 해결 못 할 문제는 아니다. 동시성이 나타나는 경우란 예외 없이 물리법칙을 원인으로 간주할 때다. 물리법칙은 보편적이므로 구체적인 결과가 일어나기 전부터 이미 영향을 미치고 있었다고 볼 여지가 있다. 그러한 관점을 취한다면 원인이 결과에 언제나 앞선다는 인과의 반대칭은 온전히 회복된다.

인과에서 시간은 다른 측면으로도 중요하다. 원인은 결과에 시간상 앞서지만 너무 앞서도 곤란하다. 예를 들어 1년 전에 먹은 빵이 상해서 오늘 배탈이 났다는 말은 성립하기 어렵다. 즉 원인과 결과는 시간상 어느 정도 서로 인접하기 마련이다.

그러면 결과에 얼마나 가까워야 원인이 될 수 있을까? 이 질문에 대해 단순한 하나의 숫자로 대답하려는 시도는 부질없다. 상황에 따라 제각각 다른 이야기가 성립될 수 있기 때문이다. 가령 1초라는 시간 차이는 당구공의 충돌에서는 가깝지만 고빈도 거래가 빈번한 주식시장에서는 너무나 먼 시간이다. 이런 면이 바로 인과가 상관과 구별되는 부분이다. 상관은 생각하는 머리가 필요 없지만 인과는 필요하다.

2
옛날 사람들은 인과를 어떻게 인식했을까

인과에 관한 서술은 고대 이래로 꾸준히 이루어졌다. 즉 인과는 19세기에 만들어진 상관은 물론이고 평균보다도 시기적으로 앞선 개념이다. 이로부터 인과라는 개념이 상관을 낳은 원인이라고 이야기할 수는 없다. 그러나 상관과 평균에서 인과가 유래됐을 리가 없음은 분명하다.

예를 들면 기원전 5세기에 쓰인 『히포크라테스 전집』의 일부인 「고대 의술에 대해」에는 다음과 같은 구절이 나온다. '그러므로 우리는 각 질병의 원인을 고려해야 하는 바 원인이 있을 때 질병이 필연적으로 발생한다. 반면 원인이 다른 조합으로 바뀌면 질병이 끝난다.' 20세기 초반의 수학자 겸 철학자 알프레드 화이트헤드Alfred Whitehead에 의하면 인과의 개념은 형이상학적으로 시간과 공간보다

선행한다.

원인을 네 가지로 분류한 사람은 누구일까

통상 인과를 설명한 최초의 사람으로 아리스토텔레스를 거론한다. 이는 히포크라테스의 사례만으로도 사실이 아니다. 아리스토텔레스가 기여한 부분이 있다면 인과에서 원인을 분류하려는 시도에 있다. 아리스토텔레스는 '왜?'라는 질문에 답하려면 다음 네 가지를 파악해야 한다고 주장했다. 여기에서의 '왜?'는 변화나 움직임에 대응하는 질문이었다. 그는 '대상의 왜?, 즉 원인을 알기 전에는 대상을 안다고 할 수 없다.'라고 썼다.

아리스토텔레스가 지목한 4원인은 각각 물질, 형태, 행위자, 목적이었다. 각 원인의 예를 살펴보자. 탁자라는 사물의 경우 물질은 나무 혹은 대리석, 형태는 사각형 혹은 원형의 상판, 행위자는 목수 혹은 석공, 목적은 식사 혹은 공부다. 즉 아리스토텔레스는 사물의 본질을 규정하는 수단으로서 자신의 4원인을 제시했다. 물질, 형태, 행위자, 목적의 4원인은 각각 질료인, 형상인, 작용인, 목적인이라는 이름으로도 불린다.

탁자 같은 사물과 달리 아리스토텔레스가 설명한 사람의 4원인은 다소 어색하다. 가령 소크라테스의 질료인은 소크라테스의 엄마, 형상인은 생긴 대로, 작용인은 소크라테스의 아빠, 목적인은 소크라테

아리스토텔레스. 아리스토텔레스가 지목한 4원인은 각각 물질, 형태, 행위자, 목적이었다.

스가 건강을 위해 저녁식사 후 정기적으로 행했던 산책이다.

두 개의 예에서 짐작할 수 있듯이 아리스토텔레스의 4원인은 우리가 생각하는 원인과는 성격이 다르다. 아리스토텔레스가 사용한 그리스어 단어 아이티온$_{aition}$은 사실 원인보다는 설명이라는 번역이 더 걸맞다. 단지 과거부터 원인으로 잘못 번역해온 탓에 계속 원인이라 불릴 따름이다. 4원인 중 세 번째인 작용인만 진짜 원인이라고 인정할 만하다.

이미 오래전에 죽은 아리스토텔레스의 본심을 알 길은 물론 없다. 그래도 만약 4원인 중 무엇이 가장 중요하냐고 물을 수 있었다면 그는 무엇이라고 대답했을까? 아마도 네 번째인 목적인이 가장 중요하다고 대답했을 터다. 명시적으로 아리스토텔레스는 먼저 목적인이 자리를 잡으면 나머지 세 원인은 필요에 의해 따른다고 했다. 그에게 목적인은 최후의, 즉 궁극의 원인이었다. 아리스토텔레스는 목적이 제시된 설명을 유일하게 완전하고 만족스러운 설명으로 간주했다.

인과의 규명은 곧 책임 소재의 규명이었다

아리스토텔레스의 4원인은 이후 서양에서 인과의 알파와 오메가로 자리잡았다. 사람들은 인과에서 이보다 더 나은 대답을 찾을 수 없다고 생각했다. 인과에 관심을 가져도 새로운 체계를 찾기보다는 4원인을 조금 더 정교하게 다듬는 선에서 그쳤다. 예를 들어 13세기 가톨릭 사제 토마스 아퀴나스 Thomas Aquinas 는 4원인에 서열을 부과했다. 가장 하위가 형상인이고 그 위로 질료인과 작용인이 따르고 가장 맨 위에 목적인이 위치하는 순서였다. 이외에도 아퀴나스는 신의 존재를 4원인에 통합한바 최초의 작용인이 바로 신이라는 견해를 폈다. 아퀴나스에게 '주님'은 이른바 '제1원인 first cause'이었다.

원인이 '왜?'라는 질문의 답인 점은 지금까지 언급하지 않은 원인의 한 가지 중요한 성격의 배경이 된다. 그것은 결과에 대한 책임을 지우기 위해 원인을 밝히려는 관점이다. 즉 인과는 곧 과오와 공헌에 대한 책임이기도 하다.

벌어진 일에 대한 원인을 설명하거나 변명하는 것은 인간의 오랜 습성이다. 예를 들어보자. 『구약』의 「창세기」 3장 11절에서 야훼는 아담에게 다음처럼 질문했다. "내가 너에게 따 먹지 말라고 명령한 그 나무 열매를 네가 따 먹었느냐?" 아담의 대답은 다음과 같았다. "당신께서 저와 함께 살라고 주신 여자가 그 나무 열매를 저에게 주기에 제가 먹었습니다." 3장 13절의 이브의 대답도 마찬가지였다. "뱀이 저를 꾀어서 제가 따 먹었습니다."

야훼의 질문은 '왜?'를 묻는 것이 아니었다. "예." 혹은 "아니오."로 대답해야 할 단답형 질문이었다. 제 발이 저린 아담은 엉뚱한 대답을 했다. 이브에게 모든 책임을 떠넘기고 자신은 발뺌하려는 구질구질한 해명이었다. 야훼는 설명을 원하지 않았다. 변명의 필요를 느낀 쪽은 사람이었다. 이후 인과는 사람들 사이에 서로 책임을 지우는 수단이 됐다.

인과의 안경을 통해 윤리적 의무를 부과하는 일은 비단 서양의 전통이 아니다. 불교의 카르마karma 혹은 업業은 현생의 좋고 나쁨은 전생의 소행에서 비롯됨을 가리킨다. 즉 이전 생에서 범한 모든 선과 악의 과업이 원인이 돼 이번 생의 결과가 된다. 좋은 업에는 좋은 과보가, 악한 업에는 악한 과보가 있음을 뜻하는 '인과응보'는 글자 그대로 인과에는 그에 응당한 업보가 뒤따름을 의미한다.

그래서 인과의 규명은 곧 책임 소재의 규명이었다. 책임이란 윤리에서 비롯된 것이다. 윤리는 윤리적 존재에게만 적용될 수 있다. 즉 원인이 될 수 있는 대상은 오직 신, 사람, 동물 등으로 한정됐다. 달리 말해 사물이나 사건 그리고 물리법칙은 결코 원인이 될 수 없었다. 인과가 윤리적 책임과 깊이 관련됨은 일명 '부작용 효과' 혹은 '노브 효과'를 통해서도 확인할 수 있다. 예일대학교의 조슈아 노브Joshua

Knobe는 의도하지 않은 부작용의 성격에 따라 사람들이 어떻게 반응하는지를 조사했다.

예를 들어보자. 대기업의 연구개발 부사장이 대표이사에게 다음처럼 보고한다. "새로운 프로젝트는 회사에 금전적 이익을 가져다줄 겁니다. 하지만 환경 피해를 줍니다." 이러한 보고에도 불구하고 대표이사는 "난 환경 따위는 신경 쓰지 않아요. 그저 많은 돈을 원할 뿐이지요."라며 프로젝트 수행을 최종적으로 결정한다. 결과적으로 대기업은 연구개발 부사장이 보고한 대로 얼마 후 돈도 벌고 환경도 망가트린다.

사람들은 이 결과에 대해 어떠한 반응을 보일까? "대표이사가 환경을 의도적으로 망가트렸나?"라는 질문에 82퍼센트의 응답자는 "그렇다."라고 대답한다. 대표이사는 환경에 관심이 없다고 이야기했지만 사람들은 그의 의도와 무관하게 발생한 부정적 결과에 책임을 묻는다는 의미다.

그러면 위 상황을 다음처럼 바꿔보자. 연구개발 부사장은 "새로운 프로젝트는 회사에 금전적 이익을 가져다줄 뿐만 아니라 환경에도 도움이 됩니다."라고 보고한다. 대표이사의 대답은 "난 환경 따위는 신경 쓰지 않아요. 그저 많은 돈을 원할 뿐이지요."라며 아까와 같다. 그 결과 대기업은 연구개발 부사장의 보고대로 결국 돈도 벌고 환경도 보호한 점에서 아까와 마찬가지다.

사람들의 반응은 아까와 동일할까? 그렇지 않다는 점이 흥미롭다. "대표이사가 환경을 의도적으로 보호했는가?"라는 질문에 "그렇다."

라고 대답한 응답자의 비율은 23퍼센트에 그친다. 즉 의도하지 않은 긍정적 결과에 대해서 아까와는 달리 공적을 인정해주지 않는다.

요약하면, 원인인 행위자의 의도는 사람들이 인과를 판단할 때 중요한 요소다. 그리고 여기에는 비대칭성이 있다. 부작용이 부정적이면 의도가 없었더라도 책임을 묻는다. 반면 부작용이 긍정적이면 의도가 없었기에 업적이 아니다. 다시 말해 단순히 결과만으로 인과를 판단할 수 없다. 윤리적 존재의 의도도 고려해야 한다.

추가로 설명할 부분은 원인과 이유의 구별이다. 원인과 이유는 겹치는 부분이 많지만 가리키는 방향이 다르다. 말하자면 원인은 능동적이고 유일하며 시간대에 크게 구애받지 않는다. 반면 이유는 수동적이고 다양하며 주로 과거에 적용된다.

좀 더 설명해보자. 원인의 영어 단어 코즈cause는 라틴어 카우사causa에서 유래한 단어다. 카우사는 '결과를 만들어내는 원인'이라는 뜻 외에도 '목적'과 '재판 혹은 소송'의 뜻도 있다. 특히 4원인에서 왔을 가능성이 큰 목적 외에 법적 책임을 가리는 재판을 의미했음은 원인의 본질에 시사하는 바가 크다. 반면 이유의 영어 단어 리즌reason은 라틴어 레오르reor와 라티오ratio에서 유래했다. 레오르는 '생각하다' '판단하다'의 뜻이 있고 라티오는 '계산' '헤아림'의 뜻이다.

오하이오주립대학교의 마셜 스웨인Marshall Swayne은 원인과 이유의 차이를 조금 다른 용어로 나타냈다. 스웨인에 따르면 이유에는 서로 대비되는 원인적 이유causal reason와 증거적 이유evidential reason의 두 가지가 있다. 예를 들어 둘의 차이를 설명하자면 범죄 현장에서 시체가 발견됐다. 시체의 왼쪽 가슴에는 총탄에 맞은 자국이 선명하다. 누가 보더라도 충격을 사망의 원인으로 지목하기 십상이다. 그런데 실제로 총에 맞기 전에 치사량의 독극물이 주입됐다면 완전히 다른 이야기다. 즉 총탄이 아니라 독극물이 사망의 원인이다. 스웨인은 이 경우 총탄은 증거적 이유고 독극물은 원인적 이유라고 설명했다. 사망이라는 결과에 직접적인 힘을 미친 독극물은 인과의 원인이 되고 결과를 가져올 잠재력이 있지만, 직접적인 원인이 아닌 총탄은 이유를 구성하는 한 가지 증거 혹은 흔적이라는 이야기다.

  이러한 내용을 종합하면 다음과 같은 결론을 얻는다. 원인이 직접적인 힘과 행동을 전제한다면 이유는 간접적인 배경과 영향을 지칭한다. 또한 어떤 결과의 원인이 여러 개 있다는 말은 어색하게 들린다. 반면 이유가 여러 개 있다는 말은 어색하지 않다. 원인은 과거의 사건뿐만 아니라 현재와 미래의 일에 대해서도 사용할 수 있다. 하지만 이유는 주로 사후적 설명이나 해석에 가까운 목적으로 사용된다.

3

해가 언제나 동쪽에서 떴으니 앞으로도 그럴까

작은 돌멩이 하나를 하늘을 향해 힘껏 던지면 무슨 일이 일어날까? 얼마간 날아가다가 땅으로 떨어지고 만다. 몇 번을 반복해도 결과는 같다. 어깨가 강한 사람이 해도 마찬가지다. 고대에도 그랬고 현재도 그렇다.

왜 하늘로 던진 돌멩이는 땅에 떨어질까

아리스토텔레스도 이를 모르지 않았다. 그렇다면 그는 하늘로 던진 돌멩이가 결국 땅에 떨어지는 사건의 원인으로 무엇을 지목했을까? 표현을 달리해 무엇이 돌멩이를 땅으로 떨어트린다고 생각했을까? 아리스토텔레스의 설명은 본질적이었다. 그는 지상의 물질은 모두 물, 불, 공기, 흙이라는 4원소로 구성됐고 각 원소는 자신의 본래 위치를 저절로 찾아간다고 주장했다. 아리스토텔레스의 주장에 의하면 흙이 주원소인 돌멩이는 땅속이 자연스러운 위치다.

오늘날 우리는 아리스토텔레스보다 좀 더 나은 설명을 할 수 있다. 아이작 뉴턴이 밝힌 만유인력의 법칙에 따라 돌멩이가 지구 중심을 향해 끌려간다는 설명이다. 사람들은 지구의 중력 혹은 만유인력의 법칙을 돌멩이가 땅으로 떨어지는 원인으로 간주한다. 즉 만유인력의 법칙이 돌멩이가 땅으로 떨어지도록 만든다.

방금 문장에서 원인으로 지목된 만유인력의 법칙은 행위자가 아니다. 즉 예전이라면 원인이 될 수 없었던 대상이다. 어느 때부턴가 원인의 대상이 확장됐다는 의미다. 원인의 대상이 확장된 계기는 17세기에 시작된 과학혁명이었다. 이전까지 자연의 사건은 전적으로 신이 정할 문제였다. 점을 치는 막대기, 즉 로트를 던져 나오는 점괘는 곧 신의 뜻이었다. 신은 목적에 따라 사건을 일으켰고 자유의지를 가진 인간은 신의 뜻에 따라 벌을 받거나 상을 받을 뿐이었다.

과학혁명은 신의 뜻을 물리법칙으로 대치하려는 시도였다. 물리법칙으로 대변되는 인간의 지식은 신의 역할을 대신하기 시작했다. 신의 지위가 흔들리자 전통적인 인과의 원인 또한 공격을 받게 됐다.

예를 들어 지동설을 주장한 갈릴레오 갈릴레이는 1638년에 출간된 자신의 마지막 책에서 다음과 같은 두 가지를 주장했다. 첫째, 묘사가 우선이고 설명은 나중이다. 즉 '왜?'보다는 '어떻게?'가 더 답할 가치가 있는 질문이다. 둘째, 묘사는 말이 아니라 수의 언어로 수행된다. 즉 정답이 있기 어려운 철학적 논증은 그만두고 객관적 관찰과 검증이 가능한 수학 공식으로 표현돼야 한다.

수학 공식으로 묘사되는 자연계의 법칙을 찾겠다는 생각은 갈릴레오의 동시대인들 사이에 공유된 생각이었다. 예를 들어 네덜란드 레이던대학교의 빌러브로어트 스넬리우스Willebrord Snellius는 1621년 실험을 통해 굴절의 법칙을 재확인했다. 이후 굴절률과 굴절각의 곱은 매질에 상관없이 일정하다는 굴절의 법칙은 스넬리우스의 영어식 발음에 따라 스넬의 법칙이라고 불리게 됐다. 또한 옥스퍼드대학교의 로버트 후크Robert Hooke는 1660년 광범위한 실험 끝에 고체에 가해지는 힘과 변형은 서로 정비례한다는 일명 후크의 법칙을 정립했다. 이들 법칙은 모두 실험으로 얻은 관찰을 일반화한 결과였다.

18세기에 데이비드 흄David Hume은 갈릴레오의 첫 번째 주장을 극한까지 밀어붙였다. '왜?'는 '어떻게?'에 부속되고 포함되므로 전혀 필요하지 않다는 논리였다. 이는 곧 인과에 대한 기존 생각의 토대부터 허무는 주장이었다. 1739년에 출간된 『인성론』에서 흄은 다음처럼 인과를 설명했다. '과거 경험상 화염이라는 대상과 열이라는 감각 사이에는 꾸준히 거듭되는 결합이 있었다. 그로부터 우리는 화염을 원인이라고 열을 결과라고 부를 따름이다.'

다시 말해 흄에게 인과란 반복적인 경험에 기반한 관찰의 산물에 불과했다. 인과의 인식은 인간의 마음이 습득하는 일종의 습관과도 같다. 인과를 구성하는 내적 작동 원리는 중요하지 않다. 설혹 그런 작동이 있다 한들 인간이 알아챌 방법이 없다는 이야기였다. 경험적 회의주의자인 흄은 관찰을 일반화하는 방식 자체에 근본적인 한계가 있다고 생각했다. 인과가 단순한 관습이나 버릇에 지나지 않는다는 주장은 경험을 의심하는 그에겐 당연한 논리적 귀결이었다.

흄이 제기한, 경험을 일반화하는 방식의 한계를 상징적으로 예증한 대표적인 사람은 20세기 초반의 박식가 버트런드 러셀Bertrand Russel이다. 러셀이 1950년에 출간한 『철학의 문제』에는 다음과 같은 문장이 나온다. '닭의 일생에 날마다 모이를 주던 사람이 마지막에는 대신 목을 비튼다.'

불확실성의 현자 나심 탈레브는 2007년에 출간한 『블랙 스완』에서 러셀의 닭을 칠면조로 바꿔 좀 더 상세하게 설명했다. 칠면조는 태어나는 순간부터 주인이 주는 모이를 먹고 자란다. 주인은 하루도 굶기지 않고 칠면조를 보살핀다. 칠면조는 사람이 날마다 자신에게 모이를 갖다 바치는 경험을 한다. 이는 정기적이고 일관되며 단 한 번도 어긋나지 않는 경험이다. 그리고 추수감사절이 되면 칠면조는 똑같은 주인의 손에 도살된다.

방금 칠면조와 모이의 관계를 사람과 태양의 관계로 바꿔볼 수 있다. 사람이 경험해온 한 태양은 날마다 동쪽에서 떴다. 이는 인정하지 않을 수 없는 사실이다. 그러면 내일도 지난 과거와 마찬가지로 또 동쪽에서 해가 뜬다고 확신할 수 있을까? 어느 날 갑자기 칠면조가 도살장에 끌려갔듯이 과거 경험만으로는 내일 해가 서쪽에서 뜨지 말란 법이 없다. 피에르 시몽 라플라스Pierre-Simon Laplace는 1814년

『확률에 대한 철학적 시론』에서 일출 문제에 대한 한 가지 답을 내놓았다. 라플라스가 이용한 방법은 영국의 목사 토머스 베이즈Thomas Bayes가 수립한 일명 베이즈 정리였다.

라플라스가 유도한 연쇄법칙에 의하면, 과거 n번의 관찰 중 s번 발생한 일이 새로 발생할 확률은 $(s+1)/(n+2)$다. 인류의 역사를 6,000년으로 가정하고 1년을 365일로 간주한다면 그동안 총 219만 번의 동쪽 일출이 관찰된 셈이다. 따라서 내일 해가 동쪽에서 뜰 확률은 2,109,001/2,109,002, 즉 99.999954퍼센트다. 거의 100퍼센트에 가깝지만 100퍼센트는 아닌 확률이다.

과거 경험을 일반화한 법칙 혹은 관계의 취약성은 비단 위에서 언급한 가상의 사례들에 그치지 않는다. 일례로 2008년 3월 미국 재무장관 헨리 폴슨Henry Paulson은 "미국의 은행과 투자은행은 건실합니다. 미국의 자본시장 역시 회복성이 있으며 효율적이고 유연합니다."라며 호언장담했다. 그때까지 100년 넘도록 이른바 '벌지 브래킷Bulge bracket'이라고 불리는 미국의 주요 투자은행이 망한 사례는 존재하지 않았다. 헨리 폴슨은 벌지 브래킷의 하나인 골드만삭스의 대표로 있다가 재무장관이 된 사람이었다. 아뿔싸! 폴슨의 확언에도 불구하고 같은 해 벌지 브래킷인 메릴린치와 베어스턴스가 망하다시피 해 각각 뱅크오브아메리카와 JP모건에 인수됐다. 또 다른 벌지 브래킷 리먼 브라더스는 아예 공중 분해됐다. 탈레브가 재치 있게 지적했듯이 '증거의 부재를 부재의 증거'로 오인한 탓이다.

흄의 문제 제기 이후 인과에 대한 여러 생각들이 나타나기 시작했다. 가장 극단적인 경우는 고전적 개념의 인과란 아예 설 자리가 없다는 태도다. 예를 들어 버트런드 러셀은 "인과는 물리 세계를 묘사하는 근본이 아니며 원인이라는 개념은 지나간 시대의 유물이다."라고까지 했다. 흄이 자신의 주장에 내재된 문제점을 아예 몰랐다고 보기는 어렵다. 가령 해가 뜨기 전에 수탉이 운다는 경험이 반복된다고 해서 수탉을 울게 만들면 그로 인해 해가 뜬다고 생각하지는 않았다. 흄 주장의 핵심은 경험만으로는 전적으로 신뢰할 인과를 얻을 수 없다는 지적이었다. 이는 곧 갈릴레오 이래로 점차 세력을 넓혀온 이른바 과학적 방법론에 대한 근본적 비판이기도 했다.

인과의 핵심은 원인과 결과 사이의 불가피성이다

모든 사람이 인과에 대한 흄의 생각에 동의하지는 않았다. 특히 임마누엘 칸트Immanuel Kant는 인과를 정기적인 경험으로 치부하려는 생각에 날카로운 반론을 펼쳤다. 칸트가 보기에 인과의 핵심은 원인과 결과 사이의 불가피성이었다. 경험을 통해 불가피성을 얻을 수는 없으니 관찰에서 인과를 얻으려 함은 어이없는 시도였다. 칸트는 선험적 지식이 인과의 이해에 필수라고 믿었다.

그렇다면 이번 절 제목에 대한 답은 어떻게 될까? 인과를 정기적 경험의 일반화라고 받아들인다면 어제까지 해가 동쪽에서만 떴다는 사실은 내일도 동쪽에서 해가 뜨는 원인이 될 수 있다. 반면 인과

칸트. 그가 보기에 인과의 핵심은 원인과 결과 사이의 불가피성이었다.

란 경험의 일반화를 초월한다고 생각한다면 과거 경험 자체는 원인이 될 수 없다.

경험과 관찰의 일반화만으로 절대적인 진리를 얻을 수 없다는 흄의 지적은 부인하기 어렵다. 그렇다고 해서 지레 고전적인 인과 개념을 버릴 이유는 없다. 절대적인 진리가 아닐지언정 여전히 결과를 만드는 원인의 존재와 작용은 포기할 수 없는 개념이다. 이에 대해서는 4장과 5장에서 좀 더 상세히 설명하고자 한다.

4
인과를 데이터 관찰로 알 수 있을까

인과는 논리로 간단히 분석할 수 있다. 예를 들어 불은 특정 물질이 산소와 결합하면서 화염과 열을 방출하는 화학반응이다. 즉 불이 나려면 연소물질, 산소, 그리고 연소반응을 일으킬 촉매 혹은 행위자가 모두 있어야 한다.

원인은 필요조건이 아니라 충분조건이다

이 경우 산소는 화재의 원인일까? 논리의 관점에서 보면 산소는 화재의 필요조건이다. 화재의 경우치고 주위에 산소가 없을 수 없기 때문이다. 그렇다고 해서 산소가 화재를 일으켰다고 이야기하지는 않는다. 아무리 산소가 있어도 다른 원인으로 불꽃이 튀지 않는 한 화재는 발생하지 않는다. 우리는 통상 촉매나 행위자를 화재의 원인으로 지목한다. 필요조건보다는 충분조건을 원인으로 간주한다는 의미다.

앞서 당구공 예는 어떨까? 이 경우도 원인과 결과를 확인하기가 어렵지 않다. 우리가 물체의 충돌을 지배하는 원리를 잘 알고 있고 반대칭에 위배되지 않으며 직접 실험을 수행해 인과를 실증할 수 있기 때문이다.

모든 상황이 이렇게 단순하지는 않다. 여러분 모두 익숙하게 들릴 예를 하나 들어보자. 대학 동기인 시원, 수빈, 현준, 채연, 승우, 나은 여섯 명의 친구가 오랜만에 모였다. 반가운 마음에 밤늦게까지 파티를 즐겼다. 다음 날 아침 파티를 주최한 시원을 포함해 여러 명이 몸살이 나버렸다.

물론 이런 경우 원인을 찾기가 그렇게 어렵지 않다. 여기서는 원인이 실제로 무엇인지보다 찾아가는 방법에 주목하자. 지금부터 설명할 방법은 다른 상황에도 얼마든지 적용할 수 있다. 즉 밤늦게까지 파티를 하고 다음 날 아침 몸살이 난 경우보다 심각한 상황도 원인을 찾는 방법은 기본적으로 똑같다.

숙취의 원인은 맥주일까, 포도주일까

여기서 제시할 방법은 존 스튜어트 밀John Stuart Mill이 1843년에 출간한 『논리학 체계』에 나온다. 밀은 말년에 쓴 『자유론』과 영국 하원 의원으로 선출된 후 여성 선거권을 주장한 사람으로 유명하다. 그는 "만족한 돼지보다 불만에 찬 소크라테스가 낫다."라는 말을 남겼는데 사실 영국 동인도회사에서 35년간 일한 식민주의의 첨병이기도 했다. 그는 "중국과 인도는 정체되고 야만스럽기에 영국의 자애로운 지배는 정당하다."라고 강조했다.

그러면 밀이 제안한 첫 번째 방법을 알아보자. 이는 특정 결과가 발생한 모든 경우에 대해 일치하는 선행조건을 찾는 방법이다. 이름하여 '일치법'이다. 일치법을 어떻게 사용하는지의 예로 몸살을 들어보자. 여섯 명의 친구 중 몸살이 난 사람은 시원, 수빈, 현준 세 명이다. 그들 모두는 어젯밤에 맥주를 퍼마셨다. 따라서 몸살의 원인은 맥주라는 게 일치법의 결론이다. 언뜻 보기에 당연한 이야기 같다.

일치법은 원인을 찾는 출발점이 될 수는 있지만 한계가 있다. 가령 몸살이 난 사람이 모두 열 명이라고 하자. 그중 아홉 명은 맥주를 마셨고 한 명은 마시지 않았다. 그럴 때 맥주가 몸살의 원인이라고 할 수 있을까? 일치법을 엄격하게 적용하면 맥주는 몸살의 원인이 될 수 없다.

만약 열 명이 아니라 몸살 난 1,000명의 사람 중 999명이 맥주를 마셨고 단 한 명이 마시지 않았다면 그래도 맥주가 원인이 아니라고

여섯 명의 증상과 전날 밤의 행동

		시원	수빈	현준	채연	승우	나은
원인 후보	맥주	○	○	○	○	×	○
	소주	○	○	×	×	×	×
	포도주	×	○	×	○	×	○
	치킨	×	×	○	×	○	○
	감자탕	×	×	×	×	○	○
	노래	×	×	×	○	×	○
결과	몸살	○	○	○	×	×	×
	숙취	×	○	×	○	×	○
	구토	×	×	×	×	○	○
	인후염	×	×	×	○	×	○

할 수 있을까? 일치법으로는 여전히 원인이 아니라고 결론 내려야 마땅하지만 수가 커질수록 '원인이 아니라고 결론 내려도 돼?' 하는 의문이 점점 커진다.

일치법에는 또 다른 한계가 있다. 가령 같이 파티를 한 시원의 친구 채연과 나은도 맥주를 마셨다고 하자. 그럼에도 불구하고 채연과 나은은 몸살이 나지 않았다면 맥주가 몸살의 원인이라고 이야기하기가 쉽지 않다. 엄밀히 말해 일치법은 원인 후보와 결과 사이의 필요조건을 규정한다. 몸살이 난 세 명 모두 맥주를 마시긴 했다. 하지만 맥주를 마신 모두가 몸살이 나지는 않았기 때문이다. 즉 일치법으로 찾은 맥주는 이를테면 몸살의 필요조건이다.

밀이 언급한 적은 없지만 결과의 충분조건에 해당하는 원인도 존재할 수 있다. 가령, 여섯 명 중 소주를 마신 사람은 시원과 수빈 두 명뿐이라고 하자. 이 경우 소주를 마신 모든 사람이 몸살을 앓았다. 따라서 소주는 몸살의 충분조건이다. 소주가 몸살의 충분조건이라고 해서 모든 몸살이 소주로 인해 야기됐다는 뜻은 아니다. 예를 들어 소주를 마시지 않은 현준, 채연, 승우, 나은 중 현준은 몸살을 앓았다. 이는 곧 몸살 중에 소주와 무관한 몸살도 있다는 증거가 된다.

이번에는 밀이 제안한 두 번째 방법을 알아보자. 이는 특정 결과가 발생했을 때와 발생하지 않았을 때를 비교해서 공통되는 선행조건을 빼고 차이가 나는 선행조건을 찾는 방법이다. 이러한 두 번째 방법을 가리켜 '차이법'이라고 부른다. 차이법을 어떻게 사용하는지 알아보자. 잠을 자고 일어났음에도 여전히 술에 취해 있는 숙취는 수빈, 채연, 나은에게 발생했다. 앞의 표에 의하면 숙취가 나타난 세 사람은 모두 맥주도 마셨고 포도주도 마셨다. 즉 일치법으로는 맥주와 포도주가 둘 다 유력한 원인 후보다.

차이법은 특정 결과가 발생했을 때와 발생하지 않았을 때의 차이에 주목한다. 시원, 현준, 승우는 숙취를 겪지 않았다. 이 세 사람의 공통점은 '포도주를 마시지 않았다.'라는 것뿐이다. 그러한 차이가 숙취를 겪느냐 아니냐를 가르는 조건이 된다. 즉 숙취를 겪은 모든 사람은 맥주도 마셨고 포도주도 마셨다. 반면 숙취를 겪지 않은 사람 중에 맥주를 마신 사람은 있지만 포도주를 마신 사람은 없다. 그러므로 숙취의 진정한 원인은 포도주다.

경우에 따라 일치법과 차이법은 동시에 사용될 수 있다. 밀은 자신의 책에서 이러한 방법을 세 번째로 언급했다. 일치법과 차이법을 중첩하는 밀의 세 번째 방법을 가리켜 '일치차이법' 혹은 '병용법'이라고 칭한다. 그렇다면 먹은 음식을 고스란히 게우는 구토의 원인을 병용법으로 확인해보자. 여섯 명 중 토한 사람은 승우와 나은 두 명이다. 일치법에 의하면 치킨과 감자탕 두 가지가 원인 후보다. 차이법에 의하면 치킨은 원인이 될 수 없지만 감자탕은 원인이 될 수 있다. 치킨을 먹은 사람 중에는 토하지 않은 경우도 있는 데 반해 감자탕을 먹은 사람은 모두 토했기 때문이다. 현준은 치킨을 먹었지만 토하지는 않았다.

결과적으로 감자탕은 일치법과 차이법을 둘 다 통과하는 유일한 원인이다. 달리 표현하면 감자탕은 구토의 필요조건이자 충분조건이다. 즉 감자탕은 구토의 필요충분조건이다. 따라서 감자탕은 구토의 원인이다.

이제 밀의 네 번째 방법에 대해 알아보자. 이 방법은 이미 서로 쌍을 이루는 원인과 결과를 알 때만 사용 가능하다. 좀 더 구체적으로 말하면 원인과 결과 사이에 일대일 대응관계가 있다고 가정하면 이미 인과가 확인된 원인은 다른 결과의 원인이 될 수 없다. 그렇게 배제하고 남은 잔여 후보가 하나라면 그게 바로 해당 결과의 원인이다. 이와 같은 방법을 가리켜 '잔여법'이라고 부르는 이유다.

아직 밝히지 않은 인후염의 원인을 잔여법으로 알아보자. 목이 붓고 아픈 인후염이 나타난 사람은 여섯 명 중 채연과 나은 두 명이다. 일치법에 의하면 맥주, 포도주, 노래가 원인 후보다. 그런데 맥주는 몸살의 원인이고 포도주는 숙취의 원인이다. 그렇다면 잔여법의 가정에 의해 더는 맥주와 포도주는 인후염의 원인이 될 수는 없다. 이제 남은 원인 후보는 노래뿐이다. 그러므로 노래가 인후염의 원인이다.

밀은 지금까지 이야기한 네 가지 방법에 더해 한 가지 방법을 더 소개했다. 그동안의 원인과 결과는 모두 불연속한 이진 변수였다. 즉 있거나 없거나의 두 가지 상태만 존재했다. 당연히 세상에는 이진 변수가 아닌 원인과 결과가 존재한다. 일례로 노래를 부른다는 원인도 부른 시간이 5분이냐 아니면 5시간이냐에 따라 전혀 다른 결과가 생길 수 있다.

밀의 다섯 번째 방법은 위처럼 원인과 결과가 크기를 가질 때 쓰는 방법이다. 원인의 크기가 변할 때 결과의 크기도 따라 변한다면 둘 사이에 인과가 있다고 볼 수 있다. 서로 같이 변하는 경우라는 의미에서 이러한 방법을 '공변법'이라고 일컫는다. 공변법을 어떻게 사용하는지 예를 들어 보겠다. 여섯 명의 친구 중 시원과 수빈만이 소주를 마셨다. 시원과 수빈이 마신 양은 각각 한 병과 세 병이었다. 또한 시원의 몸살은 반나절로 그친 반면에 수빈은 이틀 내내 골골거렸다. 마신 양에 따라 몸살의 강도 혹은 몸살이 낫는 데 걸린 시간이 달라진 셈이다. 따라서 소주는 몸살의 원인이다.

사실 밀이 위 다섯 가지 방법을 모두 생각해 낸 장본인은 아니다. 밀보다 200여 년 전인 1620년 프랜시스 베이컨Francis Bacon은 저서 『대혁신』에서 이미 일치법, 차이법, 공변법을 제시했다. 근세 경험주의의 시조인 베이컨은 영국의 검찰총장과 상원의장 겸 대법원장을 연달아 지낸 후 뇌물 수수가 문제가 돼 은퇴한 인물이다. 말하자면 밀의 방법은 베이컨의 생각을 조금 다듬은 결과에 불과하다.

지금까지 설명한 베이컨과 밀의 방법은 논리의 필요조건, 충분조건과 비슷한 면이 있다. 그렇다면 인과의 필요충분조건은 논리의 필요충분조건과 전적으로 같을까? 그렇지는 않다. 논리의 관점과 인과의 관점 사이에 틈이 있기 때문이다. 예를 들어 시베리아에서 유래한 허스키는 썰매 개로 유명한 견종이다. 따라서 허스키는 개의 충분조건이고 개는 허스키의 필요조건이다. 그렇다고 해서 허스키가 개의 원인이라거나 혹은 개가 허스키의 원인이라고 이야기하기는 무언가 어색하다.

또한 허스키의 필요충분조건은 허스키뿐이다. 이로부터 허스키의 원인은 허스키라는 결론을 내린다면 말장난 같은 느낌을 지울 수 없다. 무의미한 동어반복에 지나지 않기 때문이다. 원래 논리의 필요충분조건은 두 대상이 전적으로 같음을 증명하는 방법이다. 즉 논리의 필요충분조건은 집합 관계를 보여줄 뿐이고 원인과 결과와는 관련이 없다.

5
탐정 셜록 홈스는
어떻게 범인을 추리할까

인과가 결정적으로 중요한 분야 중 하나가 범죄 수사다. 그런 면에서 탐정 소재의 문예 장르, 즉 추리소설은 인과를 탐구하는 사람이라면 지나칠 수 없는 통찰의 보물창고다. 추리소설 주인공 중 가장 유명한 사람은 누구일까? 여러 대답이 가능하나 그래도 첫손으로 꼽을 사람은 셜록 홈스다. 1887년의 『주홍색 연구』부터 1927년의 『셜록 홈스의 사건집』까지 총 60편의 장단편 소설에 등장한 홈스는 평범하지 않은 성격과 특출난 추리 능력으로 독자들의 오랜 사랑을 받았다. 작가가 소재의 고갈로 홈스를 소설 속에서 죽이자 온 영국이 들고 일어나 항의해 결국 되살릴 정도였다.

홈스의 인기는 백수십 년이 지난 지금도 여전하다. 소설 속 홈스의 하숙집 주소인 런던 베이커가 221B는 원래 존재하지 않던 주소였

셜록 홈즈. 그는 추리에 세 가지를 동원했다. 첫째는 지식, 둘째는 관찰, 셋째는 연역이다.

다. 이후 런던시는 베이커가의 주소 체계를 바꿔 221B를 신설하고 그 위치에 박물관을 세웠다. 셜록 홈스 박물관은 이른바 '셜로키언' 혹은 '홈지언'이라고 불리는 홈스 팬들의 성지다.

홈스는 범인 추리 방법으로 연역을 강조했다

홈스는 범인 추리에 세 가지를 동원했다. 첫째는 지식, 둘째는 관찰, 셋째는 연역이다. 지식의 예로 1903년에 발표된 「빈집의 모험」에서 홈스는 범행의 입증을 위한 탄도 분석을 제안했다. 그 결과 범죄 현장에서 수거된 권총탄이 특수 제작된 공기총에서 발사됐음이 확인됐다. 실제 경찰이 탄도 분석을 수사 기법으로 채용한 것은 그로부터 약 15년 후였다.

또 매와 같은 관찰로 자명하지 않은 사실을 짐작하는 능력은 홈스의 전매특허였다. 1890년에 출간된 『네 개의 서명』에서 홈스는 친구인 왓슨이 아침에 우체국에 다녀왔음을 관찰만으로 맞혔다. 왓슨의 구두 등에 묻은 흙이 단서였다. 다른 데서는 보기 어려운 위그모어가의 우체국 앞 도로 흙의 독특한 붉은색과 같아서였다.

그러나 무엇보다도 홈스가 강조했던 부분은 바로 연역하는 능력이었다. 홈스는 관찰observation과 연역deduction이 어느 정도는 비슷하지 않냐는 왓슨의 질문에 그렇지 않다고 선을 그었다. 홈스는 연역으로 왓슨이 우체국에서 전보를 쳤다는 사실을 끌어냈다. 왓슨이 놀라서는 어떻게 알았냐고 묻자 홈스는 다음처럼 답했다.

"왜냐하면 난 자네가 편지를 쓰지 않았다는 걸 알고 있었네. 아침 내내 자네 앞에 앉아 있었으니까. 또한 다량의 우표와 엽서 뭉치가 자네 책상에 있음을 알고 있었지. 그러니 전보 발송 말고 우체국에 가서 자네가 무엇을 할 수 있겠나? 불가능한 모든 요인을 제거하고 나면 유일하게 남는 것이 진실이기 마련일세."

연역에 대한 홈스의 자부심은 남달랐다. 예를 들어 「푸른 카벙클」과 「주식 중개인」에서 홈스는 왓슨에게 '자네는 내 방법을 알지.'라고 하며 범인을 찾은 비결을 뽐냈다. 『바스커빌의 개』에서는 자신의 방법을 왓슨에게 적용해보라며 권하기도 했다. 「녹주석 왕관」에서는 '불가능한 경우를 제외하고 남은 경우는 아무리 있을 성싶지 않아도 진실이어야 한다가 내 오랜 좌우명일세.'라며 연역을 설명했다. 대부분의 홈스 소설에서 연역은 그냥 추리라고 번역돼 있다. 이러한 번역은 작가의 의도를 파악하지 못한 결과다. 혹은 인과를 알았더라면 하지 않았을 번역이다.

홈스의 작가 아서 코난 도일Arthur Conan Doyle은 스코틀랜드 에든버러 대학교에서 공부한 의사였다. 1900년 2차 보어전쟁에 군의관으로 자원입대하기도 했다. 그는 대학 때 지도교수였던 조지프 벨을 염두에 두고 홈스를 창조했다. 법의병리학의 선구자인 벨은 관찰을 일반화하는 귀납과 논리적 참·거짓을 따지는 연역의 차이를 도일에게 가르쳤다.

홈스의 작가도 세 가지 추론 방법을 헷갈렸다

연역과 귀납은 추리 혹은 추론inference, reasoning의 대표적인 두 방법이다. 안타깝게도 추론의 방법을 나타내는 본래의 영어 단어와 19세기 후반 일본의 니시 아마네Nishi Amane가 만든 한자어 사이에는 해결될 수 없는 간극이 있다. 적지 않은 사람들이 연역과 귀납이라는 입에 붙지 않는 단어의 개념을 억지로 외운다. 이 또한 아직 해결하지 못한 일제의 잔재라 할 터다.

이 참에 추론 방법을 깔끔하게 정리하자. 디덕션deduction은 논리 규칙을 이용해 가정에서 결론을 끌어내는 방법이다. 달리 설명하자면 일반적인 진술에서 구체적 상황을 오류 없이 찾는 경우다. 디덕션은 어원상 '~에서, ~로부터'를 뜻하는 라틴어 데$_{de}$와 '이끌다, 이르다'를 뜻하는 두케레$_{ducere}$가 합쳐진 결과다. '펴다, 넓히다'의 연演과 '풀다, 실을 뽑다'의 역繹이 만난 연역에서 디덕션을 자연스럽게 떠올리기란 쉽지 않다.

인덕션$_{induction}$은 반복되는 특정한 경험이나 관찰을 일반화하는 방법이다. 어원상 '~안으로'를 뜻하는 인$_{in}$과 두케레가 합쳐진 형태다. 개별 사건이 똑같이 계속된다면 겹쳐지는 공통의 '내부로 이끄는 것'이 가능하다. '돌아가다, 맡기다'의 귀歸와 '거두어들이다, 받다'의 납納을 합친 귀납에서 인덕션을 상상하기도 쉽지 않다.

예를 들어 디덕션과 인덕션을 비교해보자. 가령 '부동산 투기를 하면 언제나 돈을 번다.'라는 주장이 있다고 하자. 사람에 따라 이를 참으로 여기기도, 또 거짓으로 여기기도 할 터다. 일단 디덕션을 설명하기 위해 이 주장이 참이라고 가정하자. 그리고 이 일반적 진술에 더해 '이 거래들은 모두 부동산 투기다.'라는 구체적 사례가 있다고 하자.

이 경우에 대해 디덕션을 구사하면 최종적으로 '이 거래들은 모두 돈을 번다.'라는 구체적 사례를 얻게 된다. 모든 부동산 투기는 돈을 번다. 이 거래들은 전부 부동산 투기에 해당한다. 따라서 이 거래들은 모두 돈을 번다는 결론은 논리적으로 참이다.

인덕션은 출발점이 디덕션과 정반대다. 즉 '이 거래들은 모두 부동산 투기다.'와 '이 거래들은 모두 돈을 벌었다.'라는 두 가지 구체적 사례에서 출발한다. 이에 대해 인덕션을 구사하면 어떤 결론을 얻게 될까? 바로 디덕션의 출발점이었던 '부동산 투기를 하면 언제나 돈을 번다.'라는 일반적 진술이 인덕션의 결론이다.

19세기 후반 찰스 샌더스 퍼스Charles Sanders Peirce는 디덕션과 인덕션만이 추론의 방법이 아니라고 주장했다. 다양한 분야에 관심을 가졌던 퍼스는 기호학의 창시자로 간주된다. 퍼스는 불륜이 문제가 돼 존스홉킨스대학교에서 쫓겨났다. 그는 노예제에 대해 디덕션의 일부인 삼단논법을 다음처럼 적용했다. "모든 사람은 정치적 권리에서 동등하다. 흑인은 사람이다. 그러므로 흑인은 백인과 정치적 권리에서 동등하다." 그의 의도는 흑백 평등이 아니었다. 그보다는 전통적인 디덕션이 얼마나 모순된 결론을 내리게 하는가였다.

퍼스는 자신의 세 번째 추론 방법에 애브덕션abduction이라는 이름을 붙였다. 앞선 디덕션과 인덕션의 공통어원인 두케레에 '떨어져, 멀리'를 뜻하는 애브ab를 결합한 말이다. 납치라는 뜻으로 더 흔히 사용되는 애브덕션을 한마디로 설명하라면 바로 '결론으로부터 가정을 혹은 결과로부터 원인을 넘겨짚는 방법'이다.

애브덕션이 '부동산 투기를 하면 언제나 돈을 번다.'라는 일반적인 진술에서 출발하는 점은 디덕션과 같다. 이런 이유로 사람들은 애브덕션이 디덕션과 같다고 착각한다. 애브덕션은 이러한 일반적인 진술에 '이 거래들은 모두 돈을 벌었다.'라는 구체적 경험을 결합해 '이 거래들은 모두 부동산 투기다.'라는 구체적 사례를 끌어내는 방법이다. 디덕션 관점에서는 결론에서 다시 가정으로 되돌아가는 모양새라 '거꾸로, 뒤로'라는 뜻을 갖는 레트로retro를 써서 레트로덕션이라고 부르기도 한다.

디덕션과 레트로덕션의 구별은 생각보다 쉽다. 방금 이야기했듯이 일반적인 진술이 가정에 속함은 둘 다 같다. 차이가 나는 부분은 가정에 속하는 구체적 사례가 일반적 진술의 가정과 관련되냐, 아니면 일반적 진술의 결론과 관련되느냐다. 일반적 진술은 '부동산 투기를 하면 언제나 돈을 번다.'였다. 디덕션의 두 번째 가정인 '이 거래들은 모두 부동산 투기다.'라는 문장은 일반적 진술의 가정인 부동산 투기와 관련이 있다. 반면 레트로덕션의 두 번째 가정인 '이 거래들은 모두 돈을 벌었다.'라는 문장은 일반적 진술의 결론인 '언제나 돈을 벌었다.'와 관련된다.

흥미롭게도 디덕션과 레트로덕션을 헷갈린 사람 중에 『셜록 홈스』를 쓴 코난 도일이 있다. 『장미의 이름』 『푸코의 진자』 등을 쓴 볼로냐대학교의 움베르토 에코 Umberto Eco 와 인디애나대학교의 토머스 세벅 Thomas A. Sebeok 에 의하면 주인공 홈스가 디덕션이라고 지칭한 방법은 사실 레트로덕션이었다. 첫 번째 작품인 『주홍색 연구』에서 홈스가 왓슨에게 설명한 자신의 추리 과정은 다음과 같았다. 먼저 집 주변 길에서 마차 바퀴 자국을 발견했다. 바퀴 자국의 폭은 얇았다. 이로부터 바퀴 폭이 더 두꺼운 자가용 마차보다는 돈을 내고 타는 상업용 마차라고 짐작했다. 이어 정원을 살폈다. 어지럽게 찍힌 발자국으로부터 사건 당일 두 명이 왔음을 짐작했다. 한 부류의 발자국은 간격이 컸고 다른 부류의 발자국은 작고 우아했다. 이로부터 한 명은 키가 상당히 크고 다른 한 명은 최신 유행으로 차려입었음을 알아냈다.

홈스는 이미 발생한 결과를 자신의 머릿속에 있는 일반적 진술과 결합해 아직 검증되지 않은 가설을 결론으로 끌어내고 있다. 전형적인 레트로덕션의 기법이다. 인과를 설명하다가 갑자기 추론 방법을 설명한 이유는 무엇일까? 여기서 설명한 세 가지 추론 방법이 모두 원인을 찾는 데 사용될 수 있기 때문이다. 단, 어느 방법을 썼느냐에 따라 찾은 원인에 대한 확신의 세기가 다르다. 즉 인과에서 추론 방법의 구별은 중요하다.

세 가지 추론 방법 중 가장 확실한 방법은 디덕션이다. 디덕션에 의해 수립된 인과는 반드시 참이다. 단, 여기에 전제조건이 있다. 가정으로 사용된 일반적 진술이 참인 한에서 그렇다. 가령 '부동산 투기를 하면 언제나 돈을 번다.'가 참이 아니라면 '이 거래들은 모두 돈을 번다.'라는 결론은 있으나 마나.

인덕션에 의한 인과는 디덕션보다는 허술하며 레트로덕션보다는 신뢰할 만하다. 인덕션으로 찾은 원인은 앞에서 이야기한 '러셀의 닭' 꼴이 나지 말란 법이 없다. 자연과학이 아닌 분야에서 인덕션은 거의 작동하지 않는다.

레트로덕션은 셋 중 가장 취약하다. 가령 '이 거래들이 모두 돈을 벌었다.'라고 해서 꼭 '이 거래들은 모두 부동산 투기다.'라고 결론 내릴 수는 없다. 돈을 버는 다른 방법이 없지 말란 법이 없기 때문이다. 그래서 레트로덕션으로 찾은 원인은 진짜 원인이기보다는 원인이었음 하는 희망사항에 지나지 않는다. 즉 레트로덕션만으로 원인을 최종적으로 확인할 수는 없다.

6

심리적 인과는 어디까지 인정할 수 있을까

추리소설을 빌려 인과 추론 방법을 다룬 김에 한 가지만 더 다루자. 바로 심리적 인과다. 이미 이번 장 앞부분에서 심리적 압력이 어떤 결과를 가져오는 원인이 될 수 있다고 이야기했다. 그러한 심리적 인과를 어디까지 인정할 수 있는지가 이번 절의 주제다.

심리적 인과에 누구보다도 천착했던 추리 소설가가 있다. 코난 도일보다 31년 늦게 태어난 애거사 크리스티Agatha Christie다. 추리소설의 여왕이라 불리는 크리스티는 67편의 장편과 30권의 단편 모음집을 썼다. 크리스티가 창조한 두 명의 명탐정, 일명 '회색 뇌세포' 에르퀼 푸아로와 크리스티의 분신으로 여겨지는 '할머니 탐정' 제인 마플은 셜록 홈스와 인기 면으로 수위를 다툰다.

크리스티의 작품 대부분을 읽었거나 골수팬이라면 상관없겠지

애거사 크리스티

만, 혹시라도 앞으로 읽을 계획이 있는 독자라면 이번 절은 지나치는 게 낫겠다. 앞으로의 작품 감상을 망칠 스포일러가 있기 때문이다. 특히 『애크로이드 살인사건』과 『커튼』은 범인이 누군지를 밝히고 있다. 이 두 작품은 심리적 인과의 극한을 시험하는 무대다.

심리적 인과는 물리적 인과와 무엇이 다른가

먼저 심리적 인과의 골격을 이야기해보자. 기본적으로 심리적 인과의 모형과 제약조건은 앞에서 다뤘던 물리적 인과와 공통이다. 즉 원인은 결과를 만드는 힘이 있어야 하며 원인이 결과보다 시간상 앞서야 함은 마찬가지다.

심리적 인과가 물리적 인과와 구별되는 부분은 크게 두 가지다. 첫째, 원인이 물리적인 요소가 배제된 순수하게 심리적인 사건이나 행위다. 둘째, 결과가 사람의 행동과 관련이 있다. 심리적 인과의 예를 하나 들어보자. 가령 시원이 먼저 승우에게 욕설을 퍼붓자 승우가 시원을 때렸다. 이 경우 시원의 욕지거리는 승우에게 심리적 인과의 원인이고 승우의 폭행은 심리적 인과의 결과다.

만약 시원이 욕 대신 먼저 승우를 걷어찼고 그래서 승우가 맞받아 때린 경우는 어떻게 봐야 할까? 위의 정의대로라면 이는 심리적 인과가 아니다. 물론 시원의 물리적 행위가 승우를 화나게 해서 승우가 때렸다는 해석도 심리학에서는 가능하다. 그러한 해석에도 불구하고 이 경우를 심리적 인과에서 제외하는 이유는 온전히 심리적인 원인만 고려하기 위해서다. 즉 말로 비롯된 원인만을 대상으로 한다.

심리적 인과는 정신인과의 부분집합이다. 정신인과란 마음 상태가 물리 세계와 영향을 주고받는 인과다. 정신인과에는 물리적 원인이 정신적 결과를 일으키는 경우, 정신적 원인이 물리적 결과를 일으키는 경우, 정신적 원인이 정신적 결과를 일으키는 경우의 세 가지 형태가 있다. 심리적 인과는 이를테면 두 번째 형태의 정신인과다.

말하자면 심리적 인과는 물리적 상태와 별개로 존재하는 심리 상태를 인정한다. 하지만 그 상태를 직접 묘사하거나 측정하려고 애쓰지는 않는다. 단지 결과로서 발생하는 사람의 행동에 의미를 둘 뿐이다. 이러한 관점은 조건반사를 실험한 이반 파블로프나 행동주의 심리학을 연구한 버러스 스키너_{Burrhus F. Skinner}의 접근법과 가깝다. 즉 시원이 욕을 먼저 했지만 승우가 아무런 행동도 취하지 않거나 혹은 속으로 화만 난 경우는 심리적 인과가 아니다.

살인사건은 궁극의 심리적 인과 시험장이다

심리적 인과가 진지하게 다루어지는 때는 그 결과가 죽음인 경우다. 예를 들면 2020년 3월 9일 대법원은 자살한 군인의 유족이 보훈처를 상대로 낸 소송에서 '극심한 직무상 스트레스와 정신적 고통으로 (중략) 자살에 이르게 된 것으로 보인다.'라며 사건을 대구고등법원으로 파기 환송했다. 이 사건의 해당 병사는 육군 입대 후 11개월 만에 나온 휴가 도중 선로에 뛰어들었다. 자살과 군 생활 사이의 직접적인 인과는 없지만 상당한 인과는 있어 보이니 보훈 보상 대상자가 될 수 있는지를 다시 심리하라는 취지였다. 또 2013년 12월에는 서울고등법원이 국내에서 최초로 이른바 '심리부검'을 근거로 노동자의 자살이 업무상 재해에 해당한다고 판단하기도 했다.

그러면 『애크로이드 살인 사건』의 줄거리를 따라가 보자. 킹스애보트 마을의 돈 많은 과부 도로시 페러스가 갑자기 수면제 과다 복용으로 숨졌다. 페러스가 남편을 독살했다는 소문이 있었다. 다음 날 저녁 페러스의 약혼자 로저 애크로이드는 제수인 세실, 조카인 플로러, 유명한 맹수 사냥꾼 헥터 블런트, 비서인 제프리 레이먼드, 그리고 친구이자 의사인 제임스 셰퍼드와 함께 자신의 저택에서 만찬을 가졌다.

만찬 후 애크로이드는 서재에서 셰퍼드에게 페러스에 대한 비밀을 털어놓았다. 페러스는 지난 1년 동안 협박 편지를 받아왔다. 그 내용인즉, 페러스가 애크로이드와 결혼하고 싶어서 남편을 살해한 사실을 안다는 것이었다. 애크로이드는 페러스가 죽기 전에 자기에게 보낸 편지를 읽겠다며 셰퍼드에게 자리를 비켜달라고 부탁했다. 셰퍼드는 서재에서 나와 집으로 돌아온 뒤 애크로이드의 집사 존 파커에게서 애크로이드가 죽었다는 전화를 받는다. 놀라 애크로이드의 집으로 달려가 보니 막상 파커는 전화를 건 적이 없다고 어리둥절해했다. 하지만 파커, 레이먼드, 블런트, 그리고 셰퍼드가 서재로 가보니 애크로이드는 실제로 칼에 찔려 죽어 있었다.

애크로이드 주변에는 여러 용의자가 있었다. 애크로이드의 의붓아들 랠프 페이튼은 사건 직후 사라졌는데 경찰이 서재 창문에서 그의 발자국을 발견했다. 빚이 많은 레이먼드와 세실은 애크로이드가 죽으면 상당한 유산을 받을 수 있었다. 세실의 딸 플로라는 돈을 훔치러 애크로이드의 서재에 숨어들었다. 가정부의 숨겨진 아들이자 마약 중독자인 찰스 켄트는 살인이 벌어지던 밤 애크로이드의 집에서 눈에 띄었다. 하녀 어슐러 본은 페이튼과 비밀리에 결혼했다고 애크로이드에게 이야기했다가 사건 당일에 해고됐다.

하필이면 은퇴한 전직 벨기에 형사 에르퀼 푸아로가 킹스애보트에 살고 있었다. '회색 뇌세포'를 사용한 추리 끝에 푸아로는 결국 범인을 지목했다. 범인은 다름 아닌 셰퍼드였다. 셰퍼드는 페러스에게 협박 편지를 보내 돈을 뜯던 사람이다. 의사였던 셰퍼드는 페러스의 남편이 독살됐음을 알게 됐다. 셰퍼드는 애크로이드가 페러스의 편지를 읽겠다고 하자 자신의 협박이 탄로 날까 두려운 나머지 살해했던 것이다. 셰퍼드는 자신의 범죄가 낱낱이 밝혀지자 자살한다.

크리스티 본인이 선정한 자신의 작품 베스트 10에 속하는 『애크로이드 살인 사건』은 추리소설 애호가들 사이에서 유독 논란이 많다. 추리소설의 불문율을 깼기 때문이다. 셰퍼드는 『애크로이드 살인 사건』의 화자다. 즉 소설은 그의 관점으로 쓰였다. 『애크로이드 살인 사건』의 가장 유명한 장면은 다음과 같다.

"애크로이드 씨는 본디 고집이 몹시 셀 뿐만 아니라 억지를 쓰면 쓸수록 더욱 굳어지는 사람이다. 이렇게 되면 이제 아무래도 그 고집을 꺾을 수 없다. 파커가 편지를 가지고 들어온 것은 8시 40분, 내가 편지를 마저 읽는 것을 끝내 보지 못한 채 애크로이드 씨의 서재를 나온 것은 정확히 8시 50분이었다.

나는 문손잡이에 손을 대고 잠시 머뭇거리다가 혹시 뭐 잊어버린 건 없나 싶어 뒤를 돌아보았다. 아무것도 없었다. 나는 고개를 끄덕이며 방에서 나와 문을 닫았다."

이 장면은 푸아로가 밝힌 셰퍼드의 애크로이드 살해 장면이었다.

이제 이 작품의 문예적 성취나 독창성과는 별개로 여기에서의 관심사인 심리적 인과를 따져보자. 애크로이드의 피살은 심리적 인과의 대상이 아니다. 심리적 인과의 대상은 따로 있다. 바로 셰퍼드의 자살이다.

셰퍼드가 자살을 결심하게 만든 원인은 무엇인가? 범행이 밝혀진 데 대한 두려움일까? 양심의 가책이나 죄책감일까? 지금까지 이야기한 심리적 인과의 내용대로라면 한 가지가 유력한 원인으로 떠오른다. 그것은 바로 푸아로의 말이다. 그렇다면 푸아로가 셰퍼드 자살의 원인인가? 혹은 푸아로가 셰퍼드 자살의 원인이 아니라고 말할 수 있을까?

이번에는 『커튼』을 살펴보자. 『커튼』의 무대는 스타일스 저택이다. 푸아로가 최초로 등장했던 크리스티의 1920년 처녀작 『스타일스 저택의 괴사건』의 무대였던 곳이다. 푸아로와 그의 '왓슨' 아더 헤이스팅스는 첫 사건 때보다 노쇠했지만 푸아로의 '회색 뇌세포'는 여전하다.

푸아로는 헤이스팅스에게 그동안 상대했던 범죄자들보다 강력한 범인을 쫓고 있다고 밝힌다. 다섯 번의 살인을 저지른 살인마다. 푸아로가 범인을 밝히려고 고군분투하는 사이 한 사람이 독살되고, 또 다른 사람이 이마 한가운데에 총을 맞아 죽은 채로 발견된다. 세 번째로 푸아로마저 갑작스러운 심장발작으로 숨진다. 푸아로의 제거로 충분하다고 살인마가 느꼈는지 더 이상의 살인은 발생하지 않는다.

넉 달 후 헤이스팅스는 푸아로의 편지를 받는다. 푸아로가 죽기 전에 써놓았던 편지다. 이로써 사건의 자초지종이 밝혀진다. 두 번째로 죽은 사람인 들새 관찰가 스티브 노튼이 살인마이며 그 살인마를 총으로 죽인 사람은 다름 아닌 푸아로였다.

푸아로는 살인마가 누군지 알아냈지만 법의 심판대에 올릴 방법이 없음을 깨달았다. 그가 살인을 저지르는 방법 때문이었다. 그는 말로 살인을 저질렀다. 증오와 열등감에서 비롯된 마음속 살의를 억누르는 의지의 저항력을 깨버리는 방법이었다. 즉 노튼은 윌리엄 셰익스피어의 『오셀로』에 나오는 이아고 같은 사람이었다. 이아고는 서로에게 충실한 부부 오셀로와 데스데모나 사이에 의심의 싹을 심어 결국 오셀로가 데스데모나를 죽이게 만든 인물이다.

심지어 헤이스팅스도 노튼에게서 딸이 유부남과 사귄다고 암시를 받고는 비록 미수에 그쳤지만 유부남 독살을 시도할 정도였다. 그럼에도 노튼의 입에서 살인 같은 직접적인 단어는 나오지 않았다. 심장병으로 생이 얼마 남지 않은 푸아로는 살인마를 직접 처단했다. 그러고는 꼭 먹어야 하는 심장약을 먹지 않음으로써 스스로 목숨을 거뒀다.

그렇다면 노튼은 이전 살인사건의 원인일까? 사람들은 발생한 살인사건의 원인이 노튼이라고 생각할 터다. 문제는 이의 객관적 입증이 쉽지 않다는 점이다. 평생을 살인범을 잡던 푸아로가 절망한 나머지 직접 살인을 할 정도다. 하지만 입증이 어렵다는 이유로 원인이 원인이 아닌 게 될 리는 없다. 책임에는 법적 책임을 넘어서는 도덕적 책임도 있다.

다른 질문을 하자면, 노튼은 푸아로의 살인과 죽음 선택의 원인인가? 이 경우는 원인이라 보기 어렵다. 노튼의 존재와 말이 푸아로의 행위를 일으켰다고 볼 수는 없기 때문이다. 똑같은 상황에 부닥쳤을 때 모두가 푸아로와 같은 결정을 내릴 것 같지도 않다. 결정적으로 노튼은 푸아로가 자신을 살해해주기를 의도하지 않았다.

파리8대학교의 피에르 바야르Pierre Bayard라면 혹시 다른 의견일지도 모른다. 바야르는 『누가 로저 애크로이드를 죽였는가?』라는 책을 통해 푸아로에 대한 새로운 해석을 내놓았다. 혹시 이 책을 앞으로 읽을 계획이 있다면 다음 절로 넘어가시라. 스포일러가 있다.

바야르는 『애크로이드 살인 사건』을 꼼꼼히 분석한 후 셰퍼드가 범인이 아닐 가능성을 제시했다. 그에 의하면 푸아로는 망상에 빠져 증거를 있는 그대로 보지 못하는 퇴물 전직 경찰이다. 심지어 푸아로는 셰퍼드에게 그의 누나를 생각해서 자살할 수 있게 해주겠다고 제의한다. 푸아로의 말은 『커튼』의 노튼보다 직접적이다.

그러면 바야르가 지목한 애크로이드의 살인범은 누굴까? 집에만 있으면서도 킹스애보트 마을에서 벌어지는 모든 일을 알고 있다는, 제임스 셰퍼드의 누나 캐롤라인 셰퍼드다. 남동생의 협박과 갈취가 페러스의 편지 때문에 드러날 위기에 처하자 동생을 구하기 위해 애크로이드를 죽였다는 해석이다. 제임스 셰퍼드가 푸아로 말대로 자살을 결심한 이유는 자기를 위해 살인을 저지른 누나를 지키기 위해서다. 바야르의 정신분석에 기반한 해석을 접하고 나면 무작정 부정하기가 쉽지 않다.

7

상관이 인과가 아니듯 인과도 상관이 아니다

이 책의 2장에서 상관으로써 마치 인과가 증명된 것처럼 간주하는 사례들을 제시했다. 여기서는 실제로는 존재하지 않는 인과가 있다고 주장하기 쉬운 전형적인 세 가지 상황을 살펴보도록 하자.

첫 번째 상황을 대표하는 사례는 미국 프로야구 선수 제이슨 지암비Jason Giambi의 경험이다. 지암비는 통산 440개의 홈런을 치며 2000년을 전후한 오클랜드 애슬레틱스의 전성기를 이끈 선수다. 그는 1995년부터 2014년까지 총 20년간의 메이저리그 경력에서 올스타 다섯 번과 2000년 아메리칸리그 최우수선수MVP로 뽑혔다. 2000년과 2001년 2년 연속으로 아메리칸리그 디비전 시리즈에서 애슬레틱스를 만나 천신만고 끝에 이긴 뉴욕 양키스가 2001년 시즌 종료 후 아예 지암비를 스카우트해 온 사실은 야구팬들 사이에서 유명하다.

지암비의 경력에는 밝은 면만 있지는 않다. 근육강화제 아나볼릭 스테로이드를 사용한 혐의로 배리 본즈Barry Bonds와 함께 2003년 말 기소됐기 때문이다. 지암비는 2001년과 2002년 시즌이 끝나고 비시즌 동안 스테로이드를 투여받았고 2003년에는 시즌 중에 성장 호르몬을 스스로 투여했다고 법정에서 인정했다. 비밀이 보장된 지암비의 증언은 2004년 한 변호사가 기자에게 유출하면서 세상에 알려졌다. 해당 변호사는 2007년에 2년 6개월의 실형을 선고받았다.

끈 달린 금색 팬티를 입으면 슬럼프에서 벗어날까

스테로이드 투여와 개인 성적 사이에 인과가 있으리란 점은 의문의 여지가 없다. 여기서 이야기하려는 것은 그게 아니다. 지암비는 2008년까지 양키스에서 뛰면서 부상과 노화 등으로 개인 성적의 부침을 겪었다. 예전처럼 약물을 쓸 수도 없는 노릇이었다. 방법을 찾던 지암비는 자신만의 비법을 찾아냈다. 지암비의 비법은 바로 호랑이 줄무늬가 그려진 금색 끈 팬티였다. 그는 2008년 언론 인터뷰에서 슬럼프에 빠질 때마다 금색 끈 팬티를 입은 덕에 부진에서 탈출했다고 털어놓았다. 지암비의 금색 끈 팬티 착용은 이미 수년 전부터 이루어졌다. 지암비만 효과를 본 건 아니었다. 동료 선수 자니 데이먼Johnny Damon도 때때로 지암비의 팬티를 빌려 입고 경기에 나섰다.

사실 끈 팬티 착용과 부진 탈출 사이에 인과가 있다는 지암비의 생각은 유서가 깊다. 고대 그리스·로마 시절부터 이러한 생각을 일컫는 라틴어 표현이 있을 정도다. 이름하여 '포스트 혹 에르고 프롭테르 혹post hoc ergo propter hoc'이다. 직역하면 '이것 이후에, 따라서 이것 때문에'다. 시간상 먼저 일어난 일을 후에 발생한 일의 원인으로 간주하는 경향을 가리키는 말이다. 당시에도 이는 논리상 오류의 대표적인 예로 손꼽혔다. 원인은 결과에 앞선다. 그렇다고 앞서 일어난 모든 일이 나중 일의 원인일 리는 없다. 간단한 예를 하나만 더 들자. 우리는 아침 출근 전에 세수한다. 물론 세수는 출근의 원인이 아니다.

없는 인과를 있다고 주장하기 쉬운 두 번째 상황은 첫 번째 상황과 형제 관계다. 이름하여 '쿰 혹 에르고 프롭테르 혹cum hoc ergo propter hoc'이다. 직역하면 '이것과 함께, 따라서 이것 때문에'다. 동시에 발생한 일을 원인으로 치부하는 경우다. 우리 속담에도 일맥상통하는 표현이 있다. '까마귀 날자 배 떨어진다.' 아무 관련이 없는데 단지 동시에 일어났다는 이유만으로 누명을 쓴다는 의미다.

쿰 혹 에르고 프롭테르 혹의 사례는 실로 다양하다. 상관계수의 절댓값이 1에 가까운 모든 경우가 자동으로 이의 후보가 되기 때문이다. 예를 들어 바비 헨더슨Bobby Henderson은 1860년 이래로 지표면 온도와 전 세계 해적 수가 정반대 방향으로 변화했음을 보였다. 그에게 '지구온난화는 해적 수 감소의 직접적 결과'였다. 헨더슨은 일명 '날아다니는 스파게티 괴물'을 숭배하는 종교의 창시자다.

혹은 0.9971의 상관계수가 확인된 미국 내 유기농 식품 판매량과

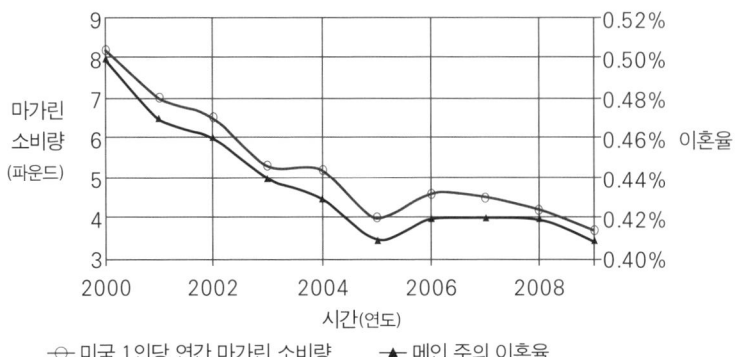

자폐증 환자 수 사이의 관계는 어떨까? 이 상관계수를 확인한 사람은 자폐증의 '진정한' 원인을 발견했다고 선언했다. 유기농 식품을 많이 먹는 바람에 자폐증 아이가 늘었다는 주장이다.

또 이런 경우도 있다. 다음의 그림 「미국의 1인당 연간 마가린 소비량과 메인 주의 이혼율」에서 볼 수 있듯이 미국 메인 주의 이혼율과 미국의 1인당 연간 마가린 소비량은 거의 비슷한 거동을 보인다. 둘 사이의 상관계수는 0.9926이다. 쿰 혹 에르고 프롭테르 혹의 관점으로 보면 마가린 소비 감소가 이혼율 감소의 원인이거나 혹은 이혼율의 감소가 마가린 소비 감소의 원인이다. 이 세 가지 사례는 모두 인과가 아니다. 동시 발생이 인과의 증명이 아니라는 점을 각인시키기 위해 든 사례다.

통화정책과 경제 사이의 상관은 무엇을 알려줄까

 존재하지 않는 인과를 잘못 주장하기 쉬운 세 번째 상황은 평균과 관련이 있다. 통계적 평균회귀는 결코 인과가 아니다. 평균회귀는 무작위와 우연이 개입할 때 나타나는 현상에 지나지 않는다. 즉 우연은 평균회귀의 이유는 될지언정 원인은 아니다. 확률도 인과가 아니기는 평균과 마찬가지다. 주사위를 예로써 설명해보자. 조작되지 않은 공정한 주사위를 한 번 굴릴 때 1의 눈이 나올 확률은 6분의 1이다. 19번 던졌을 때 1의 눈은 한 번도 나오지 않았다. 다음 20번째 던질 때 1의 눈이 나올 확률은 얼마일까?

 6분의 1이라는 답과 6분의 1보다 큰 어떤 값이라는 답이 있을 듯싶다. 전자는 모든 면이 같은 확률을 가져야 하고 면이 여섯이므로 6분의 1이라는 주장이다. 후자는 여섯 번 던지면 한 번은 1이 나와야 한다. 그런데 벌써 19번 던지도록 한 번도 안 나왔으니 이제는 나올 때가 됐다는 생각이다. 야구에서 3할 타자가 오늘 3타수 무안타에 그쳤다면 이번 타석에는 안타를 한 번 칠 때가 됐다는 해설자의 언급과 같다.

 둘 중 정답은 물론 전자다. 하지만 어느 쪽이 답이더라도 확률이 원인이 될 수 없는 이유의 설명은 같다. 이번에 던질 주사위는 1이 나오거나 1이 나오지 않거나 두 가지 경우다. 가령 확률이 6분의 1이라고 하자. 1이 나오면 6분의 1이라는 확률이 원인이 돼 나왔다고 이야기할 수 있을까? 반대로 1이 안 나왔을 때 이에 해당하는 6분의 5라는 확률이 1이 안 나온 원인일까? 둘 다 혀가 꼬이는 이야기다. 0이나 1이 아닌 한 확률 자체는 개별 주사위 던지기의 결과를 인과적으로 결정짓지 못한다.

이번 절에서 언급한 세 가지 상황으로부터 다음 사실을 깨달을 수 있다. 원인이 보유하는 힘은 곧 결과를 설명할 원리를 전제한다. 달리 말해 인과가 성립하려면 원인과 결과 사이의 관계를 지배하는 원리를 우리가 알아야 한다. 말하자면 대상에 대한 깊은 지식이 있어야 인과를 이야기할 수 있다. 현상만 관찰한 얕은 지식으로는 인과를 이야기할 수 없다. 즉 원리의 존재와 파악은 인과와 상관을 구분 짓는 가장 큰 요소다. 누군가 마가린을 덜 먹는 바람에 이혼율이 떨어지게 된 원리를 찾기 전까지는 마가린 소비량 감소는 이혼율 감소의 원인이 될 수 없는 이유다.

물론 경우에 따라선 원리가 엉터리일 가능성도 있다. 뉴턴 이전의 천문가들이 믿던 프톨레마이오스Klaudios Ptolemaeos의 체계가 한 예다. 히포크라테스의 4체액설도 마찬가지다. 원리가 사실이 아님이 밝혀지면 이전의 인과는 더는 인과가 아니다.

한편 원리가 아예 없거나 혹은 우리의 이해를 넘어서는 세상사도 당연히 적지 않다. 모든 일에 과학적 원리와 객관적 원인이 있다는 생각은 아마도 인간의 오만이다. 그럼에도 더 많은 원리를 발견하고 싶은 인간의 욕심은 포기를 모른다. 산꼭대기로 돌을 굴려 올리는 행위를 영원토록 반복해야 하는 시시포스의 형벌인 셈이다.

2장에서 반복했던 '상관은 인과를 의미하지 않는다.'와 대구를 이룰 말로써 이번 절을 마치고자 한다. '인과는 상관을 의미하지 않는다.' 상관이 인과가 아니듯 인과도 상관이 아니라는 이야기다. 전자와 더불어 후자가 성립한다면, 인과와 상관은 본질적으로 별개의 존재일 수 밖에 없다.

인과와 상관에 대한 통념은 '모든 상관이 인과는 아니겠지만 모든 인과는 상관이다.'라는 쪽이다. 즉 인과가 있으면 1이나 다름없는 상관계수가 반드시 있다고 한다. 인과는 상관에 포함되는 부분집합이라는 뜻이다. 이러한 주장을 펴는 통계기술자들은 "그래서 상관의 분석은 의미가 있다."라고 떠든다. 안타깝게도 방금 통념은 참이 아니다. 왜 아닌지를 증명해보자.

달리기는 다량의 열량을 소모하는 운동이다. 따라서 달리기를 많이 하면 다량의 열량을 소모하게 되고 그 결과 체중이 줄어들기 마련이다. 운동과 열량 소모 그리고 열량과 체중 사이를 지배하는 원리는 잘 알려져 있다. 즉 달리기와 체중 사이에는 틀림없이 인과가 있다. 달리기가 원인이고 체중 감소가 결과다.

그런데 둘 사이에는 또 다른 우회 경로가 있다. 식욕이라는 인자가 가운데 자리잡고 있는 경로다. 달리기를 오래하면 허기가 진다. 당연히 식욕이 올라가기 마련이다. 또 적당한 달리기는 몸 상태를 좋게 만든다. 건강해진 나머지 더 큰 식욕을 느낄 수도 있다. 식욕이 커지면 달리기 자체로 소모한 열량을 능가하는 다량의 음식을 먹게 될 수 있다.

우회 경로를 통해 섭취한 열량과 본 경로를 통해 소모된 열량이 같을 경우, 무슨 일이 벌어질까? 달리기 양과 체중 변화 사이의 상관계수는 0이다. 즉 인과에도 불구하고 상관은 없다. 심지어 우회 경로의 열량 섭취가 본 경로의 열량 소모보다 크다면 인과에도 불구하고 음의 상관이 관찰될 것이다. 반례가 있으므로 인과가 상관이 아님이 증명됐다.

달리기와 체중 사이의 꼬인 관계는 중앙은행의 통화정책과 경제 사이의 관계와 같다. 중앙은행은 경제를 부양하려는 의도를 갖고 이자율을 낮춘다. 이자율이 낮아지면 기업들의 대출비용이 줄고 그만큼 실적이 좋아진다. 즉 둘 사이에는 인과가 있다. 문제는 우회 경로다. 달리기와 체중 사이 옆길에 식욕이 있다면 통화정책과 경제 사이 옆길에는 투기가 있다. 낮은 이자율은 각종의 투기꾼을 물 만난 고기로 만든다. 빚으로 투기하는 세력들은 이전보다 더 쉽게 더 낮은 비용으로 더 큰 규모의 투기를 벌인다.

이들의 투기는 결코 균등하게 자산 가격을 올려놓지 않는다. 이들이 인위적으로 부풀린 자산 가격은 선량한 다수의 일할 의욕을 꺾고 상대적 박탈감을 키워 투기판에 뛰어들게 만든다. 이렇게 모두가 카지노 자본주의라는 바이러스에 전염되고 나면 경제는 망가지고 만다. 경제가 부양된 효과 이상으로 망가지는 경우도 비일비재하다. 통화정책과 경제 사이의 통계적 상관은 그래서 우리에게 거의 아무것도 알려주지 못한다.

8

왜 통계학은 인과를 인정하려 하지 않을까

　윤리적 존재에게 책임을 묻는 인과와 관찰을 일반화한 물리법칙을 지목하는 인과는 사실 단어만 같을 뿐 내용이 다른 대상이다. 인과에 대한 개념상 혼선은 물리법칙을 원인으로 포함하는 데서 시작됐다. 인과의 두 개념 사이에는 필연적으로 긴장이 있을 수밖에 없다. 둘 간의 긴장 상태는 19세기 중반까지 최소한 겉으로 드러나지는 않았다.

　물리법칙을 원인으로 간주할 때 생기는 혼란의 예를 들어보자. 가령 어떤 사람이 아파트 옥상에서 지나가는 참새를 향해 돌멩이를 던졌다고 하자. 그 사람의 의지와 무관하게 참새를 빗나간 돌멩이는 얼마 후 지구의 중력에 의해 땅으로 떨어졌고 그 결과 아파트 주차장의 자동차 지붕에 흠집을 냈다.

이 경우 돌멩이가 자동차를 파손한 원인은 돌멩이를 던진 사람이 아니라 만유인력의 법칙이 되는 걸까? 그렇다면 자동차 파손의 손실을 물어낼 책임은 만유인력의 법칙이 져야 하는 걸까? 이게 가능하다면 윤리적 존재가 물리법칙이라는 장막 뒤로 숨어버리는 일이 불가능하지 않다. 피살자를 죽인 총탄의 원인이 살인자가 아니라 운동량-충격량 보존법칙이라는 하나 마나 한 이야기가 될 수 있어서다.

한 지붕 아래 두 가족 같던 인과의 두 개념 사이에 긴장이 노출될 수밖에 없는 분야가 있다. 바로 통계학이다. 통계학은 관찰된 데이터를 분석하는 기법이다. 그렇기에 후자의 경험적 인과는 편안하게 느낀다. 반면 전자의 전통적 인과는 불편해한다. 전통적 인과는 원리를 전제하는바, 현상만 관찰하는 통계학은 대상의 원리를 개발할 전문성과 심층 지식이 없기 때문이다. 그렇다고 인과라는 말을 쓰면서 전자를 무시할 방도도 없다.

왜 통계학은 인과를 금기시할까

통계학을 어느 수준 이상으로 공부한 사람이라면 공감할 사실이 하나 있다. 통계학에서 인과나 원인은 금기시되는 단어라는 사실이다. 통계학자가 인과에 대해 갖는 이질감은 천체물리학자가 점성술에 대해 보이는 혐오감에 못지않다.

인과를 못 본 체하려는 통계학의 노력은 여러 형태로 나타난다. 예를 들어 9권으로 구성된 권위 있는 『통계과학 백과사전』은 상관을 열두 페이지에 걸쳐 다루는 반면에 인과에 대해서는 단 두 페이지를 할애하는 데 그친다. 그 두 페이지 중 한 페이지는 '상관은 인과를 의미하지 않는다.'를 다루는 데 바쳐진다. 1982년에 출간된 『통계과학 백과사전』의 편집자 노먼 로이드 존슨Norman Lloyd Johnson은 골턴의 사도 칼 피어슨Karl Pearson의 아들인 이건 피어슨Egon Sharpe Pearson에게 박사학위를 받았다.

광의의 통계학에서 인과라는 단어를 명시적으로 사용하는 경우가 있기는 하다. 통계학으로 박사학위를 받은 후 계량경제학 분야에서 활동한 클라이브 그레인저Clive Granger가 만든 일명 '그레인저 인과'다. 사실 그레인저 인과는 단어 선택을 남용한 경우다. 그 실체가 특수한 방식으로 계산된 상관에 지나지 않기 때문이다. 펜실베이니아대학교의 프랜시스 디볼드Francis X. Diebold는 그레인저 인과가 본질적인 인과가 될 수 없기에 예측인과라고 구별해 부르자고 주장한다. 이 또한 인과라는 단어의 남용이다. 그레인저 인과가 인과가 아님을 인식한 캘리포니아 로스앤젤레스대학교의 에드워드 리머Edward E. Leamer는 그레인저 인과 대신 선행성precedence이라는 용어를 사용한다. 그레인저도 나중에 자신의 책에서 자신의 가설검정법이 '시간상의 연관'에 대한 방법이라며 의미를 축소했다.

통계학자들이 인과에 대한 언급 자체를 꺼린다는 사실은 오늘날에도 여전하다. 임페리얼 칼리지 런던의 데이비드 콕스David Cox와 마인츠대학교의 난니 베르무트Nanny Wermuth는 둘이 같이 쓴 책 『다변량 종속, 모형, 분석 및 해석』에서 '우리는 이 책에서 '인과의' 혹은 '인과'라는 말을 사용하지 않았다. 조심한 이유는 인과에 대해 확립된 결론이 아직 드물기 때문이다.'라며 변명하듯 썼다. 캘리포니아 버클리대학교의 테리 스피드Terry Speed는 좀 더 노골적으로 "인과의 고려는 통계학에서 과거 언제나 취급돼온 것처럼 취급돼야 한다. 아예 취급하지 않는 쪽이 더 선호되지만 필요하다면 매우 조심해서 다뤄야 한다."라고 했다.

왜 통계학은 그토록 인과에 눈을 감으려 하는 걸까? 혹시 통계학의 시조 프랜시스 골턴이 인과를 싫어해서였을까? 그렇게 보기도 어렵다. 골턴은 상관 개념을 만들기는 했지만 인과를 뿌리째 박멸해야 한다고 생각하지는 않았다. 자신과 같은 귀족 혈통이 유전된다는 사실을 증명하고 싶어서 상관을 만들었기 때문이다. 부모의 혈통이 자식에게 이어진다는 생각과 생물학적 인과는 사실상 한몸이다.

현재의 통계학이 인과를 애써 무시하게 된 시발점은 아마도 2호 통계학자 칼 피어슨일 터다. 열성이 지나치다 못해 광신자 같은 면모가 강했던 피어슨은 골턴의 상관을 자신의 입맛에 맞게 재포장했다. 피어슨은 자신이 쓴 골턴의 평전에서 '인과보다 광대한 상관이라는 범주의 존재가 골턴의 의도'라고 선언했다.

피어슨은 1911년에 발간한 『과학문법』 제3판에 이전 판에 없던 「우발과 상관: 인과의 미흡」이라는 새로운 장을 추가했다. 그해 골턴이 죽으면서 남긴 유산으로 설립된 유니버시티 칼리지 런던의 초대 골턴 우생학 교수가 된 후였다. 여기서 피어슨은 자신의 생각을 다음처럼 펼쳤다. '물질이나 힘과 같은 폐기된 본질들 너머에 또 다른 왜곡된 숭배의 대상인 원인과 결과라는 범주가 여전히 놓여 있다.'

피어슨에게 인과는 자신의 이른바 '분할표_{contingency table}'로 대치돼야 할 폐물이나 다름없었다. 분할표란 두 변수 사이의 관찰된 쌍을 나열해놓은 표였다. 피어슨은 '관계에 대한 궁극의 과학적 묘사는 언제나 분할표로 환원된다. 분할표의 본성을 깨달은 사람은 원인과 결과 사이 관계의 본질을 잡을 수 있다.'라고 강변했다. 즉 피어슨은 상관과 분리된 인과는 전혀 필요하지 않다고 생각했다. 평생을 우생론자로 살았던 피어슨은 죽을 때까지 자신의 논문에서 인과라는 단어를 사용하지 않았다.

통계학에서 인과의 싹을 자른 사람이 피어슨이라면 마저 대못을 박은 사람은 로널드 피셔_{Sir Ronald Fisher}일 터다. 피셔는 통계학이 금과옥조처럼 여기는 무작위대조시험을 널리 퍼트린 사람이다. 일부에선 피셔를 무작위대조시험의 창안자라고 착각하기도 하지만 원래의 창안자는 애브덕션을 지적한 찰스 샌더스 퍼스_{Charles Sanders Peirce}다. 사실 피셔는 피어슨 이상의 우생론자였다. 1911년에 설립된 케임브리지대학교의 우생론 동아리 초대 회장을 지낸 피셔는 이후 영국 우생학회에서 활발히 활동했다. 또한 피셔는 영국 전체 인구의 10분의 1에 달하는 열등한 심약자의 번식을 거세와 격리를 통해 중단시키는 법안을 제안하기도 했다.

1933년 칼 피어슨이 정년퇴임을 하자 유니버시티 칼리지 런던의 후임 우생학과장이 누가 될지가 사람들의 관심을 끌었다. 강력한 후보 두 명이 있었기 때문이다. 그중 한 명이 칼 피어슨의 아들 이건 피어슨이었고 다른 한 명이 로널드 피셔였다. 고민 끝에 유니버시티 칼리지 런던은 기존의 우생학과에서 통계학과를 분리하는 결정을 내렸다. 이건 피어슨에게 신설된 통계학과장 자리를 마련해주려는 결정이었다. 즉 전통의 우생학과장 자리는 로널드 피셔가 차지했다.

통계학의 언어인 확률에는 원인이라는 개념이 없다

인과를 버린 통계학과 열등종자의 제거를 주장한 우생학 사이의 높은 상관을 우리는 어떻게 바라봐야 할까? 인과란 존재하지 않는다는 상관 중심의 통계학 관점으로 보면 둘은 사실상 한몸이나 같다. 인과를 인정하는 전통적인 관점에서 보면 통계학과 우생학의 빈번한 동행을 그저 우연의 결과로 이해할 수 있다. 어느 쪽을 택할지는 각자에게 달린 문제다.

캘리포니아 로스앤젤레스대학교의 주디어 펄Judea Pearl은 왜 통계학이 인과를 포기했는지에 대한 자신만의 대답을 갖고 있다. 펄의 대답은 "통계학이 자신의 언어로서 확률을 택했기 때문"이다. 확실히 확률에서 원인이라는 단어가 사용되고 있지 않다. 개념을 나타낼 단어 없이 개념이 사용되기를 기대할 수는 없는 노릇이다.

4장

개입

인과를 확인하는
최선의 방법이다

인과의 기본은 3장에서 충분히 다루었다. 이제 상관을 인과로 잘못 간주하거나 혹은 인과가 있으면 1이나 -1의 상관계수가 반드시 뒤따른다고 생각하는 독자는 없어야 마땅하다. 한마디로 인과와 상관은 서로 겹칠 때도 있지만 기본적으로는 별개다. 그럼에도 이제 인과가 무엇인지 100퍼센트 알았다고 느낄 것 같지는 않다. 인과를 확인하는 존 스튜어트 밀의 방법이나 디덕션과 인덕션만으로 세상의 모든 인과가 규명되지는 않는다. 인과를 확인할 수 있는 추가적 방법이 필요한 이유다.

우리가 인과에 관심을 갖는 이유는 무엇일까? 한 가지는 현재의 행동이 가져올 결과가 궁금해서다. 가령 현재 머리가 지끈거리는 두통이 있다고 하자. 두통이라는 문제를 해결할 후보 방안은 여러 가지다. 그중 하나가 해열제인 아스피린의 복용이다. 이때 자연스럽게 질문을 한다. '아스피린을 먹으면 두통이 사라질까?' 즉 아스피린 복용과 두통 해소 사이에 인과가 있는지를 묻는 셈이다. 이럴 때의 인과는 앞으로 다가올 미래 상황이 관심사다.

이번 장에서는 인과를 확인하는 최선의 방법인 개입과 그 사용법을 알아보자.

1
어떻게 인과가 있는지를 알 수 있는가

흄은 경험적으로 꾸준히 반복되는 두 대상 사이의 결합이 인과라고 주장했다. 흄의 주장은 결코 만병통치약은 아니었다. 이전에는 아무도 신경 쓰지 않던 인과의 두 가지 사항이 이후 새롭게 문제가 됐다. 흄의 주장만으로는 해결하기가 난감한 문제였다.

첫 번째 문제는 '사람들은 어떻게 두 대상 사이에 인과가 있다는 생각을 하게 되는가?'였다. 달리 말해 현실에서 인과의 존재를 어떻게 인식하는지와 인과의 지식을 어떻게 획득하는지에 관한 질문이다. 예를 들어보자. 낯선 사람이 접근하면 개가 짖는다. 이 경험이 반복된다. 이로부터 사람들은 낯선 사람의 접근을 개 짖음의 원인으로 지목한다. 또 수탉이 새벽에 울면 해가 뜬다. 이 경험도 반복된다. 그렇지만 수탉의 울음을 일출의 원인으로 생각하는 사람은 거의 없다.

시간상 순서와 반복적인 관찰이란 면에서 두 사례는 동등하다. 그럼에도 사람들은 전자는 인과지만 후자는 인과가 아니라고 자연스럽게 인식한다. 심지어 어린아이도 전자와 후자를 쉽사리 구별한다. 미루어보건대 이러한 구별은 외부로부터 해당 지식이 주입된 결과가 아니기 쉽다. 흄은 이러한 차이를 구별할 원리를 제시한 적이 없다.

두 번째 문제는 '두 대상 사이에 인과가 있는지 혹은 없는지를 사람들이 따지는 이유는 무엇인가?'였다. 앞의 두 사례는 흄의 관점으로는 구별되지 않고 또 구별할 필요도 없다. 그럼에도 사람들이 이를 구별한다면 그게 무언가 도움이 되는 면이 있음을 뜻한다.

인과를 구별할 줄 알면 어떤 도움이 될까

인과의 유무를 따지는 이유는 인과가 있는 경우만 쓸모가 있기 때문이다. 인과의 핵심은 그 지식의 사용에 있다. 인과가 있는 대상은 활용과 조작이 가능한 반면 인과가 없는 대상은 무기력하게 바라보는 게 전부다. 즉 전자는 능동적인 개입intervention이 가능하지만 후자는 수동적인 관찰에 그친다. 이 차이가 사소해 보이지만 인과를 인식하게 만드는 숨은 주인공이다.

수탉과 일출의 관계를 다시 보자. 둘 사이에 인과가 있다면 수탉을 깨워 울게 만듦으로써 해를 더 일찍 뜨게 할 수 있을 것이다. 또 수탉이 울지 않도록 더 재우거나 혹은 부리에 재갈을 물려 해가 뜨지 않게 할 수도 있어야 한다. 이처럼 수탉을 깨우거나 재워 일출을 조절한다는 발상은 생각만으로도 실소를 자아내게 한다.

인과의 본질이 개입에 있음을 깨달은 최초의 사람들은 20세기의 컴퓨터과학자들이었다. 그들은 인공지능을 개발하는 데 반드시 인과란 관문을 거쳐야 했다. 인과를 컴퓨터로 코딩하려던 시도는 이내 벽에 부딪혔다. 해결이 쉽지 않은 난제가 곳곳에서 등장한 탓이었다.

대표적인 예를 하나 들자. 한때 컴퓨터과학자들이 열의를 갖고 추진하던 인공지능의 한 분야로 전문가 시스템이 있다. 전문가 시스템은 사람 전문가가 가진 지식, 경험, 노하우 등을 일련의 규칙과 명제로 바꿔 컴퓨터에 입력하면 컴퓨터가 논리 연산을 직접 수행해 답을 내는 것이다. 가령 '길이 물에 젖어 있으면 비가 왔다.'와 '이 페트병 속의 물을 쏟아버리면 길이 물에 젖는다.'라는 두 가지 지식을 명제의 형태로 컴퓨터에 알려줬다고 하자. 가정과 결론으로 구성된 위 명제들을 기계적인 논리 연산으로 조합하면 다음과 같은 결론이 나온다.

'이 페트병 속의 물을 쏟아버리면 비가 왔다.'

이와 같은 컴퓨터의 엉뚱한 결론은 앞에서 언급한 인과의 두 가지 문제에서 기인했다. 컴퓨터과학자들의 의도치 않은 시도가 숨어 있던 수수께끼를 세상에 드러냈던 셈이다. 마치 알라딘의 우연한 문지름이 램프의 요정을 깨운 것과 같다.

개입은 두 개의 층위에서 인과의 본질을 규정한다. 편의상 두 개의 층위를 각각 1층과 2층이라고 부르자. 1층과 2층은 숨어 있던 인과의 두 가지 문제에 각각 대응한다. 즉 1층은 '인과가 있는지를 어떻게 알게 되는가?'에 대응하며 2층은 '인과의 유무를 알아서 무엇에 쓸 건가?'에 대응한다.

2층을 먼저 설명하자. 인과의 유무를 따지는 이유는 그럼으로써 세상에서 우리가 바라는 바를 얻을 수 있기 때문이다. 인과가 없는 곳에서는 결과가 달라질 행동을 취할 게 없다. 즉 원하는 결과를 얻기 위해 들이는 노력 자체가 헛되다. 반면 인과가 있는 곳에서는 우리가 원하는 결과를 가져올 행동을 취할 수 있다. 그러한 능동적 행동을 개입이라고 칭하자. 즉 개입은 인과라는 젖소에서 우유를 짜는 구체적 방법이다.

어떻게 인과와 상관을 구별할 것인가

예를 들어보자. 나무에 열매가 열려 있다. 직접 손을 뻗어서 따기에는 열매 위치가 너무 높다. 하지만 나무 기둥을 붙잡고 흔들면 열매가 떨어진다는 인과 지식을 갖고 있다면 문제가 없다. 원하는 결과는 땅으로 떨어지는 열매다. 그러므로 그러한 결과를 가져올 원인, 즉 나무를 흔드는 행동을 하면 된다. 언제 원하는 결과가 발생할지 알 수 없는 다른 행동들, 가령 나무 밑에서 입을 벌리고 가만히 누워 있다든지, 나무에 물을 준다든지, 혹은 주술사의 신통력이나 학자의 예지력에 의지하는 경우보다 훨씬 낫다.

이제 1층을 알아보자. 애초에 우리가 인과를 인식하는 방법이 바로 개입을 통해서다. 단순히 눈으로 관찰만 해서는 인과를 상관과 구별할 길이 없다. 손으로 밀어보거나 발로 걸어찼을 때 어떤 결과가 생기는지를 겪어봄으로써 인과를 인식한다. 즉 개입은 인과를 인식하는 가장 확실한 방법이다. 어쩌면 유일한 방법일지도 모른다.

그렇다면 나무 열매의 인과를 1층 관점에서 생각해보자. 이러한 인과를 처음에 어떻게 알았을까? 아마도 '나무를 흔들면 무슨 일이 생기지?' 하는 생각으로 실제로 나무를 흔들어봄으로써일 터다. 이러한 최초의 개입 없이 인과의 지식을 얻을 길은 없어 보인다.

흥미롭게도 인과의 본질을 규정하는 개입의 두 개 층위는 컴퓨터과학에서 정립된 몇 가지 개념과도 맥이 닿아 있다. 그중 하나가 일명 '팔이 여럿인 강도' 문제다. 카지노의 슬롯머신은 대부분 돈만 잡아먹고 꽝으로 끝난다. 칼만 안 들었을 뿐 돈을 뺏어 가는 강도나 다름없다. 그런 의미에서 슬롯머신을 '외팔이 강도'라고 부르기도 한다.

팔이 여럿인 강도, 즉 문어발 강도는 잡아당기는 손잡이가 여럿인 슬롯머신을 상징한다. 어느 손잡이를 당기느냐에 따라 꽝이 나올지 혹은 잭팟이 터질지가 결정된다. 문어발 강도 문제는 이미 당겨본 적이 있어서 결과 예측이 어느 정도 가능한 손잡이와 아직 당겨보지 않아서 결과를 전혀 알 수 없는 손잡이 사이에서 어떤 조합으로 손잡이를 당기는 게 최적인지를 찾는 문제다. 컴퓨터과학자들은 전자를 착취exploitation라고 하고 후자를 탐험exploration이라고 부른다.

1층의 개입은 탐험에, 2층의 개입은 착취에 비견할 만하다. 1층의 개입 없이 새로운 인과를 발견할 방법은 없다. 또한 2층의 개입은 확인된 인과를 활용해 과실을 수확하는 과정이다. 즉 1층의 개입과 2층의 개입은 실제로 인과가 있는 경우 상호 간에 선순환 작용을 일으킨다. 이는 또 인공지능 기법의 하나인 이른바 강화학습reinforcement learning을 연상시킨다.

사실 알고 보면 통계학자 중에도 관찰로 족하다는 통계학의 만트라에 전적으로 공감하지 않는 사람들도 있다. 대표적인 예가 조지 박스George Box다. 1919년생인 박스는 학문적 성취와 학계의 계보 어느 면으로도 최상위에 속하는 통계학자다. 통계학 전공자라면 자기회귀이동평균모델ARMA에 적용하는 박스-젠킨스 방법, 박스-칵스 변환, 그리고 륭-박스 테스트 등의 고안자로서 박스가 익숙하다. 또한 박스는 골턴의 사도 칼 피어슨의 셋째 자녀이자 유일한 아들인 이건 피어슨에게 박사학위를 받았으며 무작위대조시험을 퍼트린 로널드 피셔의 둘째 딸 조앤 피셔Joan Fisher의 남편이기도 했다.

박스의 생각은 다음 인용문에 잘 나타난다. '시스템에 간섭할 때 무슨 일이 발생하는지 알아내려면 그냥 수동적으로 관찰하지 말고 직접 간섭해봐야 한다.' 박스는 원래 학부에서 화학을 공부하다가 제2차 세계대전이 터지면서 영국군으로 징집됐고 전쟁 중에는 실험용 동물을 대상으로 여러 독가스의 살상력을 시험하는 임무를 수행했다. 이때의 경험이 통계학에 대한 박스의 생각에 영향을 주었음은 물론이다.

지금까지 이야기한 개입을 직접적인 경험과 같다고 오해하는 경우가 있다. 둘은 같지 않다. 이를 보여줄 사례로 이번 절을 마치고자

축구선수 앨런 스미스. 그는 19세 때부터 여섯 시즌을 리즈의 프로 축구 팀인 리즈 유나이티드에서 뛰었다. 리즈 시절은 리즈 소속이던 때의 스미스가 그 이후보다 더 잘 뛰었음을 비꼬는 말이다.

한다. 리즈는 영국 요크셔에 위치한 도시다. 요즘의 한국인들에게 리즈는 낯설지 않게 들린다. '리즈 시절'이라는 신조어가 국어사전에 올랐을 정도다. 잉글랜드의 국가대표 축구선수였던 앨런 스미스$_{Alan\ Smith}$는 19세 때부터 여섯 시즌을 리즈의 프로 축구팀인 리즈 유나이티드에서 뛰었다. 리즈 시절은 리즈 소속이던 때의 스미스가 그 이후보다 더 잘 뛰었음을 비꼬는 말이다.

리즈는 산업혁명 때 모직 공장이 다수 건설되면서 공업의 중심지가 됐다. 잉글랜드의 북쪽에 있는 요크셔에서 더 북쪽의 스코틀랜드까지 거리는 그렇게 멀지 않다. 산악지대가 형성된 북쪽 스코틀랜드는 고도가 높아서 하일랜드라고도 불린다.

영국인 해리는 런던에 살면서 리즈를 정기적으로 다녔다. 가장 빠르게 갈 수 있는 고속도로 M1을 이용해도 편도로 거리가 약 313킬

리즈 브래드퍼드 공항

로미터였다. 직접 운전을 했던 해리는 리즈로 갈 때는 로열더치셸의 휘발유를 넣고 런던으로 돌아올 때는 비피BP의 휘발유를 넣곤 했다.

얼마 지나지 않아 리즈로 갈 때의 연비가 런던으로 돌아올 때보다 확실히 나쁘다는 사실이 눈에 띄었다. 해리는 순수 영국제인 비피의 휘발유가 네덜란드와 영국의 합작사인 로열더치셸의 휘발유보다 경제성이 우수하다고 결론지었다. 이러한 결론은 타당할까? 해리의 직접적인 경험상 로열더치셸의 연비가 비피보다 꾸준히 나빴다는 사실은 틀림없다.

그럼에도 불구하고 해리의 결론은 옳지 않다. 다른 원인이 있기 때문이다. 런던과 리즈가 위치한 그레이트브리튼 섬은 남쪽에서 북쪽으로 올라갈수록 고도가 높아지는 특성이 있다. 런던의 해발고도는 11미터인 반면에 리즈 중심가의 해발고도는 63미터이며 리즈의 브래드퍼드 공항 해발고도는 208미터에 이른다. 런던에서 리즈로 갈 때는 오르막인 반면 리즈에서 런던으로 돌아올 때는 내리막이기 때문에 연비가 좋았던 것이다.

2

박씨나 류씨를 감독으로 뽑으면 LG 트윈스의 성적이 오를까

지금까지 이야기한 인과는 이를테면 기계적 인과다. 특정한 원인이 생기면 그에 대응하는 결과가 반드시 발생하는 경우다. 기계적 인과를 상징하는 예를 들어보자. 가령 세면대의 수도관에 연결된 수도꼭지가 있다. 수도꼭지에는 물과 같은 유체의 흐름을 제어하는 밸브가 달려 있다. 밸브를 열면 수도꼭지에서 물이 흘러나온다. 반대로 밸브를 잠그면 물이 흘러나오지 않는다. 즉 밸브의 폐쇄는 물의 멈춤이라는 결과의 기계적 원인이다. 여기서 기계적 원인이란 말은 밸브가 기계라는 뜻이 아니라 결정론적으로 100퍼센트 결과가 발생한다는 의미다.

3장에 나왔던 존 스튜어트 밀의 인과를 확인하는 다섯 가지 방법으로 찾은 모든 쌍이 기계적 인과는 아니다. 기계적 인과의 정의를 완벽하게 만족하는 경우는 차이법과 일치차이법뿐이다. 일치법으로 찾은 원인은 똑같은 선행조건임에도 불구하고 해당 결과가 다른 경우도 존재하기에 기계적 인과가 될 수 없다. 잔여법은 자체로는 기계적 인과를 확신할 수 없다. 공변법은 단 한 건의 예외도 없는 경우에 한해 기계적 인과가 성립한다.

흄의 인과는 어떨까? 이조차도 언제나 기계적 인과라는 보장이 없다. 가령 수탉이 새벽이 아니라 낮에도 운다고 해보자. 그럼 수탉의 울음은 경험상 필요조건일 뿐 충분조건은 아니다. 다시 말해 해당 원인이 결과의 충분조건이 아니면 기계적 인과가 아니다. 기계적 인과는 엄밀한 만큼 현실 세계에서 완벽히 성립하기가 생각보다 어렵다. 예를 들어 사람이 2만 볼트라는 고압 전류에 감전되면 죽는다고 충분히 이야기할 법하다. 그러나 예외가 있기 마련이다.

1992년 3월 2일 연합뉴스 기사에 의하면 '지난달 27일 밤 10시 20분께 서울 용산구 한남동 단국대 도서관 지하 변전실에서 이 학교 시설과 직원 변송 씨가 2만 2,900볼트의 고압 전류에 감전됐으나 양손에 가벼운 화상만 입은 채 극적으로 살아남은 것으로 뒤늦게 밝혀져 화제'라고 했다. 기계적 인과를 상징하는 수도꼭지도 기계적 마모나 부식 등으로 인해 밸브를 잠갔음에도 물이 흐르는 경우가 있다.

이렇게 현실 세계를 접하다 보면 한 가지 유혹을 느끼게 된다. '인과를 기계적으로 정의하지 말고 확률적으로 정의하면 안 되나?' 하는 생각이다. 이러한 관점으로 정의된 인과를 가리켜 확률적 인과라고 부른다.

흄은 반복되는 경험을 인과라고 주장했을 뿐이고 일관성이 없는 경험까지 인과에 속한다고 생각하지는 않았다. 말하자면 열 번 시도 중 아홉 번만 같은 결과가 나오는 경우는 인과가 아니었다. 그저 운일 뿐이었다. 사실 인과를 목적론적 관점으로 정의한 아리스토텔레스조차도 세상의 모든 일에 원인이 있다고 생각하지는 않았다. 목적에 독립적인 우연의 작용은 기계적 인과의 외관에 개연성이라는 펄럭이는 망토를 두른 것과 같다.

미리 확률적 인과에 대한 한 가지 오해를 피하자. 확률적 인과를 단지 높은 확률을 갖는 두 대상 간의 관계로 착각하는 일이다. 예를 들어 어떤 사람이 찍은 주식 열 종목을 사면 여덟 종목이 오른다고 하자. 이는 그 사람이 찍은 종목 중 오른 종목의 확률이 80퍼센트이거나 혹은 열 종목을 찍으면 평균적으로 여덟 종목이 오른다는 것일 뿐이다. 찍는 행위와 오른다는 결과 사이의 확률적 인과가 아니다. 앞에서도 이야기했지만 높은 확률 자체가 인과가 아님을 다시 한번 분명히 하자.

확률적 인과는 어떻게 정의할 수 있을까

그러면 확률적 인과의 엄밀한 정의는 무엇일까? 스탠퍼드대학교의 패트릭 수피스Patrick Suppes는 확률적 인과를 다음처럼 정의했다. 특정한 조건이 충족됨을 전제한 상태에서 어떤 결과가 발생할 조건부확률이 아무런 조건 없이 동일한 결과가 발생할 주변확률보다 높으면 해당 조건은 확률적 인과를 구성하는 원인이라는 식이다. 즉 확률적 인과의 원인은 기계적으로 결과를 가져오지는 않지만 결과가 나타날 확률을 높인다. 확률적 인과를 정의하는 방식에 수피스의 방식만 있지는 않다. 대표적으로 캘리포니아 어바인대학교의 브라이언 스컴스Brian Skyrms의 정의가 있다. 스컴스에 의하면 특정한 조건이 충족됨을 전제한 상태에서 어떤 결과가 발생할 조건부확률이 특정한 조건이 충족되지 않음을 전제한 상태에서 같은 결과가 발생할 조건부확률보다 높으면 해당 조건이 확률적 인과의 원인이다.

그렇다면 두 가지 종류의 확률적 인과가 있는 걸까? 그렇지는 않다. 수피스의 정의가 만족되면 스컴스의 정의가 자동으로 만족되고 그 역도 성립함을 증명할 수 있다. 즉 어느 쪽의 확률적 인과를 사용해도 무방하다. 확률적 인과가 무엇인지 감을 잡기 위해 직관적인 예를 들어보자. 보통의 타자가 야구 경기에서 안타를 칠 확률이 2할 5푼이라고 하자. 그런데 똑같은 선수가 시즌 중에도 근력운동과 달리기 같은 체력훈련을 거르지 않고 강도 높게 수행하면 3할 타율이 나온다고 하자. 이 경우 시즌 중 체력훈련은 안타를 칠 확률을 5푼만큼 늘린다고 말할 수 있다. 5푼이 충분히 의미 있는 차이라면 시즌 중 체력훈련은 타율 향상의 확률적 원인이다. 야구팬이라면 누구라도 알겠지만 5푼은 의미 있는 차이다.

체력훈련을 하면 성적이 올라갈까

한국 프로야구 선수 중 시즌 중 체력훈련을 강조하는 대표적인 선수는 엘지 트윈스의 김현수다. 김현수는 두산 베어스에서 10년간 출중한 경력을 쌓은 후 미국 메이저리그로 진출해 2년간 볼티모어 오리올스와 필라델피아 필리스에서 뛰었다. 2018년부터는 트윈스의 공격 리더로서 역할이 큰바 2018년에 3할 6푼 2리로 타격왕에 올랐다. 2019년에는 3할 4리로 조금 주춤했지만 2020년에 다시 3할 3푼 1리를 기록했다.

'김관장'이라는 별명을 가진 김현수의 체력훈련 예찬은 트윈스의 다른 선수들에게도 영향을 미쳤다. 김현수와 함께 체력훈련을 하며 성적을 올린 선수가 한둘이 아니다. 대표적인 예가 '실버스타' 채은성과 '광토마' 혹은 '야잘잘' 이형종이다. 채은성은 2014년부터 2017년까지 4년간 통산 2할 7푼 7리의 열릴 듯 열리지 않는 유망주였는데 2018년 3할 3푼 1리를 기록하며 2017년보다 타율을 6푼 4리 올렸다. 또 투수와 골프선수를 거쳐 2016년부터 타자로 전향한 이형종은 2년간 통산 2할 7푼 4리에 그쳤지만 2018년 3할 1푼 6리를 치며 전년보다 5푼 1리를 높였다.

이 사례로 볼 때 확률적 인과의 유용성은 부인하기 어려운 사실 같다. 그렇다면 이번에는 LG 트윈스 팀 사례를 살펴보자. 프로야구단 LG 트윈스는 팬에게 애증의 존재다. 1982년 시작된 한국 프로야구의 원년 6개 구단 중 하나로서 특히 유일한 원조 서울 연고팀이라는 역사가 깊다. 그럼에도 지난 39년간 코리안시리즈 우승이 2회에 그친다. 대략 20년에 한 번씩 우승하는 셈이니 10대에 팬이 돼도 평생 다섯 번 우승을 보기 어렵다. 26년째 이어지는 신통치 않은 성적에도 응원 팀을 바꾸지 않는 엘지 팬들은 극한직업이다.

그렇다면 한번 통산 성적을 구해보자. LG 트윈스는 전신이었던 MBC 청룡의 1982년부터 1989년까지 시기까지 포함해 2020년까지 정규리그에서 총 4,915번 경기를 치러 2,347승, 2,457패, 111번 무승부를 기록했다. 승률을 계산하는 방식은 그동안 여러 차례 바뀌어온바, 현재 사용 중인 무승부 경기를 경기 수에서 빼는 방식으로 계산하면 48.9퍼센트다. 그간의 성적으로 미루어보건대 50퍼센트에 미달하는 승률은 놀랍지 않다.

성적을 올릴 방법이 없을까? 다음과 같은 방법을 검토해보자. 39년간의 통계를 분석해보면 성의 첫소리가 ㅂ이나 ㄹ인 사람이 감독으로서 시즌을 시작한 해가 모두 열 번이다. 그리고 해당하는 10년의 평균 승률이 나머지 해의 평균 승률보다 높다. 전자는 50.3퍼센트인 반면 후자는 48.4퍼센트로 1.9퍼센트포인트가 높다.

그러면 성의 첫소리가 ㅂ이나 ㄹ인 감독으로 시즌을 시작하는 것은 트윈스가 승률을 높이는 확률적 원인일까? 앞에 나온 수피스나 스컴스의 정의에 따르자면 그렇다. 성의 첫소리가 ㅂ이나 ㄹ인 감독으로 시즌을 시작한다는 조건의 충족을 전제한 상태에서 승리할 조건부확률 50.3퍼센트가 동일한 조건이 충족되지 않음을 전제한 상태에서 승리할 조건부확률 48.4퍼센트보다 크기 때문이다.

이러한 조건을 만족하는 트윈스 감독은 백인천, 배성서, 박종훈, 류중일 네 명이다. 그러므로 앞으로 새로 감독을 선발하려면 위 조건을 만족하는 류지현, 류택현, 박찬호, 혹은 백종원 같은 사람을 뽑아야 할까? 우연의 일치겠으나, 2021년 LG 트윈스는 성의 첫소리가 ㄹ인 류지현을 감독으로 뽑았다. 2021년 6월 30일 기준 41승 29패, 승률 58.6퍼센트로 성적도 좋다.

이 방법이 아주 만족스럽지 않다면 다른 방법을 검토해보자. 다시 통계를 분석하면 연도를 4로 나누었을 때 나머지가 2인 해의 평균 승률이 나머지 해의 평균 승률보다 높음을 발견할 수 있다. 전자는 51.8퍼센트인 반면에 후자는 47.9퍼센트로 전자가 3.9퍼센트포인트 높다. 실제로 트윈스의 코리안시리즈 우승은 모두 전자에 해당하는 1990년과 1994년에 이루어졌다.

확률적 원인의 정의로 보건대 4로 나누었을 때 나머지가 2인 해에 경기하는 것은 트윈스가 승률을 높이는 확률적 원인이다. 그런 의미에서 2022년이나 2026년 혹은 2030년은 다른 해보다 트윈스의 우승을 기대해볼 만하다. 과연 그럴까? 이쯤이면 적지 않은 수의 독자가 갸우뚱할 것 같다. 앞에서 정의된 확률적 인과에서 뭔가 냄새가 나기 때문이다.

3
날씨가 좋으면 선거에서 보수가 승리할까

주제를 바꿔보자. 이번에는 정치다. 좀 더 정확히 말하면 선거다. 민주주의 체제에서 선거의 역할은 막중하다. 선거를 통해 공직에 임할 사람이 선출되기 때문이다. 특히 선출의 대상이 대통령이라면 더 말할 나위도 없다.

선거도 확률적 인과로 접근해볼 수 있다. 가령 날씨가 좋으면 투표율이 올라가고 그렇지 않으면 투표율이 낮아진다는 주장이 있다. 이러한 주장이 참이라면 날씨가 나쁘다는 조건은 사람들이 투표하러 가지 않을 확률을 높인다고 이해해볼 수 있다. 스컴스의 정의로써 이 주장을 표현하면 비나 눈이 왔음을 전제한 상태에서 투표하지 않을 조건부확률이 해가 떴음을 전제한 상태에서 투표하지 않을 조건부확률보다 높다면 비나 눈은 투표하지 않음이라는 결과의 확률적 원인이다. 쉽게 말해 나쁜 날씨가 투표하지 않게 하는 확률을 높인다면 결과적으로 실제 투표율은 낮아지기 마련이다. 즉 날씨에 따른 투표율을 통계적으로 비교해보면 비나 눈이 투표하지 않게 만드는 확률적 원인인지를 확인해볼 수 있다.

과연 그러한지 한번 알아보자. 2007년 조지아대학교의 브래드 고메즈Brad Gomez 등은 14번의 미국 대통령 선거를 대상으로 날씨와 투표율 사이의 관계를 분석했다. 이들의 분석에 의하면, 선거 당일의 강우량이 약 25밀리미터 늘 때마다 투표율이 약 1퍼센트포인트씩 떨어졌고 강설량이 약 25밀리미터 늘 때마다 투표율이 약 0.5퍼센트포인트씩 떨어졌다. 이 분석대로 투표율이 변한다면 100밀리미터의 호우가 쏟아질 경우, 가령 60퍼센트가 나올 투표율이 56퍼센트까지 떨어질 터다.

투표율 자체는 선거 결과에 영향을 주지 않는 한 변하더라도 큰 문제는 아니다. 이를테면 60퍼센트 투표율일 때와 56퍼센트 투표율일 때 각 후보의 득표율이 그대로라면 투표율에 관심을 쏟을 이유가 없다. 투표율에 따라 후보 간 득표 비율이 달라진다면 이야기가 달라진다. 미국에는 날씨가 좋으면 공화당이 유리하고 민주당이 불리하다는 속설이 있다. 민주당의 주 지지 기반으로 간주하는 젊은 층이 날씨가 좋으면 투표장으로 가지 않고 놀러 가버린다는 이유다. 국어사전은 이러한 현상을 '리퍼블리컨 블루'라고 부른다고 설명한다. 현상은 둘째치고 용어에 대한 설명은 사실과 다르다. 예전에는 미국 공화당을 파랑으로 표기하기도 했지만 2000년 이래로는 오히려 정반대로 파랑이 미국 민주당을 상징한다.

날씨에 따라 대통령이 달라질까

고메즈 등의 분석에 의하면 이러한 속설은 근거가 없다. 오히려 날씨가 나쁜 날 공화당의 득표율이 높아졌기 때문이다. 강우량이 평년보다 약 25밀리미터씩 늘 때마다 공화당 후보의 득표율이 2.5퍼센트포인트씩 올라갔고 강설량이 평년보다 약 25밀리미터씩 늘 때마다 공화당 후보의 득표율이 0.6퍼센트포인트씩 올라갔다. 투표율과 공화당 후보의 득표율이 음의 상관이니 나쁜 날씨가 공화당에게 유리하다는 이야기다. 심지어 고메즈 등은 날씨가 달랐다면 대통령 선거 결과가 달라졌을 때도 두 번이나 있었다고 주장한다. 가령 민주당의 존 F. 케네디John F. Kennedy가 공화당의 리처드 닉슨Richard Nixon을 이긴 1960년 선거 날 비와 눈이 많이 왔거나 혹은 공화당의 아들 부시George Walker Bush가 민주당의 앨 고어Al Gore에게 이긴 2000년 선거 때 해가 쨍쨍했다면 승자가 바뀌었을 거라는 식이다.

이 책을 여기까지 읽은 독자라면 들었어야 하는 생각이 있다. 이와 같은 방식의 설명이 갖는 취약함이다. 우선 강수량의 변화에 따른 투표율과 득표율의 변화는 일종의 평균값이다. 즉 강우량이 25밀리미터 변할 때 공화당 후보의 득표율이 기계적으로 2.5퍼센트포인트 올라간다고 생각해서는 곤란하다. 고메즈 등의 논문은 결정계수 등을

민주당의 존 F. 케네디가 공화당의 리처드 닉슨을 이긴 1960년 선거 날 비와 눈이 많이 왔다.

제시하지 않아 모형의 설명력을 확인할 길도 없다. 신통치 않으리라고 짐작하기는 어렵지 않다.

날씨를 확률적 원인으로 받아들인다고 하더라도 더 큰 문제가 남는다. 선거 당일의 날씨는 우리가 어떻게 할 수 있는 대상이 아니다. 즉 날씨는 이번 장에서 이야기하는 개입에 해당하지 않는다. 개입할 수 없다면 인과를 직접 확인할 수도 또 그렇게 확인된 인과를 활용할 방법도 없다.

앞서 트윈스 사례로 돌아가보면 이러한 문제가 더욱 분명해진다. 4로 나누어 나머지가 2인 해의 트윈스 승률이 나머지 해보다 약 4퍼센트포인트 높다고 한들 4년에 한 번씩만 리그에 참가할 수는 없는 노릇이다. 이런 식의 확률적 인과는 개입할 방법이 없는 단순한 관찰에 지나지 않는다는 뜻이다.

성의 첫소리가 ㄹ이나 ㅂ인 감독을 뽑는 건 어떨까? 물론 원하면 할 수는 있다. 앞 사례와 차이가 나는 부분이다. 하지만 웃자고 한 이야기이기는 마찬가지다. 트윈스에서 11년간 선수로 뛰고 이어 16년간 코치로 뛰었던 류지현이 2020년 7월 유에서 류로 성을 바꾼 게 이 때문일 리는 없다. 감독 성의 첫소리와 성적 사이의 인과를 지배하는 원리는 들어본 적이 없다. 누군가 사이비 종교 같은 원리를 만들어온다고 한들 설득력이 있을 리는 만무하다. 더 확실한 방법은 직접 개입해보는 것이다. 이러한 조건대로 뽑아보면 기대와 무관한 결과가 나옴을 쉽게 확인할 수 있다.

통계를 고문하면 거의 언제나 그럴듯한 확률적 인과를 찾아낼 수 있다. 앞에서 제시한 두 가지 방법보다 LG 트윈스의 승률을 더 높일 수 있는 확률적 인과를 찾기란 절대 어렵지 않다. 그렇다고 그게 우리에게 도움이 되는 지식이라는 뜻은 아니다.

김현수가 전도하는 체력훈련의 효과는 어떨까? 기본적으로 체력훈련이 타율 상승의 확률적 원인일 가능성은 충분히 있다. 근력운동이 더 나은 성적으로 이어질 원리를 우리가 어렵지 않게 그려볼 수 있기 때문이다.

한계도 없지는 않다. 둘 사이의 더 확실한 확률적 인과를 수립하려면 눈에 띄는 몇 건의 일화만으로는 불충분하다. 체력훈련을 하는 다른 선수들의 데이터도 포함될 필요가 있다는 뜻이다. 김현수와 함께 운동한 양석환은 2017년 14개에서 2018년 22개로 홈런은 늘었지만 타율은 두 해 모두 똑같은 2할 6푼 3리를 기록했다.

확률적 인과는 이외에도 몇 가지 문제가 있다. 첫째, 앞에 나왔던 확률적 인과의 식을 만족한다고 해서 인과에 필수적인 반대칭이 담보되지 않는다. 비가 왔다는 조건이 전제된 상태에서 공화당 후보에 투표할 조건부확률은 비가 오지 않았다는 조건이 전제된 상태에서 공화당 후보에 투표할 조건부확률보다 크다. 그런데 앞 조건이 만족되면 공화당 후보에 투표했다는 전제하에서 비가 올 조건부확률은 공화당 후보에 투표하지 않았다는 전제하에서 비가 올 조건부확률보다 반드시 크다.

기압계 수은주의 높이를 낮추면 비구름이 생길까

방금 수수께끼처럼 들리는 두 개의 문장이 뜻하는 바는 이렇다. 확률적 인과의 정의를 만족하는 원인과 결과는 그 원인과 결과를 맞바꾸더라도 언제나 또다시 확률적 인과의 정의를 만족한다. 다시 말해 확률적 인과의 정의를 만족한다는 사실만으로는 어느 쪽이 원인이고 어느 쪽이 결과인지를 구별할 방법이 없다. 확률적 인과가 상관과 비슷한 무언가라는 이야기다.

둘째, 혼란요인이 있는 경우 직접적인 인과가 없음에도 확률적 인과의 정의가 만족될 수 있다. 대기 중에 저기압이 발생하면 비구름이 생기고 기압계의 수은주 높이가 낮아진다. 즉 저기압의 발생은 비구름의 형성과 기압계 수은주 높이의 하강이라는 두 가지 결과의 공통 원인이다. 여기서 두 가지 결과의 공통 원인을 가리켜 혼란요인이라고 부른다.

만약 우리가 저기압이라는 원인에 주목하지 않고 기압계 수은주 높이와 비구름 사이의 관계를 따진다고 해보자. 이 경우, 기압계 수은주의 높이가 낮다는 조건을 전제한 상태에서 비구름이 생길 조건부확률이 기압계 수은주의 높이가 낮지 않다는 조건을 전제한 상태에서 비구름이 생길 조건부확률보다 높기 마련이다. 즉 기압계 수은주 높이와 비구름의 생성은 확률적 인과의 정의를 충족한다.

그럼에도 불구하고 둘 사이에는 아무런 인과가 없다. 단적으로 외부적인 수단을 동원해 기압계 수은주의 높이를 아무리 낮추더라도 그게 원인이 돼 비구름이 생길 리는 만무하다. 결론적으로 확률적 인과는 증명해봐야 자체로는 쓸 데가 없다. 뒤에 나올 다른 도구들과 결합되지 않는다면 말이다.

4

어떤 관계를 인과로 만드는 것은 무엇인가

 어떤 관계를 인과로 만드는 본질은 개입에 있다. 우리는 개입을 통해 인과를 인식하고 개입을 통해 인과를 활용한다. 즉 개입할 수 없다면 인과가 아니다. 이는 기계적 인과는 물론이거니와 확률적 인과도 마찬가지다. 다시 말해 인과를 개입이라는 행동과 결과라는 상태 사이의 관계로 취급할 수 있다.

 인과의 개입을 상징적으로 이해하려면 조절이 가능한 일종의 스위치를 상상하면 좋다. 가령 위에서 아래로 물이 흐르는 수도 파이프를 상상해보자. 그리고 그 파이프 중간에 밸브가 장착돼 있다고 하자. 밸브는 우리의 조작에 따라 완전히 열리기도 하고 반만 열리기도 하고 완전히 닫히기도 한다. 수도 파이프를 바라보는 관점에는 두 가지가 있을 수 있다. 하나는 과학의 관점이고 다른 하나는 엔지니어링의 관점이다. 둘 사이에 무슨 차이가 있을까?

과학과 엔지니어링 사이에는 어떤 관점의 차이가 있을까

과학의 관점이란 관심 대상에 성립하는 법칙을 찾으려는 것이다. 수도 파이프의 경우 흐르는 물의 양과 파이프의 단면적 사이에는 비례 관계가 성립한다. 파이프의 단면적이 작아지면 흐르는 물의 양이 적다. 파이프의 단면적이 커지면 흐르는 물의 양이 많다. 파이프에 장착된 밸브의 개폐는 파이프의 유효 단면적을 바꾼다. 과학은 관찰에 의해 밸브의 열린 정도와 흐르는 물의 양 사이에 비례 관계가 있음을 확인하는 데 집중한다.

엔지니어링의 관점은 사뭇 다르다. 수도 파이프에 흐르는 물의 양을 조절하려면 어떻게 해야 하는가가 관심사다. 밸브는 파이프의 단면적에 변화를 주어 흐르는 물의 양을 조절하는 기구다. 파이프 아래쪽에 연결된 저수조에 물이 필요하면 밸브를 연다. 저수조에 물이 가득해 넘칠 것 같으면 밸브를 닫는다. 엔지니어링은 의도한 결과를 얻기 위한 인공적 조작을 강조한다.

방금 비교를 읽고선 '뭐야, 똑같은 이야기 아니야?' 하고 생각할 사람이 있을 것 같다. 가령 밸브의 열린 단면적과 흐르는 물의 양 사이의 관계를 식으로 표현하면 어느 쪽 관점이든 똑같은 식처럼 보인다. 둘 사이의 결정적 차이점은 대상 사이의 관계가 대칭이냐, 아니면 반대칭이냐에 있다. 과학의 세계는 대칭인 반면 엔지니어링의 세계는 반대칭이다.

물리법칙 중 가장 유명한 뉴턴의 제2법칙을 예로써 대칭과 반대칭을 설명해보자. 뉴턴의 제2법칙에 의하면 힘은 질량과 가속도의 곱과 같다. 이 법칙을 "질량은 힘 나누기 가속도와 같다." 혹은 "가속도는 힘 나누기 질량과 같다."라고 바꿔도 아무런 문제가 없다. 힘, 질량, 가속도의 세 가지 개념이 서로 대칭이기에 가능한 일이다. 셋 중 둘을 알면 나머지 하나를 결정할 수 있다. 어느 둘을 먼저 알아야 하는지는 중요하지 않다.

엔지니어링의 관점으로 보면 뉴턴의 제2법칙은 입력과 출력이 사실상 정해져 있다. 힘이 입력이고 가속도가 출력이다. 가속도를 입력으로 삼아 힘을 출력으로 활용하는 경우는 극히 드물다. 지구의 중력장 내에서 가속도는 우리가 먼저 힘을 가하지 않는 한 쉽사리 바꿀 수 있는 대상이 아니기 때문이다. 즉 엔지니어링의 대상은 일반적으로 반대칭이다.

수도 파이프 예로 돌아가 보자. 과학의 관점에서 보면 수도 파이프를 흐르는 물의 양과 파이프의 단면적은 서로 비례한다. 서로 비례한다는 법칙이 있는 경우 어느 한쪽을 바꾸면 다른 한쪽은 법칙에 따라 바뀌어야 한다. 즉 파이프의 단면적이 줄면 흐르는 물의 양이 줄 수도 있지만, 뒤집어서 흐르는 물의 양을 줄이면 단면적이 따라 준다는 이상한 결론이 나온다. 법칙이 대칭적이기 때문이다.

엔지니어링의 관점에서 수도 파이프를 보면 이런 어이없는 이야기는 나올 수 없다. 무엇이 입력이고 무엇이 출력인지를 구별하기 때문이다. 입력은 밸브의 개폐 정도고 출력은 흐르는 물의 양이다. 전자를 바꾸면 후자가 바뀌지만 후자를 바꿔서 전자를 바꿀 생각도, 방법도 없다. 즉 둘 사이의 관계는 반대칭이다.

1970년대에 컴퓨터과학자들이 개입의 반대칭을 깨닫다

엔지니어들이 직관적으로 당연하게 여겼던 이러한 사실을 컴퓨터과학자들은 1970년대 후반에야 깨달았다. 대표적 인물이 일명 '인공지능의 아버지' 중 한 명인 존 매카시John McCarthy다. 매카시는 1955년 인공지능이란 단어를 최초로 사용한 사람이다. 그는 인공지능의 창세기에 비견되는 이른바 '다트머스 워크숍'을 주도했다.

다트머스대학교의 수학 교수였던 매카시는 1956년 여름 인공지능을 연구하는 모임을 열었다. 모두 11명이었던 다트머스 워크숍의 참석자에는 또 다른 '인공지능의 아버지'인 마빈 민스키Marvin Minsky, '정보이론의 아버지'인 클로드 섀넌Claude Shannon, '제한된 합리성'과 '만족화'로 유명한 허버트 사이먼Herbert A. Simon, '기계학습'이라는 말을 만들어낸 아서 새뮤얼Arthur Samuel, '유전자 알고리즘'의 아버지인 존 홀랜드John Holland 등이 있었다. 인공지능을 주제로 팀 어벤져스를 구성한다면 고스란히 뽑혔을 사람들이다.

초기에 디덕션에 의존한 인공지능을 추구하던 매카시는 1980년 한계지정circumscription이라는 개념을 제안했다. 앞에 나왔던 '이 페트병 속의 물을 쏟아버리면 비가 왔다.'라는 엉뚱한 결론을 내리는 로봇의 문제를 해결하기 위해서였다. 쉽게 말해 로봇에게 인간이 사는 세계에서 무엇이 손댈 수 있는 대상이고 무엇이 경계조건인지를 가르쳐주자는 이야기였다. 이러한 반대칭적인 관계에서 개입과 인과는 자연스럽게 뒤따른다.

5

흡연이 폐암의 원인이 아닐 수 있을까

통계학에도 인과의 개입에 비견할 만한 작업이 하나 있기는 하다. 바로 무작위대조시험이다. 주류 통계학은 지금까지도 무작위대조시험만이 어떤 요인의 효과를 확인할 수 있는 최선의 방법이라고 주장한다.

무작위대조시험으로 인과를 판단할 수 있을까

무작위대조시험은 먼저 시험 대상을 무작위하게 두 집단으로 나눈다. 그런 후 임의의 한 집단에는 평가하려는 요인을 주고 나머지 한 집단에는 주지 않는다. 전자를 실험군이라고 하고 후자를 대조군이라고 한다. 실험군과 대조군의 상태를 비교하면 실험군에 적용한 요인이 효과적인지 확인할 수 있다. 만약 실험군이 대조군과 상태가 다르지 않다면 요인은 효과가 없다. 둘의 상태가 현저히 다르다면 요인의 효과가 입증된 셈이다.

두 집단을 다르게 취급한 후 취급 방식의 차이에 따른 효과의 유무를 확인하는 일은 실로 오래됐다. 한 예가 『구약 성서』의 「다니엘서」 1장이다. 기원전 597년 바빌론 왕 네부카드네자르$_{Nebuchadnezzar\ II}$는 유다 왕국을 점령하고 포로를 잡아 귀환했다. 네부카드네자르는 내시장 아스프나즈에게 잡아온 포로 중 총명한 소년들을 뽑으라고 명령했다. 3년간 바빌론 왕실의 고기와 포도주로 양육한 후 자신에게 충성하는 신하로 만들기 위해서였다.

그렇게 뽑힌 유대인 소년 중에 다니엘이 있었다. 다니엘은 아스프나즈에게 자신과 자신의 친구들이 종교적 이유로 고기와 술을 먹을 수 없으니 채식을 하게 해달라고 간청했다. 아스프나즈는 연민을 느꼈지만 그렇게 했다가 다른 소년들에 비해 병약해지기라도 하면 자기 목이 위태롭다며 거부했다.

총명했던 다니엘은 아스프나즈에게 실험을 제안했다. "부디 이 종들을 열흘 동안만 시험해 보십시오. 저희에게 채소를 줘 먹게 하시고 또 물만 마시게 해주십시오. 궁중 음식을 먹는 젊은이들과 저희의 용모를 비교해보십시오. 그런 뒤에 이 종들을 좋으실 대로 하십시오." 열흘 후 다니엘, 하난야, 미사엘, 아자르야는 모두 "궁중 음식을 먹는 어느 젊은이보다 용모가 더 좋고 살도 더 올라 있었다." 이후 다니엘과 친구들이 채식을 허용받았음은 물론이다. 나중에 다니엘은 네부카드네자르의 꿈을 해몽하고 사자 굴에서도 살아남았다.

다니엘의 실험은 그 근본정신이 인과의 개입과 다르지 않다. 모두가 고기와 포도주를 먹는 상황에서 채식이 건강상의 차이를 가져오는지 확인하기 위해 직접 채소를 먹었기 때문이다. 몸이 좋은 소년을 뽑은 후 어떤 음식을 먹는지를 조사하는 과거 회귀적 분석과 성격이 다르다. 채식한다는 개입이 장래에 어떤 결과를 가져오는지 확인해 보자는 미래지향적 검증이다.

실험군에 대한 개입이 있기에 무작위대조시험은 인과를 확인하는 방법이 될 수 있다. 그럼에도 불구하고 통계학은 인과라는 단어를 여기서도 쓰지 않으려고 애를 쓴다. 무작위대조시험은 그저 통계적 차이를 구별하는 방법일 뿐이라는 식이다. 로널드 피셔가 무작위대조시험을 주창하던 20세기 전반기에 다수의 통계학자들은 피셔에게 적대감을 드러냈다. 본능적으로 피셔의 방법에서 통계학의 토대를 허물 인과의 냄새를 맡았기 때문이다.

눈치 빠른 독자라면 다니엘의 일화에서 한 가지 문제점이 눈에 띄었을 것 같다. 다니엘과 친구들이 원래 더 건강한 소년이었거나 채식과 유독 잘 맞는 체질이었을 가능성이다. 만약 그랬다면 다니엘의 실험은 육식에 대한 채식의 보편적 효과와는 무관하다. 앞에서 소개했던 리즈를 오가던 영국인 해리의 이야기와 다르지 않다.

무작위대조시험의 무작위 부분은 이 문제점을 해결하려는 한 가지 시도다. 영국인 해리의 주장을 확실히 확인하려면 갈 때와 올 때

기름을 바꿔 넣어보면 된다. 궁극적으로 무작위로 기름을 넣으면 석유회사와 무관하게 리즈로 갈 때의 연비가 돌아올 때보다 나쁘다는 사실이 드러난다. 즉 시험 대상을 무작위로 분류하는 이유는 그럼으로써 두 집단 사이의 편향을 최소화하기 위해서다. 가령 성인병인 고혈압을 치료하는 약의 효과를 시험하는데 한 집단에는 젊은이만 있고 다른 집단에는 노인만 있다면 제대로 된 평가를 할 수 없다. 다시 말해 무작위대조시험은 두 부분으로 분리된다. 하나는 무작위 부분이고 다른 하나는 개입 부분이다.

무작위대조시험은 좋은 방법이지만 한계가 있다. 아무리 하고 싶어도 윤리적 이유로 무작위대조시험을 하면 안 되는 경우가 있기 때문이다. 가령 제초제가 사람 몸에 부작용을 일으키는지를 알기 위해 사람을 대상으로 무작위대조시험을 할 수는 없는 노릇이다. 해도 된다고 이야기하는 사람이 있다면 그 사람을 먼저 시험 대상으로 삼을 일이다.

현실적인 제약도 있다. 실험군과 대조군을 무작위로 나눈다고 나눴음에도 불구하고 실제로는 충분히 무작위로 하지 않는 경우가 생각보다 자주 발생한다. 1920년대에 로널드 피셔는 여러 비료의 효과를 비교하기 위해 밭을 바둑판 모양인 이른바 '라틴 정사각형'으로 나누었다. 그리고 어느 열에 어느 비료를 적용할지를 정하기 위해 글자 그대로 카드를 무작위로 뽑아서 결정했다. 하지만 이처럼 우연에만 맡기다 보면 동전의 앞면이 연달아 열 번 나오지 말란 법이 없다는 점이 문제다. 기록에 의하면 1943년 미국에서 32번 연속으로

룰렛의 빨간색이 나온 적도 있다.

더 큰 문제는 이른바 혼란요인confounding factor의 존재다. 혼란요인은 두 가지 현상에 공통적으로 영향을 미치는 원인을 가리킨다. 컨파운드confound라는 말은 원래 '섞는다.'라는 뜻을 갖는다. 섞다 보니 '혼란하게 만드는' 요인이 되는 셈이다. 통계학은 혼란요인을 통제하는 방식으로 그 효과를 제거하려고 든다. 실험 대상을 분류할 때 혼란요인의 영향을 미리 고려해 분류한다든지 혹은 사후적으로 통계기법을 동원해 혼란요인의 영향을 조절하는 식이다.

혼란요인의 통제는 결코 간단한 과업이 아니다. 잠재적인 혼란요인의 명단에 끝이란 없기 때문이다. 가령 소득을 예로 들어보자. 소득에 영향을 주는 혼란요인으로서 잘 알려진 것만으로도 나이, 성별, 국적, 인종, 종교 등이 있다. 키, 몸무게, 머리카락 색도 혼란요인이 될 수 있다. 심지어 헬스장을 다니는지, 매년 책을 몇 권이나 읽는지, 탕수육에 소스를 부어 먹는지 아니면 찍어 먹는지 같은 것도 혼란요인이 되지 말란 법이 없다.

혼란요인을 갖고 어디까지 궤변을 늘어놓을 수 있는지를 사례를 통해 알아보자. 1940년대 후반 영국의 보건 공무원들은 한 가지 추세를 걱정스럽게 바라보기 시작했다. 20세기 전반기에 두 차례의 세계대전으로 어마어마한 수의 영국민이 죽었다. 하지만 질병으로 인한 사망자 수는 한 가지 질병만 빼면 지속적으로 감소 추세였다. 그 한 가지 질병이 바로 폐암이었다.

왜 통계학자 로널드 피셔는 담배가 폐암의 원인이 아니라고 했을까

1922년부터 1947년까지 영국과 웨일스의 폐암 사망자 수는 15배로 늘었다. 이러한 폭발적 증가는 다른 나라에서도 발생했다. 폐암 사망자의 대부분은 남자였다. 1923년 전체 담배 매출의 5퍼센트만이 여성의 구매였다. 1928년 선전 전략가 에드워드 버네이스Edward Bernays가 담배회사의 매출이 늘도록 흡연을 여성의 '자유의 횃불'로 포장하면서 여성 흡연자가 대폭 증가했다. 하지만 여전히 전체의 20퍼센트대에 그쳤다. 폐암 사망자 증가의 원인으로 대도시의 공해나 자동차의 매연 등이 지목됐다. 폐암 환자의 허파에서 발견되는 타르 등의 먼지가 암을 일으킨다는 심증은 높았다. 물론 흡연자의 수도 계속 증가해왔다.

1947년 영국 정부는 리처드 돌Richard Doll과 오스틴 브래드퍼드 힐Austin Bradford Hill에게 폐암 사망자 증가의 원인을 찾는 프로젝트를 주었다. 이전에 힐은 스트렙토마이신의 결핵 치료 효과를 확인하기 위해 의료 영역에서 무작위대조시험을 최초로 수행했던 인물이다. 영국 정부는 내심 돌과 힐이 담배를 원인으로 지목하길 바랐다. 공장을 돌리기 위해 태우는 석탄의 매연과 스모그가 폐암을 일으킨다는 사실은 부인하기 어려웠다. 그렇다고 하루아침에 공장을 사람이 살지 않는 지역으로 이전하거나 석탄 사용을 중단할 수는 없었다. 돌과 힐은 그들대로 고민이 있었다. 스트렙토마이신의 결핵 치료 효과와 달

폐암군과 대조군 남자의 일간 평균 흡연량별 인원수

	하루 평균 흡연량				
	1개비	5개비	15개비	25개비	50개비
폐암군 (총 647명)	33명 5.1%	250명 38.6%	196명 30.3%	136명 21.0%	32명 4.9%
대조군 (총 622명)	55명 8.8%	293명 47.1%	190명 30.5%	71명 11.4%	13명 2.1%

리 이번 주제는 진정한 무작위대조시험을 할 수가 없었다. 효과를 비교하려면 실험군에 속한 사람들에게 석탄 매연이나 자동차 매연 혹은 담배 연기를 호흡하도록 해야 했다. 있을 수 없는 일이었다.

돌과 힐은 이미 폐암에 걸린 사람들과 그 사람들과 비슷하지만 폐암이 없는 사람들을 찾아 비교하는 방법을 썼다. 완벽한 방법과는 거리가 있는 선택이었다. 영국 정부의 바람과 무관하게 돌은 개인적으로 처음에는 고속도로 표면에 쌓인 타르가 주된 원인일 가능성을 크게 봤다. 데이터가 쌓이면서 담배가 주된 원인으로 급부상했다. 애연가였던 돌은 연구가 3분의 2쯤 진행된 시점에 스스로 담배를 끊었다. 1950년 돌과 힐은 『영국의학저널』에 연구 결과를 발표했다. 표 「폐암군과 대조군 남자의 일간 평균 흡연량별 인원수」에 의하면 하루 평균 15개비 이하를 피운 경우 폐암군과 대조군 사이에 큰 차이가 없는 반면, 25개비 이상인 경우는 폐암군에 속할 가능성이 확연히 컸다.

또 돌과 힐은 만 35세 이상의 남자 의사 2만 4,389명을 대상으로

3년간 관찰하는 이른바 '코호트 연구'를 수행해 이전의 연구를 보강했다. 코호트란 특정한 집단을 가리키는 말이다. 3년간 죽은 789명 중 36명의 폐암 사망자들은 다른 암이나 호흡기 질환 혹은 관상동맥 혈전증 등으로 죽은 사람들과 다르게 흡연량이 증가함에 따라 사망률도 올라가는 특성을 보였다. 이러한 연구결과를 무시하기란 쉽지 않았다. 일례로 조지 박스George E. P. Box는 1954년에 발표된 돌과 힐의 두 번째 논문을 보고 담배를 끊었다.

모든 통계학자가 돌과 힐의 연구를 박스처럼 받아들이지는 않았다. 담배가 폐암을 일으키는가를 놓고 서로 친척 사이인 통계학자와 의사 사이에 논쟁이 벌어지기도 했다. 예를 들어 캘리포니아 버클리 대학교 통계학과의 제이콥 예루샬미Jacob Yerushalmy는 1973년 죽을 때까지 담배가 폐암의 원인이 아니라고 주장했다. 반면 존스홉킨스대학교 보건위생대학의 에이브러험 릴리언펠드Abraham Lilienfeld는 누구보다 강하게 흡연이 원인이라고 주장했다. 흥미롭게도 예루샬미는 궐련을, 릴리언펠드는 파이프 담배를 피우는 애연가였다.

담배가 폐암의 원인이 아니라는 통계학자 중 최고의 거물은 바로 로널드 피셔였다. 피셔는 자신의 명성과 현란한 통계학 지식을 총동원해 둘 사이의 인과를 부정했다. 돌과 힐은 대조군을 정할 때 나이, 성별, 거주지, 소득, 직업 등 다양한 요인을 최대한 맞추려 했다. 하지만 피셔의 기준으로는 불완전했다. 게다가 폐암군의 99.7퍼센트와 대조군의 95.8퍼센트가 모두 흡연자라는 사실은 방어하기가 쉽지 않았다. 피셔는 『네이처』에 실린 글에서 돌과 힐이 "상관으로부터 인과를 주장하는 오래된 종류의 실수를 범했다."라고 공격했다.

심지어 피셔는 "폐암 발생 전의 만성폐렴이 담배를 피우게 만드는 원인일 수 있다."라고도 주장했다. 흡연이 폐암의 원인이 아니라 폐암이 흡연의 원인이라는 충격적인 주장이었다. 그걸로도 부족했는지 흡연과 폐암 사이에 혼란요인이 있을 수 있다는 논리도 폈다. 그 혼란요인은 담배를 피우게 만들고 폐암도 일으키는 특별한 유전자의 존재였다. 피셔는 1962년 폐암이 아닌 다른 암으로 죽을 때까지 자신의 의견을 굽히지 않았다.

왜 피셔는 끝까지 담배가 폐암의 원인이 아니라고 우겼을까? 피셔는 엄청난 골초였다. 그 점은 담배에 관한 그의 아집을 이해하는 하나의 단초일지 모른다. 자신의 지적 능력이 우월하다고 믿은 엘리트주의자라서 쌓이는 반대증거에도 불구하고 의견을 꺾지 않았을 수도 있다. 또한 열렬한 우생론자였던 피셔의 눈에 대중의 건강을 염려하는 영국 정부의 노력이 거슬렸을 것 같기도 하다. 마지막으로 담배산업협회가 흡연 유전자의 연구 프로젝트라는 명목으로 피셔에게 돈을 줬다는 사실도 그냥 지나치기엔 무게가 있다.

6
확률적 인과는 인과 미적분과 그래프를 통해 확립된다

 선거의 확률적 인과를 다룬 앞 사례에서 확률적 인과만으로는 상관과 구별이 되지 않기에 쓸모가 없음을 보였다. 단 '뒤에 나올 다른 도구들과 결합하지 않는다면'이라는 단서를 달았다. 뒤에 나올 다른 도구가 바로 지금 다룰 '인과 미적분causal calculus'과 '그래프'다.

원인과 결과 사이에는 뒤집을 수 없는 방향성이 있다

 인과는 단순히 데이터만으로 규정될 수 없다. 인과는 원인이 결과를 일으키는 힘임을 설명할 원리가 있어야 됨은 이미 앞에서 설명했다. 또한 원인과 결과는 반대칭이다. 즉 원인에서 결과로 흐를 수는 있어도 결과에서 원인으로 거슬러 올라갈 수는 없다. 이러한 인과의 성질을 표현할 최선의 도구가 바로 그래프다. 여기에서의 그래프는 좌표평면이나 막대그래프가 아니라 수학의 한 분야인 그래프이론의 그래프다.

그래프이론의 그래프는 정점과 변으로 구성된다. 정점은 우리가 조절하거나 관찰할 수 있는 상태변수다. 변은 정점과 정점을 연결하는 선이다. 두 정점이 변으로 연결돼 있다면 그 사이에 일종의 힘이 흐를 수 있다. 변은 방향이 있을 수도 있고 없을 수도 있다. 방향이 있는 경우 힘이 흐르는 방향에 따라 변을 화살표로 나타낸다. 이때 화살표가 시작된 정점을 어미라고 하고 화살표가 끝난 정점을 새끼라고 한다.

인과를 그래프로 그리면 복합 인과도 설명할 수 있다

인과를 그래프로 표현하는 일은 위 설명만으로도 충분하다. 먼저 원인에 해당하는 정점을 하나 찍고 결과를 나타내는 정점을 그 옆에 하나 찍은 후 원인 정점에서 결과 정점으로 향하는 화살표를 그려주면 된다. 두 정점이 어떻게 연결돼 있는가를 보는 것만으로도 누가 원인이고 누가 결과인지를 한눈에 알 수 있다. 어미가 원인이고 새끼가 결과임은 당연하다.

두 상태변수 중 어느 쪽이 어미고 어느 쪽이 새끼인지를 정하는 데

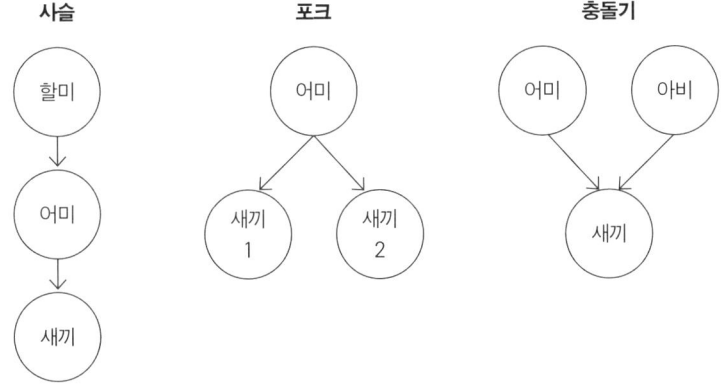

에는 해당 분야에 대한 지식이 필요하다. 이미 갖고 있는 지식 없이 데이터만 보고 어미와 새끼를 구분할 방법은 없다. 어미와 새끼로 우선 연결했지만 인과의 세기가 미약하다고 판명되면 둘 사이의 화살표를 끊어버릴 수도 있다. 또한 새끼가 화살표 방향을 거슬러 어미의 원인이 될 수는 없다.

 인과를 그래프로 나타내는 일의 또 다른 장점은 확장성에 있다. 상태변수가 많더라도 위에서 설명한 방식을 똑같이 적용해 복합적인 인과도 표현할 수 있다는 뜻이다. 또 화살표로 직접 연결되거나 중간에 여러 정점을 거쳐 연결되는 경로가 존재하는 경우에만 인과가 존재할 여지가 있다. 달리 말해 연결된 경로가 존재하지 않는 두 정점 사이에는 인과가 있을 수 없다.

 인과 그래프의 기본적인 구성요소로 다음 세 가지 구조를 검토하자. 첫째는 사슬chain, 둘째는 포크fork, 셋째는 충돌기collider다. 사슬, 포크, 충돌기 사이에는 공통점과 차이점이 있다. 공통점은 셋 다 모두 세 개의 정점과 두 개의 화살표로 구성된다는 점이다. 차이점은 화살표가 연결되는 방식이 다르다는 점이다.

사슬은 할미, 어미, 새끼로 구성된 구조다. 당연히 할미는 어미의 원인이고 어미는 새끼의 원인이다. 즉 사슬은 세 정점이 직렬로 차례로 연결되고 할미에서 어미를 거쳐 새끼까지 한 방향으로 인과가 흐르는 경우다. 예를 들어 부모와 조부모의 경제력이 할미, 자식의 학원비가 어미, 그리고 자식의 성적이 새끼인 경우가 있다.

포크는 어미, 첫째 새끼, 둘째 새끼로 구성된 구조다. 어미는 첫째와 둘째 새끼의 공통 원인이다. 따라서 두 새끼의 혼란요인이다. 예를 들어 기온이 어미일 때 스키장 매출이 첫째 새끼이고 에어컨 매출이 둘째 새끼일 수 있다. 기온의 변화는 부호는 다를지언정 스키장 매출과 에어컨 매출에 둘 다 영향을 미치기 때문이다.

충돌기는 어미, 아비, 새끼로 구성된 구조다. 말하자면 포크의 화살표 방향을 둘 다 반대로 바꿔놓은 경우로 역포크라고도 불린다. 충돌기의 새끼는 두 가지 원인에서 영향을 받는다. 충돌기라는 이름은 두 원인, 즉 어미와 아비의 힘이 새끼에서 서로 충돌함을 뜻한다. 예를 들어 농구선수의 키가 어미, 훈련 시간이 아비, 경기당 평균 리바운드 수가 새끼인 경우를 들 수 있다.

사슬, 포크, 충돌기는 인과의 개입에 관해 각기 고유한 성질이 있다. 이러한 성질의 이해는 개입의 효과를 구하는 데 필수다. 그전에 우선 자명한 사실 몇 가지를 확인하자. 새끼는 어미에 확률적으로 종속$_{dependent}$이다. 확률적으로 종속이라는 말은 어미가 어떤 상태일 때 새끼가 특정 값을 가질 조건부확률이 어미와 무관하게 새끼가 동일한 특정 값을 가질 주변확률과 다르다는 뜻이다.

 다시 설명해보자. 새끼가 어미에 종속인 경우, 어미가 어떤 상태에 놓인다는 사실이 새끼가 특정 값을 가질 확률을 바꿔놓는다는 이야기다. 예를 들어 농구선수의 3점 슛 성공확률이 30퍼센트인데 매주 20시간씩 3점 슛 훈련을 할 때의 조건부 3점 슛 성공확률이 40퍼센트라면, 3점 슛 성공확률과 3점 슛 훈련 시간은 종속이다. 인과 그래프에서 화살표로 직접 연결된 두 정점이 기본적으로 종속이라는 사실은 자명하다. 두 정점이 어느 경우에도 종속이 아닌 경우를 가리켜 독립independent이라고 부른다. 말하자면 두 정점의 모든 상태의 쌍에 대해 주변확률과 조건부확률이 같은 경우다. 즉 두 정점이 독립이면 둘 사이에는 아무런 확률적 인과가 존재하지 않는다.

 이제 개입에 관한 사슬의 성질을 알아보자. 새끼는 어미에 종속이고 어미가 할미에 종속임은 앞에서 이야기한 대로다. 그렇다면 새끼와 할미는 어떨까? 둘은 종속일 공산이 크다. 예외적으로 독립이 될 경우도 있겠지만 원리상 할미의 힘은 어미를 거쳐 새끼에게 다다르기 때문이다. 이게 그렇게 중요한 이슈는 아니다. 좀 더 중요한 성질은 어미를 조건으로 하는 새끼의 조건부확률은 할미와 무관하다는 사실이다. 즉 사슬에서 새끼는 어미에 조건을 붙일 경우 할미와 독립이다. 조건을 붙이지 않았을 경우 종속이었던 관계가 조건을 붙이면 독립으로 바뀐다는 사실이 중요하다.

 위와 같은 성질이 성립하는 이유는 이렇다. 새끼의 확률은 인과 그래프상 어미에게만 직접 영향을 받는다. 새끼가 할미에게 종속인 이유는 할미의 변화가 어미를 변화시키고 그 어미의 변화가 다시 새끼를 변화시키기 때문이다. 그런데 어미가 특정 상태인 경우로 한정되면 할미의 변화는 어미에게 영향을 미칠 방법이 없다. 어미의 상태가 고정됐기 때문이다. 그러므로 어미에 조건을 붙이면 할미의 힘은 새끼에게 도달되지 않는다. 즉 이 경우 새끼와 할미는 어미에 대해 조건부 독립이다.

이러한 원리를 염두에 두면서 개입에 관한 포크의 성질도 알아보자. 포크의 경우 두 새끼는 어미에 당연히 종속이고 두 새끼끼리도 종속일 공산이 크다. 하지만 어미에 조건을 붙일 경우, 두 새끼는 종속에서 독립으로 바뀐다. 어미가 고정되면 두 새끼는 다른 영향을 받을 방법이 없기 때문이다. 즉 포크에서 첫째 새끼와 둘째 새끼는 어미에 대해 조건부 독립이다.

개입에 관한 충돌기의 성질은 어떨까? 새끼가 어미와 아비에 종속임은 쉽게 알 수 있다. 어미와 아비가 독립이라는 사실도 어렵지 않다. 물론 어미와 아비를 연결하는 별도의 뒷문 경로가 없는 경우에 그렇다. 만약 새끼에 조건을 붙이면 어미와 아비의 관계는 어떻게 변할까? 이 경우 어미와 아비는 독립에서 종속으로 바뀐다. 새끼를 고정할 경우 새끼에게 영향을 주는 어미와 아비 각각이 더 이상 자유롭게 변할 수 없기 때문이다. 부모 중 한쪽의 변화를 다른 한쪽이 보상하지 않는 한 새끼의 상태는 특정될 수 없다. 보상이 있어야 한다는 말은 곧 둘이 종속임을 증명한다. 즉 충돌기에서 어미와 아비는 새끼에 대해 조건부 종속이다.

지금까지 한 이야기는 그래프로 표현된 인과모형을 분석하는 내용이었다. 사슬, 포크, 충돌기 등으로 구성된 인과 그래프는 확률적 인과를 확립하는 데 없어서는 안 될 도구다. 하지만 아직 한 가지 빠진 열쇠가 있다. 바로 캘리포니아 로스앤젤레스대학교의 주디어 펄 등이 정립한 이른바 인과 미적분이다. 펄은 인과를 확률의 변화로써 확인한다는 확률적 인과가 출발점부터 막다른 길을 택했다고 비판했다. 인과란 개입으로 확률을 올리거나 내리는 일이다. 그런데 통계학자가 사용하는 확률론에는 그러한 행위를 나타낼 개념이나 용어가 아예 없다는 이유였다.

펄은 통상의 조건부확률과 구별되는 이른바 개입부확률interventional probability을 정의했다. 조건부확률의 조건이 수동적인 관찰로 주어진다면 개입부확률의 개입은 능동적인 조작으로 설정된다는 점이 다르다. 만약 특정 행위의 개입부확률이 특정 행위를 하지 않는 개입부확률보다 클 때 진정한 의미의 확률적 인과가 증명된 셈이다.

개입부확률은 조건부확률과 어떻게 다를까? 가령 길이 물에 젖어 있을 때 비가 왔을 확률은 내가 길을 젖게 만들었을 때 비가 왔을 확률과는 다르다. 전자는 통상의 조건부확률인 반면에 후자는 개입부확률이다. 실제로 우리가 길을 젖게 만들었을 때 비가 왔을 확률은 그냥 비가 왔을 확률과 같다. 우리가 길을 젖게 만든다는 개입이 비가 온다는 결과에 영향을 줄 수 없기 때문이다.

인과 미적분은 개입부확률을 정의하고 계산하는 일련의 규칙으로 구성돼 있다. 관찰을 무시하거나 개입과 관찰을 서로 바꾸거나 개입을 무시하는 규칙 등이다. 어느 규칙을 적용할지를 판단할 때 앞에서 다룬 인과 그래프와 관련한 내용을 함께 활용한다.

# 7

신약의 치료 효과에 결정적인 요인은 무엇일까

국내 제약회사가 바이러스 감염병을 치료하기 위한 신약 킬로를 개발했다고 하자. 킬로의 효과를 판단하기 위해 700명의 환자를 350명씩 두 그룹으로 나누었다. 실험군으로 선택된 그룹에는 킬로를 투여하고 대조군으로 선택된 그룹은 위약을 투여했다.

시험 결과 킬로를 투여받은 350명 중 273명이 완치됐다. 비율로 보면 78퍼센트라는 완치율이었다. 다섯 명 중 거의 네 명이 완치된 것이니 치료 효과가 확실하다고 할 수 있을까? 그렇게 결론짓기는 섣부르다. 위약군과 비교하기 전에 킬로가 실제로 얼마나 효과가 있는지는 알 수가 없다.

위약군에 속한 350명 중 완치된 사람은 289명이었다. 약 83퍼센트의 위약군 완치율은 실험군보다 5퍼센트가 더 높았다. 이대로라

성별로 구분한 신약 킬로의 투여 효과

	신약 투여(실험군)			위약 투여(대조군)		
	대상자 수	완치자 수	완치율	대상자 수	완치자 수	완치율
남자	263명	192명	73.0%	80명	55명	68.8%
여자	87명	81명	93.1%	270명	234명	86.7%
합계	350명	273명	78.0%	350명	289명	82.6%

면 킬로에 바이러스 치료 효과가 없다는 결론이 자연스러웠다. 치료 효과는 고사하고 오히려 완치를 방해한다는 평가가 이상하게 들리지 않는다.

남녀의 성별과 혈압 수준은 완치율에 어떤 영향을 줄까

데이터 마이닝을 하는 제약회사의 통계학자가 다음 사실을 찾아내기 전까지 킬로는 거의 가망이 없어 보였다. 남자 따로 여자 따로 비교하니 킬로의 완치율은 두 성별 모두 위약군보다 높다는 사실이었다. 킬로를 투여받은 남자는 263명 중 192명이 완치돼 완치율이 73퍼센트인 반면, 위약을 투여받은 남자는 80명 중 55명만 완치돼 완치율이 약 69퍼센트였다. 또한 킬로를 처방받은 여자는 87명 중 81명이 완치돼 약 93퍼센트의 완치율을 보인 반면, 위약을 처방받은 여자는 270명 중 234명이 완치돼 완치율이 약 87퍼센트에 그쳤다. 표「성별로 구분한 신약 킬로의 투여 효과」에서 확인할 수 있듯이 킬로를 처방받은 실험군의 남자와 여자는 위약군보다 각각 4퍼센트와 6퍼센트가 높은 완치율을 보였다.

　전체 집단을 비교하면 완치율이 약 5퍼센트 낮은 킬로가 남자와 여자로 구분해서 비교하면 오히려 완치율이 약 5퍼센트 높은 현상을 보였다. 그럴 때 우리는 어떤 결론을 내릴 수 있을까? 단적으로 킬로는 바이러스 치료에 효과가 있는 걸까, 아니면 없는 걸까? 환자가 남자만 있거나 여자만 있다면 킬로를 써도 되지만 남녀가 섞여 있는 집단에게는 쓰면 안 되는 걸까? 참으로 이율배반이 아닐 수 없다.

　이는 심슨의 역설의 한 예다. 앞에서 심슨의 역설에 대한 간단한 해결책은 없다고 했다. 앞의 통계 데이터만을 갖고 어느 쪽이 옳은지를 구분할 방법은 없다. 다시 말해 통계학은 심슨의 역설에 대한 해결책을 갖고 있지 않다. 더욱 기가 막힌 상황을 제시해보자. 글로벌 제약회사 역시 바이러스 치료를 목적으로 신약 리마를 개발했다. 킬로 때와 마찬가지로 총 700명의 환자를 실험군과 위약군으로 나눠 시험했다. 우연의 일치로 리마 실험군과 위약군의 완치율은 킬로 실험군과 위약군의 완치율과 정확히 똑같았다. 즉 실험군 전체의 완치율이 위약군보다 낮았다.

　글로벌 제약사도 데이터 마이닝을 하는 통계학자가 있기는 마찬가지였다. 통계학자는 열심히 분석한 끝에 다음 사실을 찾아냈다. 약을 투여한 후 측정한 혈압을 기준으로 고혈압자와 정상 혈압자를 분류해 완치율을 비교하니 그룹별로는 실험군의 완치율이 위약군보다 높았다. 신통하게도 그룹별 완치율은 킬로 때의 숫자와 정확하게

투여 후 측정된 혈압으로 구분한 신약 리마의 투여 효과

	신약 투여(실험군)			위약 투여(대조군)		
	대상자 수	완치자 수	완치율	대상자 수	완치자 수	완치율
고혈압	263명	192명	73.0%	80명	55명	68.8%
정상 혈압	87명	81명	93.1%	270명	234명	86.7%
합계	350명	273명	78.0%	350명	289명	82.6%

일치했다. 다음의 표 「투여 후 측정된 혈압으로 구분한 신약 리마의 투여 효과」에 나타낸 리마의 완치율은 표 「성별로 구분한 신약 킬로의 투여 효과」의 킬로의 완치율과 한 치의 오차도 없이 완벽히 들어맞는다.

이 경우, 리마도 킬로와 똑같은 상황에 부닥친 걸까? 숫자상으로 리마와 킬로를 구별할 방법은 없다. 리마는 바이러스 치료 효과를 본다고 할 수 있을까? 혹은 혈압에 따라 구별한 대로 치료 효과가 있다고 할 수 있을까? 대답 없는 메아리처럼 질문만 계속될 뿐이다.

개입의 효과는 상황에 따라 어떻게 달라질까

이제 이 난제를 어떻게 해결할 수 있는지 알아보자. 엔지니어들은 그래프와 인과 미적분을 동원해 이 문제의 답을 찾는다. 개입에 의한 확률적 인과를 구한다는 뜻이다. 그리고 그 과정에서 부산물로서 심슨의 역설을 해결한다. 먼저 킬로를 검토하자. 출발점은 인과 그래프

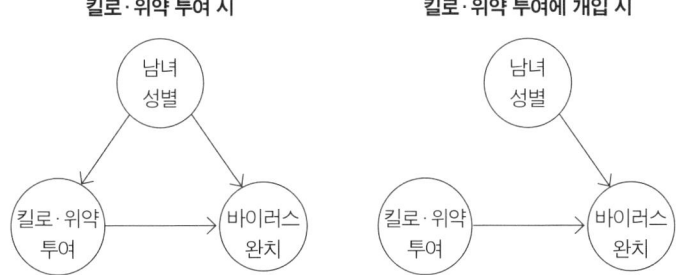

의 구성이다. 킬로의 투여 여부와 바이러스 완치 여부가 각각 정점에 해당한다. 둘 사이의 인과는 당연히 전자에서 후자로 흐른다. 즉 킬로의 투여에서 화살표가 나와 바이러스 완치로 화살표가 들어간다.

여기에 추가할 정점이 있다. 바로 성별이다. 성별은 완치율에 직접 영향을 줄 가능성도 있지만 치료약 투여율에 간접적인 영향을 미쳤을 수도 있다. 우리가 남성 호르몬인 안드로젠이 해당 감염병을 더 심하게 앓게 만드는 기제임을 안다고 치자. 또한 350명의 실험군 중 남자는 263명으로 약 75퍼센트에 달한다. 그러므로 성별에서 출발해 약 투여와 바이러스 완치의 두 정점을 향하도록 두 개의 화살표를 그린다.

현 상황에서 개입의 대상은 당연히 킬로의 투여 여부다. 어느 정점에 개입한다는 말은 해당 정점의 상태에 영향을 주는 화살표의 제거를 의미한다. 현재 그래프에서는 성별에서 킬로의 투여로 향하는 화살표가 그 대상이다. 킬로의 인과 그래프에서 이처럼 화살표를 없애고 나면 이제 킬로의 투여와 성별은 완치를 새끼로 갖는 어미와 아비가 된다. 즉 세 정점은 충돌기를 구성한다. 따라서 킬로의 투여와 성별은 독립이다.

킬로가 정말로 치료 효과가 있다면 그에 해당하는 개입부확률이 킬로를 주지 않고 위약을 줬을 때의 개입부확률보다 높아야 한다. 이 수정된 그래프에 대응하는 개입부확률은 전체 확률의 법칙을 이용해 구할 수 있다. 전체 확률의 법칙은 특정 사건이 발생할 주변확률을 구하는 방법을 말한다. 각각의 상태가 상호 배타적이고 전체를 포괄하는 조건일 때 각 상태가 발생할 주변확률과 각 상태가 발생한 상태에서 특정 사건이 발생할 조건부확률을 곱한 값들을 다 더한 값이다.

특정 사건의 주변확률
= (상태 1의 주변확률×상태 1이 주어졌을 때 특정 사건이 발생할 조건부확률) + (상태 2의 주변확률×상태 2가 주어졌을 때 특정 사건이 발생할 조건부확률) + ……

예를 들어 킬로를 투여했을 때 완치될 개입부확률은 약 투여와 성별이 서로 독립이므로 성별을 대상으로 전체 확률의 법칙을 적용할 수 있다. 남자일 확률(주변확률)은 킬로가 투여된 263명과 위약이 투여된 80명을 합친 343명을 700명으로 나눈 49퍼센트고 여자일 확률은 나머지 51퍼센트다. 따라서 킬로 투여 시 완치될 개입부확률은 남자일 확률(주변확률) 49퍼센트와 남자일 때 킬로 투여 시의 완치율(조건부확률) 73퍼센트를 곱한 35.8퍼센트를 여자일 확률 51퍼센트와 여자일 때 킬로 투여 시의 완치율 93.1퍼센트를 곱한 47.5퍼센트와 더한 83.3퍼센트다.

킬로 투여 시 완치될 개입부확률

= (남자일 확률×남자에게 킬로를 투여했을 때의 완치율)+(여자일 확률×여자에게 킬로를 투여했을 때의 완치율)

= 0.49×0.73+0.51×0.931

= 0.35+0.475

= 0.833

또한 위약 투여 시 완치될 개입부확률은 남자일 확률 49퍼센트와 남자일 때 위약 투여 시의 완치율 68.8퍼센트를 곱하고 또 여자일 확률 51퍼센트와 여자일 때 위약 투여 시의 완치율 86.7퍼센트를 곱해 더한 77.9퍼센트다.

위약 투여 시 완치될 개입부확률

= (남자일 확률×남자에게 위약을 투여했을 때의 완치율)+(여자일 확률×여자에게 위약을 투여했을 때의 완치율)

= 0.49×0.688+0.51×0.867

= 0.337+0.442

= 0.779

킬로 투여 시의 완치 개입부확률이 위약 투여 시의 완치 개입부확률보다 크므로 킬로가 바이러스 감염병을 완치할 확률적 원인이라고 이야기할 수 있다. 이때 확률적 인과의 크기는 두 개입부확률의

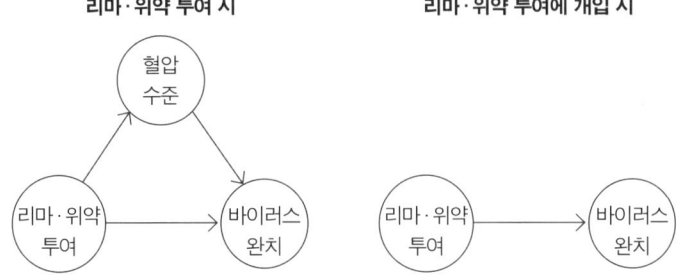

차이, 곧 83.3퍼센트에서 77.9퍼센트를 뺀 5.4퍼센트다.

그러면 리마도 킬로와 같은 상황이라고 말할 수 있을까? 이를 판단하려면 다시 리마에 해당하는 인과 그래프를 그려야만 한다. 숫자가 똑같다고 해서 인과 그래프도 언제나 같다고 볼 수는 없기 때문이다. 리마의 인과 그래프는 한 가지 면에서 킬로와 다르다. 킬로에서는 성별에서 약 투여로 인과가 흘렀지만 리마에서는 그럴 수 없다. 측정된 혈압이 약을 투여한 후에 잰 값이기 때문이다. 단적으로 약 투여가 사람의 성별을 바꿀 수는 없지만 혈압을 변화시킬 수는 있다. 이에 더해 리마가 혈압을 높여 치료 효과를 내는 기제까지 안다면 화살표의 방향이 약 투여에서 혈압으로 흐르는 게 마땅하다. 즉 약 투여와 세 번째 정점 간의 인과 방향이 반대다.

인과 그래프가 이와 같을 때 개입부확률은 어떻게 될까? 개입 대상은 리마의 투여 여부이다. 그런데 이 경우는 제거할 화살표가 없다. 약 투여 정점으로 들어오는 화살표가 없기 때문이다. 따라서 혈압은 약 투여에 독립이 아니라 종속이다. 즉 리마의 치료 효과는 혈압에 대해 전체 확률의 법칙을 적용해서는 안 된다. 이때의 개입부확

신장의 결석 크기로 구분한 개복술과 경피적 신쇄석술의 수술 성공률

	개복술			경피적 신쇄석술		
	대상자 수	완치자 수	완치율	대상자 수	완치자 수	완치율
큰 결석	263명	192명	73.0%	80명	55명	68.8%
작은 결석	87명	81명	93.1%	270명	234명	86.7%
합계	350명	273명	78.0%	350명	289명	82.6%

률은 리마와 위약을 줬다는 조건만으로 결정된다.

결국 리마를 투여했을 때 완치될 개입부확률은 실험군 전체의 완치율인 78퍼센트 자체다. 반면 위약을 투입했을 때 완치될 개입부확률도 대조군 전체의 완치율인 83퍼센트다. 따라서 리마는 치료에 도움이 되기는커녕 오히려 자연 치유를 악화한다고 결론을 내릴 수 있다.

킬로와 리마는 가상의 사례다. 하지만 숫자 자체는 실제 임상시험 사례에서 가져왔다. 세계적인 의학 학술 전문지 『영국의학저널』에 게재됐던 논문이다. 해당 논문은 신장 결석을 제거하는 두 가지 치료법을 비교했다. 실험군은 개복술, 즉 배를 열어 신장의 결석을 제거하는 수술에 해당한다. 위약군은 경피적 신쇄석술, 즉 피부에 구멍을 내고 내시경을 넣어 결석을 분쇄 배출하는 수술에 해당한다. 그리고 고혈압은 결석이 큰 경우, 정상 혈압은 결석이 작은 경우다. 실제 결과는 표「신장의 결석 크기로 구분한 개복술과 경피적 신쇄석술의 수술 성공률」와 같다.

논문의 저자들은 숫자의 보고에 그치고 결론을 내리지 못했다. 즉 전체 수술 성공률이 높은 경피적 신쇄석술이 더 좋은지, 아니면 결석 크기별로 성공률이 높은 개복술이 더 좋은지 언급하지 않았다. 참으로 난처한 일이다. 인과 미적분과 그래프로 무장한 여러분이라면 이 질문에 답하는 일이 불가능하지 않다. 이러한 실제 사례가 킬로와 리마 중 어느 쪽에 해당하는지만 알아채면 된다. 어느 쪽일까? 조금만 생각해보면 리마가 아니라 킬로에 해당함을 깨닫게 된다. 결석의 크기는 수술을 하기 이전에 이미 결정된 사항이기 때문이다. 즉 결석의 크기에서 수술법 선택으로 인과의 방향이 흐른다. 따라서 개복술이 경피적 신쇄석술보다 5.4퍼센트만큼 성공확률이 더 높은 수술법이라고 이야기할 수 있다.

추가로 경피적 신쇄석술의 전체 성공률이 더 우수한 개복술보다 높게 나타난 이유를 직관적으로 설명해보자. 결석이 작을 때는 경피적 신쇄석술로도 충분할 수 있다. 하지만 결석이 클 때는 더 확실한 개복술을 선택하기 마련이다. 작은 결석의 제거는 어느 수술법을 쓰든 큰 결석의 제거보다는 쉽다. 즉 제거하기 쉬운 작은 결석이 있을 때는 경피적 신쇄석술을 택하고 제거하기 어려운 큰 결석이 있을 때는 개복술을 택하는 경우가 더 많다. 상대적으로 성공률이 높은 작은 결석을 제거할 때는 경피적 신쇄석술에 주로 의존하고 성공률이 떨어지는 큰 결석을 제거할 때는 개복술에 의존한다. 그러다 보니 결과적으로 경피적 신쇄석술의 전체 성공률이 높게 나타났다는 이야기다.

5장
반사실

발생하지 않은 과거를
상상한다

 인과를 확인하고 활용하는 수단으로서 개입의 중요성은 아무리 강조해도 지나치지 않는다. 특히 4장에서 제시한 인과 미적분과 그래프의 결합은 무작위대조시험 등으로 직접 실험하지 않고도 개입의 효과를 추측하게 해준다. 인과를 압축해 묘사하는 인과 그래프와 개입의 효과를 모사하는 인과 미적분이 있기에 인과의 확률적 세기를 계산하는 일은 더는 불가능하지 않다.
 한편 우리가 인과에 관심을 갖는 이유가 현재의 행동이 가져올 미래의 효과만 궁금해서는 아니다. 그에 못지않게 중요한 다른 이유가 있다. 바로 이미 벌어진 과거의 일을 반대로 상상해보기 위해서다. 이를테면 '만약 내가 그때 현재 남편의 청혼을 거절하고 다른 썸남과 결혼했다면 어땠을까?' 혹은 '아까 아스피

린을 미리 먹었더라면 지금쯤 두통이 사라졌을까?'와 같은 사후 가정적 질문이 그 예다. 후회, 책임, 공로 등의 단어는 모두 이러한 측면의 인과와 관련이 있다.

4장에서 제시한 인과의 도구들은 조금 수정하면 선택하지 않았던 과거의 길을 상상하는 목적으로도 사용할 수 있다. 이번 장의 주제는 실제와 다른 가상의 과거를 인과로 풀어내는 방법이다.

1
인과 지능의 최정점은
반사실을 상상하는 능력이다

반사실counterfactual이 무엇인지 먼저 정의해보자. 사전은 반사실을 '사실에 반하는 주장, 가정, 혹은 생각' 혹은 '어떤 과거 행동의 영향을 평가하기 위해 사용되는 세상의 가설적, 가정적 상태'라고 설명한다. 여기서 이야기하는 반사실은 후자에 해당한다. 즉 반사실은 일종의 대체적 사실이라고도 이야기할 수 있다.

인과와 반사실은 어떻게 관련이 있을까

역사 소설의 장르로 인기 있는 일명 대체역사는 반사실과 관련이 깊다. 대체역사란 역사적 사건이 과거 사실과 다르게 전개되는 창작

물이다. 기록이 남아 있는 최초의 대체역사는 예수 탄생 즈음의 로마 역사가 티투스 리비우스Titus Livius가 쓴 『로마사』다. 『로마사』는 기원전 4세기 마케도니아의 알렉산드로스Alexandros the Great가 사실에 반해 동쪽의 페르시아를 공격하지 않고 서쪽의 로마를 공격한다는 시나리오가 담겨 있다. 로마인이었던 리비우스는 알렉산드로스가 로마 정복에 실패했을 거라는 이야기다.

대체역사는 비단 역사가나 소설가만의 전유물이 아니다. 가령 소설 『삼국연의』에서 유비와 촉에 공감하는 독자라면 다음과 같이 상상해봤을 가능성이 크다. 촉의 관우는 위의 번성을 공격하다 근거지 형주를 오의 여몽과 육손에게 잃고 죽었다. 218년 오의 손권은 관우에게 딸을 자기 아들과 결혼시키자는 제안을 했다. 하지만 관우는 손권의 제안을 거만하게 거절했다. 관우가 손권의 사돈 제안을 받아들였더라면 형주에서 죽는 일은 없지 않았을까 하는 상상이 바로 반사실에 기반한 대체역사의 한 예다.

그러면 반사실이 어떻게 인과와 관련되는 걸까? 철학자들은 인과를 나누는 한 가지 방법으로서 '원인의 결과'와 '결과의 원인'을 구분한다. 원인의 결과는 원인이 주어졌을 때 어떤 결과가 나오는지에 관심을 두는 관점을 말한다. 이러한 관점은 4장에서 다룬 개입과 일대일 대응을 이룬다. 원인의 결과에 집중하는 대표적인 분야가 바로 엔지니어링이다. 이는 곧 현재와 미래의 인과기도 하다.

반대로 결과의 원인은 결과가 주어졌을 때 어떤 원인이 있었는지에 관심을 두는 관점이다. 이러한 관점이 반사실과 관련이 있다. 주어진 결과는 과거 혹은 현재에 발생한 기정사실이다. 기정사실인 결과를 일종의 경계조건으로 간주한 상태에서 다시 과거로 돌아가 다른 대안을 선택했을 때의 결과를 상상해보는 일이 반사실이다. 그렇기에 반사실은 현재나 미래가 아니라 과거의 인과다. 결과의 원인은 특히 재판에서 중대한 역할을 맡는다.

그렇다면 반사실을 4장에 나온 개입만으로 해결할 수 있을까? 그렇지는 않다. 예를 들어보자. 당신의 직장은 역삼동에 있고 자가용으로 출퇴근한다. 친구와 저녁 약속으로 합정동에서 만나기로 했다. 당신은 역삼동에서 합정동까지 가는 여러 경로 중 하나를 택해야 한다. 첫 번째 후보는 반포대교를 건너 녹사평과 삼각지를 거쳐 백범로를 따라가는 방법이다. 두 번째 후보는 올림픽대로를 타고 양화대교 남단까지 가서 양화대교를 넘는 방법이다.

당신은 고민 후 올림픽대로를 타지 않고 반포대교를 건너는 첫 번째 방법을 택했다. 아뿔싸! 길이 꽉 막힌 탓에 당신의 차는 움직일 줄을 모른다. 거북이걸음을 한 끝에 두 시간 걸려 약속 장소에 겨우 도착했다. 한 시간 이상 기다린 친구는 만나자마자 투덜댄다. 오래 운전한 당신도 기분을 잡쳤다. 곧바로 당신의 머릿속을 스치는 다음 생각은 반사실의 한 예다.

'아까 반포대교에서 강을 건너지 말고 올림픽대로로 갔더라면 시간이 얼마나 걸렸을까?'

이러한 생각은 '일반적으로 역삼동에서 합정동까지 운전해 갈 때 반포대교와 백범로를 통해 가면 시간이 얼마나 걸릴까?'라는 질문과 같지 않다. 이 질문은 반포대교 경로로 간다는 개입의 결과를 묻는 것이기 때문이다. 또 이러한 생각은 이미 두 시간 걸려 합정동에 도착한 상태에서, 만약 새롭게 출발했을 때 시간이 얼마나 걸리는지를 묻는 것도 아니다. 현재 혹은 미래가 아니라 과거를 가상으로 뒤집는 궁금함이라서 그렇다.

즉 이 생각에는 '나는 아까 올림픽대로가 아니라 반포대교를 택하는 개입을 이미 했고, 그 결과 도로에서 두 시간을 보냈다.'라는 사실이 암묵적 조건으로 주어져 있다. 반사실이 까다로운 부분은 과거에 행한 개입과 그 개입의 실제 결과를 전제조건으로 해서 가보지 않은 길을 머릿속으로 그려본다는 점에 있다. 한마디로 대단한 '정신적 곡예'라고 할 만하다.

인공지능의 한 분야인 기계학습을 한평생 연구한 주디어 펄은 인과에 관한 지능의 수준을 3단계로 구분한다. 각각의 단계는 한 가지씩의 인지 능력에 대응한다. 제일 낮은 수준의 단계는 연관이다. 연관에 필요한 인지 능력은 시각 혹은 관찰이다. 쉽게 말해 상관을 깨달을 수 있는 능력이라고 해도 무방하다. 연관이 가장 낮은 수준인 이유는 단순한 수동적 관찰에 그치기 때문이다. 이러한 관찰만으로는 배후의 힘과 원리를 깨달을 수가 없다. 연관이 있다고 한들 어느 쪽이 원인이고 어느 쪽이 결과인지도 알 수 없다.

연관은 하등동물도 구사하는 능력이다. 논밭에 세워놓은 허수아비를 보면 새들은 접근을 꺼린다. 보이는 모양새가 위협적인 사람과 비슷하기 때문이다. 즉 연관만으로는 허수아비와 사람을 구별할 방법이 막막하다. 관찰된 데이터만으로는 초보적인 수준을 벗어날 길이 없다.

펄은 인공지능의 딥러닝을 연관의 단계에 머무르는 것으로 평가한다. 풀기가 불가능에 가깝다고 생각했던 여러 문제가 알고 보니 그렇게까지 어렵지 않은 문제였다는 사실을 딥러닝이 밝혔을 뿐이다. 일부 사람들이 걱정하듯 인간의 지능을 근본적으로 능가하는 강한 인공지능의 출현은 아직 멀었다는 평가다. 펄의 동료인 캘리포니아 로스앤젤레스대학교의 애드난 다위치Adnan Darwiche도 2018년 미국 컴퓨터학회ACM에서 「인간 수준의 지능 혹은 동물 같은 능력?」이라는 논문을 통해 펄과 비슷한 생각을 드러냈다.

개입은 연관보다 한 단계 높은 수준이다. 개입에 필요한 인지 능력은 조작 혹은 행동이다. 사람의 행동은 주변의 상태를 바꿔놓는다. 사람은 상태가 바뀐 정도에 따라 다시 행동을 조절할 수 있다. 관찰된 외부 상태와 내적 의지 사이의 되먹임 고리는 인간의 지능은 물론이거니와 기계의 인공지능 개발에서도 중요한 요소다.

개입을 통한 지적 능력 향상은 인간만이 누리는 혜택이 아니다. 가령 도구를 사용할 수 있는 유인원도 개입의 효과를 누리는 면이 있다. 유인원이 원래 머리가 좋아서 도구를 쓸 수 있다기보다는 원숭이와는 달리 도구를 쓰면서 지능이 발달했다는 이야기다. 또 실리콘밸리 IT 회사에서 유래된 이른바 'A/B 테스트'는 개입을 통해 지적 의사결정을 내리려는 회사 차원의 시도다. A/B 테스트란 작은 차이를 가진 두 방안 A와 B를 동시에 사용자 집단에 제시한 후 실제의 반응

결과에 따라 더 나은 방안을 찾아가는 방법이다.

반사실은 인과 지능의 가장 높은 단계다

펄에 의하면 반사실은 개입보다 위에 위치하는 인과 지능의 가장 높은 단계다. 반사실에 필요한 인지 능력은 상상 혹은 회고다. 이미 발생한 사실을 되돌려 다르게 상상하는 능력은 오직 인간에게만 주어진 선물이다. 역사를 회고하고 가상하는 능력을 인간이 갖지 못했다면 사회의 형성과 윤리 그리고 문화의 개발은 실현될 수 없었을 터다. 그래서였을까? 고대 그리스의 데모크리토스Democritos는 "페르시아의 왕이 되느니 차라리 원인을 단 하나라도 깨닫고 싶다."라고 입버릇처럼 말했다.

『사피엔스』와 『호모데우스』 등을 쓴 유발 하라리Yuval Noah Harari는 원시인류가 가상의 생명체를 묘사하기 시작한 일을 이른바 '인지혁명'이 시작된 징후로 간주한다. 하라리는 독일 홀렌슈타인-슈타델 동굴에서 발견된 사자 인간 조각상을 예로 들었다. 약 4만 년 전에 상아로 만들어진 사자 인간 조각상은 사자의 얼굴과 사람의 몸을 한 가상의 존재다. 하라리는 실재하지 않는 가상의 존재를 상상하는 능력에서 인류의 문명이 비롯됐다고 주장한다. 하라리가 옳다면 반사실이 인과 지능에서 가장 높은 단계라는 펄의 주장 역시 힘을 받는다.

2
반사실 또한 인과를 정의하는 방식이다

 존재하지 않는 대상을 상상하는 능력이 인간의 지능에서 차지하는 중요성을 고려해보면 반사실에 기반한 설명이 고대부터 존재해 왔음은 어찌 보면 당연한 일이다.
 예를 들어보자. 기원전 426년 에게해 서쪽의 말리아코스 만과 에우보이코스 만에 강력한 해일이 닥쳤다. 기원전 1세기의 스트라보니스Strabonis는 이때의 해일을 가리켜 "그리스 곳곳의 섬들이 잠기고 강들의 물줄기가 바뀌고 도시들이 완전히 파괴됐다."라고 기록했다. 부두에 정박해 있던 전투선인 트리레메가 해일에 들어 올려져 도시 성벽 넘어 민가를 덮칠 정도였다. 고대 그리스의 역사가 투키디데스Thukydides는 스파르타와의 전쟁을 기록한 『펠로폰네소스 전쟁사』에서 말리아코스 만 해일을 다음처럼 묘사했다.

"이러한 지진들이 빈번하던 때와 거의 동시에 에우보에아의 오로비아에 앞바다는 해안선에서 물러났다가 거대한 파도가 되어 되돌아와 도시를 강타하고 도시 일부를 물에 잠기게 하고는 후퇴했다. 그리하여 이전에 땅이었던 곳은 이제 바다가 됐고 제때 고지대로 대피하지 못한 거주자들은 몰살되고 말았다. 비슷한 창일이 동로크리스 해안의 아탈란타 섬에서도 발생해 아테네인의 진지가 휩쓸리고 두 척 중 한 척의 전투선이 난파됐다. 페파레투스 섬에서도 바다가 약간 물러났지만 거대한 파도가 덮치는 일은 뒤따르지 않았다. 그리고 지진이 발생해 도시의 성벽 일부와 건물들을 붕괴시켰다. (…중략…) 내 생각에 이 현상의 원인은 지진에서 찾아야만 한다. 지진의 충격이 가장 난폭했던 곳에서 바다가 되돌아오고 갑자기 배가된 힘의 반동이 창일을 일으킨다. 지진이 없었더라면 이러한 재해가 어떻게 일어날 수 있었을지 나는 모르겠다."

투키디데스는 반사실로서 역사적 사건을 설명했다

이러한 투키디데스의 서술은 여러 가지 면에서 의미가 있다. 첫째, 투키디데스는 해일의 원인으로 명확하게 지진을 지목했다. 이러한 태도는 동시대인이자 또 다른 역사가인 헤로도토스Herodotos의 사고방식과 사뭇 대조적이다. 투키디데스보다 약 20년 먼저 태어났던 헤로도토스는 페르시아와 그리스 사이의 전쟁을 다룬 『역사』를 썼다.

기원전 1세기의 로마 정치인 키케로Marcus Tullius Cicero는 헤로도토스를 '역사의 아버지'라고 칭송했다. 들은 그대로 기록하고 전하는 것을 역사 서술의 원칙으로 삼았기 때문이다.

헤로도토스는 현지 사람들의 이야기를 듣기 위해서라면 어디든지 찾아다녔다. 그가 찾아간 지역은 동쪽으로는 바빌론, 서쪽으로는 시칠리아, 남쪽으로는 이집트 나일강 상류의 섬 엘레판티네, 북쪽으로는 오늘날의 우크라이나에 해당하는 스키티아를 망라했다. 경도와 위도 모두 약 20도에 달하는 거리를 발로 밟은 셈이다. 그러한 헤로도토스였지만 해일의 원인에 대한 설명은 본질에서 투키디데스와 달랐다. 기원전 479년 코린트인의 식민도시 포티다이아는 아르타바누스Artabanus of Persia가 지휘하는 페르시아군의 포위 공격을 받고 있었다. 바닷물이 썰물처럼 빠지자 페르시아군은 포티다이아를 지나쳐 팔레네로 직행하려 했다. 페르시아군이 5분의 2쯤 지났을 때 갑자기 해일이 들이닥쳤다. 페르시아군은 익사하거나 배를 타고 공격하는 포티다이아군에게 죽었다.

포티다이아 사람들은 이구동성으로 해일의 원인이 페르시아인들이 바다의 신 포세이돈을 모독했기 때문이라고 말했다. 사람들의 이야기를 충실하게 기록하는 헤로도토스가 방금 포티다이아 사람들의 말을 『역사』에 그대로 써놓았음은 자연스럽다. 그보다는 곧바로 자기 생각을 덧붙인 다음 부분이 흥미롭다. '나는 이것이 원인이라고 이야기하는 그들이 옳다고 생각한다.' 즉 헤로도토스에게 해일의 원인은 그저 포세이돈의 진노였다.

앞의 투키디데스 서술이 의미를 갖는 둘째 측면은 마지막 문장에 있다. '지진이 없었더라면 이러한 재해가 일어날 수가 없었다.'라는 반사실의 형태를 띤다는 점이다. 3장에서 이야기했듯이 데이비드 흄은 인과를 반복적 경험에 기반한 일관된 관찰로 정의한 최초의 사람이다. 반복하자면 1739년에 출간된 흄의 『인성론』에는 '과거 경험상 화염이라는 대상과 열이라는 감각 사이에는 꾸준히 거듭되는 결합이 있었다. 그로부터 우리는 화염을 원인으로, 열을 결과로 부를 따름이다.'라는 문장이 나온다.

통계학은 반사실을 인정하지 않는다

흄은 자신의 주장이 불러온 당대의 논란을 모르지 않았다. 『인성론』은 학계의 주목을 받았지만 그렇게 많이 팔리지는 않았다. 게다가 학계의 주목도 긍정적이기보다는 경멸에 가까운 반응이었다. 아직 생활이 안정되지 못했던 흄은 자신의 이름을 숨긴 채 여러 권의 책을 새로 출간했다. 익명으로 출간한 흄의 후속작들은 어느 정도 경제적으로 성공을 거두었다. 생활이 안정된 흄은 논란이 많았던 자신의 인과에 관한 주장을 좀 더 다듬을 필요를 느꼈다. 그래서 1748년에 『인간 지성에 관한 논고』를 출간했다. 다음은 『인간 지성에 관한 논고』에서 발췌한 문장이다.

'우리는 원인을 다른 대상이 후속하는 어떠한 대상으로 정의할 수

있다. 그리고 첫째 대상과 비슷한 모든 대상의 뒤에는 둘째 대상과 비슷한 모든 대상이 따라 나온다.'

여기까지는 9년 전에 출간된 『인성론』의 주장과 다르지 않다. 표현만 포괄적인 개념으로 다듬었을 뿐 인과에 관한 흄의 생각은 그대로다. 놀라운 부분은 곧바로 이어 나오는 다음 문장이다.

'혹은 달리 말해서, 첫째 대상이 없었더라면 둘째 대상은 절대 존재하지 않았을 것이다.'

방금 문장은 앞의 투키디데스가 쓴 마지막 문장과 형식이 같다. 즉 흄은 인과를 두 가지 방식으로 정의했다. 일관된 경험의 반복뿐만 아니라 반사실 또한 인과를 정의하는 방식으로 여겼다는 이야기다. 인과에 관한 흄의 두 번째 정의는 첫 번째 정의보다 상대적으로 훨씬 덜 알려져 있다.

흄은 자신의 두 번째 정의가 첫 번째 정의와 매한가지라는 듯 슬쩍 넘어갔다. '달리 말해서'라는 표현이 두 방식의 정의가 서로 같음을 보이는 유일한 증거였다. 논리의 관점에서 둘이 같다는 보장은 사실 없다. 흄은 위 문장 외에는 인과의 반사실 정의에 대해 아무런 설명도 남기지 않았다.

그래서일까? 인과의 반사실은 『인간 지성에 관한 논고』 이후로도 200여 년간 무관심의 대상일 뿐이었다. 프린스턴대학교의 데이비드 루이스David Lewis가 1973년에 『반사실』을 출간하지 않았더라면 많은 사람이 인과의 반사실에 지금까지도 관심을 갖지 않았을 것이다. 즉 데이비드 루이스는 오늘날 반사실에 대한 사람들의 관심이 커진 결과의 원인이다.

투키디데스 이래로 평범한 사람들에게는 당연하기만 한 인과의 반사실이 왜 그토록 오랫동안 관심을 받지 못했을까? 한 가지 이유는 반사실이 통계학에서는 이단과도 같은 존재이기 때문일 터다. 반복적 관찰을 토대로 삼는 통계학에서 관찰이 불가능한, 일종의 평행우주와도 같은 가상의 과거 세계를 다루는 반사실이 얼마나 불편한 존재였을지는 짐작이 간다.

반사실에 대한 과거의 비인기는 관찰이 불가능에 가까운 이른바 '주관적 확률'에 대해 주류 통계학이 보여온 적대적 태도와도 맥을 같이한다. 주관적 확률이란 반복적 관찰 없이 사람마다 자신의 주관적 믿음에 따라 갖는 확률이다. 예를 들어 '10년 안에 외계인이 지구를 침공할 확률'은 반복적 관찰이나 자명한 공리 등에 의지해 구할 방법이 없다. 사람에 따라 0퍼센트에서 100퍼센트 사이의 확률이 제각각 주어질 터다. 이러한 확률이 주관적 확률의 한 예다.

흄과 동시대인이었던 토머스 베이즈Thomas Bayes는 주관적 확률을 추가되는 정보에 따라 갱신하는 방법을 만들었다. 20세기 들어 베이즈의 방법은 베이즈 확률론 혹은 베이즈 통계학이라는 이름으로 불리게 됐다. 베이즈의 방법이 궁극적으로 꽃을 피운 분야는 통계학이 아니었다. 인공지능을 개발하려는 컴퓨터 엔지니어링이었다.

3

다람쥐가 발길질을 하면 골프에서 버디를 할 수 있을까

철학자들은 인과를 구분하는 기준 하나를 더 갖고 있다. 이른바 유형 인과type causation와 특정 인과specific causation의 구분이다. 유형 인과는 일정한 유형 전체에 성립하는 인과다. 유형 인과로 분류되려면 인과의 원인과 결과 중 최소한 하나 이상이 유형이어야 한다. 예를 들어 위장의 상피조직에 사는 위나선균, 즉 헬리코박터 파일로리가 위궤양의 원인이라는 말을 검토해보자. 헬리코박터 파일로리와 위궤양이 모두 일정한 유형을 지칭하고 있으므로 방금 말은 유형 인과에 속한다. 유형 인과는 일반 인과general causation라고도 불린다.

인과에는 특정 인과와 유형 인과가 있다

특정 인과는 유형이 아니라 특정한 사건 혹은 개체 사이에 성립하는 인과다. 특정 인과를 가리키는 다른 말로 실제 인과actual causation, 단수 인과singular causation, 사례 인과token causation 등이 있다. 각각의 개별 상황에 적용되는 인과가 특정 인과인 셈이다. 예를 들어보자. 2007년부터 시작된 글로벌 금융위기 때 독일 자동차회사 포르쉐는 자기보다 훨씬 큰 또 다른 독일 자동차회사 폭스바겐의 주식 42.6퍼센트를 비밀리에 매수했다. 거기에 더해 옵션으로 폭스바겐의 주식 31.5퍼센트를 추가로 확보했다.

이 와중에 헤지펀드들이 적지 않은 수의 폭스바겐 주식을 공매도했다. 공매도란 주식을 소유하지 않은 상태에서 빌려서 파는 거래 행위다. 공매도한 측은 주가가 내려가면 돈을 벌지만 반대로 주가가 오르면 그만큼 손실을 본다. 특히 주식을 빌려준 쪽에서 주식을 갚으라고 요구하면 주식시장에서 현물 주식을 사서 갚아야 한다. 더욱이 주식을 팔겠다는 데가 없으면 말도 안 되게 높은 가격에라도 주식을 사서 갚아야 한다는 점이다. 이러한 상황을 가리켜 숏스퀴즈 혹은 거래상대방을 구석으로 몰아넣는다는 의미에서 마켓 코너링이라고 부른다. 우리말로 사재기인 마켓 코너링은 대부분 금융시장에서 불법이다.

포르쉐가 폭스바겐의 경영권을 목표하고 있다는 소식이 알려지자 그 누구도 폭스바겐 주식을 팔려 하지 않았다. 특히 폭스바겐 주식을 20퍼센트 소유하고 있던 독일 지방정부 니더작센은 팔 의향이 전혀 없었다. 극심한 숏스퀴즈 속에서 2008년 10월 24일 금요일 200유로 밑으로 거래되던 폭스바겐 주가는 10월 28일 화요일 1,005유로를 기록했다. 이에 힘입어 폭스바겐은 단 하루 동안 세계에서 가장 시가총액이 높은 회사로 등극했다.

폭스바겐 주가는 하루 뒤인 10월 29일 수요일 514유로로 주저앉았고 11월에는 이미 예전 수준으로 돌아왔다. 코너링을 수행한 포르쉐는 해당 투기를 통해 약 13조 원의 돈을 벌었다. 이는 2006년 1년간 포르쉐가 자동차를 만들어 팔아 번 매출 약 10조 원과 좋은 대조를 이루었다. 그러나 코너링의 결말은 해피엔딩과는 거리가 멀었다. 최정점에서 헤지펀드들의 손실은 약 29조 원에 달했다. 투기적 방법으로 세상을 혼란하게 만든 포르쉐의 최고경영자와 재무 임원은 해고됐다. 아이러니하게도 포르쉐는 폭스바겐에게 거꾸로 합병당했다. 포르쉐의 시도는 결국 실패했다.

생각하지 못한 비극도 발생했다. 아돌프 메르클레Adolf Merckle는 2006년 기준으로 전 세계에서 36번째로 돈이 많았던 독일 최고 부호 중 한 명이었다. 그는 헤지펀드들과 함께 폭스바겐 주가가 내려가는 쪽에 베팅하다가 개인적으로 약 7,000억 원을 잃었다. 그는 석 달 후인 2009년 1월 5일에 달리는 기차 앞으로 몸을 던져 자살했다. 2008년 포르쉐의 코너링이 그해 폭스바겐 주가 급등의 원인일까? 물론이다. 원인인 2008년 포르쉐의 코너링과 결과인 2008년 폭스바겐의 주가 급등이 둘 다 특정한 행위나 사건이다. 따라서 이는 특정 인과다.

특정 인과와 유형 인과의 관계는 생각보다 까다롭다. 이 문제를 고민해본 사람들의 생각은 대체로 두 가지로 나뉜다. 하나는 유형 인과가 더 근본적이고 특정 인과는 유형 인과의 평균적 개별 개체에 불과하다는 생각이다. 다른 하나는 반대로 특정 인과가 본질적이고 유형 인과는 개별 특정인과의 집합적·통계적 양태에 지나지 않는다는 생각이다. 전자는 철학자와 통계학자들 사이에서 흔하고 후자는 주로 컴퓨터과학자들에게 지지를 받는다.

특정 인과와 유형 인과는 서로 충돌할 수 있다

특정 인과와 유형 인과는 경우에 따라 서로 충돌하는 모습이 나타날 수도 있다. 예를 들어 보통 수준의 일반인 골퍼가 3미터 거리의 버디 퍼트를 시도하고 있다. 퍼팅은 그저 그렇게 이루어져 그대로 굴러가면 버디가 될지 확실하지 않다. 그런데 갑자기 다람쥐 한 마리가 나타나서 홀을 향하던 골프공을 발로 건드렸다. 일반인 골퍼의 퍼팅 실력은 프로 선수에 못 미친다. 미국프로골프PGA 투어 선수의 경우, 3.04미터인 10피트짜리 퍼트의 성공률이 34퍼센트 정도다. 당연히 일반인의 퍼트 성공확률은 그보다도 낮다.

유형 인과의 관점에서 갑자기 나타난 다람쥐의 발길질은 버디 퍼트를 실패하게 만드는 확률적 원인이다. 가령 일반인 골퍼의 3미터

퍼트 성공확률이 15퍼센트라면 다람쥐의 발길질은 퍼트 성공 확률을 1퍼센트 정도로 낮춘다. 결국 골프공이 홀컵으로 들어가지 않았다면 다람쥐의 발길질을 퍼트 실패의 유형 원인으로 지목해도 무리가 없다. 문제는 이 상황에서 골프공이 홀컵으로 들어간 경우다. 다람쥐의 발이 닿았다면 굴러가던 골프공의 방향이 바뀌기 마련이다. 곧 특정한 발길질이 결과적으로 버디가 되게 했다는 이야기다. 그렇다면 다람쥐의 발길질은 이번 버디의 특정 원인이 아닐 수 없다. 즉 다람쥐의 발길질은 유형 인과로는 버디 실패의 원인이지만 특정 인과로는 이번 버디 성공의 원인이다.

특정 인과와 유형 인과의 구분을 꺼내든 이유는 반사실과의 관련성을 설명하기 위해서다. 개입은 기본적으로는 유형 인과를 대상으로 하지만 특정 인과가 대상이 될 수도 있다. 반면 반사실은 유형 인과를 대상으로 할 방법이 없고 오직 특정 인과만을 대상으로 한다. 그러므로 특정 인과만을 대상으로 하는 반사실을 과거의 통계적 성질로 나타내려는 시도는 무의미하기 쉽다.

4

공부하는 시간을 늘리면 성적이 오를까

지금까지 반사실의 기본적 내용을 이야기해왔다. 이번 절에서는 반사실을 실제로 어떻게 구하는지 사례를 통해 알아보도록 하자. 알아볼 사례는 심리적 격려와 물리적 공부량이 성적에 미치는 영향이다. 반사실을 포함해 모든 인과 문제를 풀 때 해야 하는 첫 번째 작업은 인과 그래프를 그리는 일이다. 인과 그래프를 그리려면 무엇이 원인이고 무엇이 결과인지를 정해야 한다.

먼저 격려 혹은 칭찬과 성적 사이의 관계는 어떨까? 당연히 전자가 원인이고 후자가 결과다. 지금 알아보려는 관계가 격려가 성적에 미치는 영향이기 때문이다. 성적이 좋으면 그 때문에 칭찬하게 되지 않냐는 질문은 현재의 인과와 무관한 질문이다. 시간상 시험을 본 후에 하는 칭찬은 과거의 사건인 시험 성적의 원인이 될 수 없다. 그다

격려, 공부량, 성적 사이의 인과 그래프

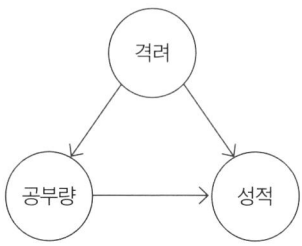

음으로 공부량과 성적 사이의 관계는 어떨까? 방금과 마찬가지로 전자가 원인이고 후자가 결과다. 성적이 올라서 공부량이 늘 리도 없다. 더욱이 여기에서의 공부량은 시험을 보기 전의 공부량에 한정한다.

여기까지가 전부라면 세 정점 간의 관계는 충돌기가 될 터다. 충돌기가 성립하려면 어미와 아비 사이에 아무런 인과가 없어야 한다. 즉 격려와 공부량이 서로 독립이어야 한다. 조금만 생각해보면 격려와 공부량이 서로 독립이라는 가정은 현실에서 성립하지 않기 십상이다. 코넬대학교 교육학 박사로 60여 권의 책을 쓴 켄 블랜차드Ken Blanchard는 "칭찬은 고래도 춤추게 한다."라고 했다. 즉 적절한 격려를 받은 학생은 자발적으로 공부량을 늘릴지 모른다. 그러므로 격려에서 공부량으로 화살표를 그릴 법하다.

방금까지 인과 그래프를 완성하면서 정점 간의 화살표 방향만 결정했을 뿐 구체적인 관계를 언급하지는 않았다. 이는 인과 그래프를 그리는 일의 장점 중 하나다. 즉 하나의 인과 그래프는 세기나 형태가 다른 다양한 인과를 포괄할 수 있다. 가령 결과가 원인 자체에 정비례하는 경우와 원인의 제곱에 정비례하는 경우를 모두 하나의 인과 그래프로 다룰 수 있다.

공부량이 늘면 성적이 오르는 게 타당할까

인과 그래프를 다 그렸다면 그다음 차례는 각 인과를 지배하는 힘을 찾을 차례다. 이게 가능할지는 문제마다 다르다. 숫자로 표현하기 좋은 공부량과 성적의 관계를 먼저 살펴보자. 둘 사이의 인과는 어떤 형태일까? 상식적으로 생각하면 공부량이 늘면 성적이 따라 느는 게 타당하다.

하지만 현실에서 데이터를 모아본다면 공부량이 늘었음에도 성적이 제자리거나 심지어는 하락한 경우도 부지기수로 찾게 될 터다. 즉 공부량과 성적 사이 산점도를 그려보면 넓게 퍼진 모양이 나온다. 이런 경우, 통계학은 회귀식을 계산해 그것으로 분포를 대신한다. 앞에서 이야기했듯 각 사람의 개별성을 무시하는 통계학의 방법은 환영을 쫓는 일이기 쉽다. 격려는 숫자로 표현하기가 애매해서 더욱 그렇다.

이제부터는 가상의 숫자를 갖고 이야기를 진행해보겠다. 각 인과는 무작위로 한 개별성 부분과 결정론적인 부분의 합으로 구성된다고 가정해보자. 개별성 부분은 각 개인의 개별성에 따른 임의의 값이다. 결정론적인 부분은 모든 사람에게 통용되는 확정된 단순한 수식이다. 이처럼 가정하는 이유가 현실이 실제로 이렇기 때문은 아니다.

그보다는 반사실을 구하는 방법을 더 쉽게 설명하기 위한 목적이다.

먼저 성적, 즉 시험 점수를 검토해보자. 편의상 대입 수능시험을 대상으로 하겠다. 만점은 500점이고 모든 문제는 오지선다형이다. 따라서 전혀 공부하지 않아도 운에 의해서 100점은 나올 수 있다. 그다음으로 격려를 정의해보자. 격려는 학생이 공부를 잘할 수 있도록 부모와 교사가 학생과 교감하고 용기를 북돋는 매일의 시간이다. 격려량 자체는 결정론적인 부분 없이 개별성에 의해서만 좌우된다.

이어 공부량과 성적 사이의 결정론적인 부분이다. 입력인 공부량은 하루에 공부하는 시간이다. 또한 출력인 성적, 즉 시험 점수는 공부량에 25를 곱한 값이다. 예를 들어 공부를 전혀 하지 않던 학생이 3시간씩 매일 공부하면 시험 점수는 25에 3을 곱한 75점만큼 올라간다. 격려와 성적 간의 결정론적인 부분도 제시해보자. 시험 점수는 격려량에 40을 곱한 만큼 추가된다. 즉 격려받는 시간이 하루당 1시간이 늘면 시험 점수는 40점이 더 나온다. 마지막으로 격려와 공부량 사이의 결정론적인 부분이다. 공부량은 격려량의 4배다. 예를 들어 학생에게 격려를 하루에 반 시간씩 더 해주면 공부량이 2시간 더 늘어난다.

결론적으로 시험 점수는 다음 네 가지 항의 합이다. 첫째는 기본 점수 100점, 둘째는 공부량에 의한 추가점수, 셋째는 격려량에 의한 추가점수, 넷째는 개별성 점수다. 공부량에 의한 추가점수는 공부량에 25를 곱해 얻고 격려량에 의한 추가점수는 격려량에 40을 곱해 구한다. 그렇다면 수험생인 지수를 이러한 인과모형으로 분석해보자. 지수가 받은 격려는 하루에 1시간, 지수의 공부량은 하루에 10시간, 그리고 지수의 시험 점수는 420점이었다. 420점이 나쁜 점수는 아니었지만 지수는 아쉬움이 있었다. '만약 내가 공부량을 2시간만 더 늘렸더라면 시험 점수는 몇 점이었을까?' 하고 스스로 물을 법하다. 바로 반사실이다.

공부량을 더 늘렸더라면 어떻게 됐을까

이 반사실을 어떻게 확인할 수 있을까? 앞의 인과모형이 있을 때 해야 하는 첫 번째 작업은 지수에 해당하는 각 개별성을 구하는 일이다. 매일 1시간이라는 격려량은 자체가 개별성이므로 더 구할 값이 없다. 다음으로 지수의 공부량 10시간은 격려량인 1시간 곱하기 4와 개별성의 합이다. 따라서 지수의 공부량의 개별성은 10에서 4를 뺀 6이다. 마지막으로 지수의 시험 점수의 개별성은 지수가 받은 시험 점수 420점에서 100, 10 곱하기 25, 1 곱하기 40을 차례로 뺀 30이다. 지수의 개별성을 모두 구했으므로 반사실의 시험 점수를 구할 준비가 끝났다.

이제 '지수가 공부량을 2시간만 더 늘렸더라면'이라는 조건을 인과모형에 부과해보자. 공부량을 2시간 더 늘린다는 개입은 성적에는 영향을 미쳐도 격려에는 영향을 주지 못한다. 공부량이 격려의 원인이 아니라 결과이기 때문이다. 그렇다면 이러한 반사실 개입으로 격려에서 공부량으로 향하는 화살표는 그래프에서 제거해야 마땅하다. 어떤 요인에 개입한다는 뜻은 그 요인으로 들어오는 모든 영향을 차단하고 우리가 정한 값을 강제로 준다는 뜻이기 때문이다. 즉 현재의 인과 그래프에서 공부량에 개입하면 그래프가 충돌기로 바뀐다.

그러므로 지수가 공부량을 2시간 더 늘렸더라면 받았을 시험 점수는 격려량은 여전히 1시간, 공부량은 12시간, 개별성은 30인 경우에 해당한다. 모두 다 넣어 계산하면 원래의 420점보다 50점이 올라간 470점을 받았으리라는 결론을 얻을 수 있다.

반사실상의 시험 점수(470) =
기본점수(100) + 격려에 의한 추가점수(40) + 증가된 공부량에 의한 추가점수(300) + 개별성(30)

5

전쟁 중 명령서를
어떻게 전달할 것인가

2020년에 개봉된 샘 멘데스Sam Mendes 감독이 연출한 〈1917〉이라는 영화가 있다. 제1차 세계대전 때 영국군의 실화를 각색한 작품이다. 봉준호의 〈기생충〉이 미국 아카데미 작품상을 탈 때 가장 강력한 라이벌로 꼽혔다. 골든글로브와 영국 아카데미에서는 작품상과 감독상을 석권할 정도로 평가가 좋았다. 〈1917〉의 각본 자체는 꽤 단순하다. 팔이 안으로 굽기 마련인 영국 아카데미에서 각본상 후보조차 되지 못했을 정도다. 영화의 내용을 요약하면 다음과 같다.

1917년 4월 6일 영국군 장군 에린모어는 8연대인 데번셔 연대의 지휘관인 대령 매켄지에게 급박하게 명령을 내려야 했다. 독일군이 후퇴한 줄 알고 공격 명령을 다음 날 새벽 시간으로 내려놓았다. 그런데 항공 정찰 결과 독일군이 함정을 파놓았다는 사실을 알게 돼서다.

어떻게 전령에게 임무를 맡길 것인가

문제는 포격전으로 인해 전방부대와의 통신선이 모조리 끊어졌다는 점이다. 다른 대안이 없었던 에린모어는 부관인 중위 리처즈를 통해 두 명의 병사를 차출한다. 도보로 위험지대를 관통해 무슨 수를 써서라도 다음 날 새벽 전까지 매켄지에게 공격 취소 명령을 전달하는 임무다. 두 병사는 한 팀을 이루어 임무에 나섰다. 스포일러가 되므로 영화에서 임무의 성공 여부는 이야기하지 않겠다.

에린모어의 명령에는 약점이 있다. 명령을 전달해야 할 전령팀이 하나라는 약점이다. 전령이 가다가 죽거나 다쳐 매켄지를 만나지 못하면 1,600명의 데번셔 연대 병력은 독일군의 포탄과 기관총탄에 글자 그대로 헛된 피를 흘린다. 또 전령이 갑자기 딴맘을 먹고 가는 시늉만 하거나 혹은 사라져버려도 마찬가지 일이 벌어진다.

해결 방법이 없을까? 이러한 상황을 인과 그래프로 그려보면 힌트를 얻을 수 있다. 에린모어의 명령서는 리처즈와 전령을 거쳐 최종적으로 매켄지에게 전달되는 상황이다. 쉽게 말해 리처즈부터 매켄지까지 세 개의 화살표가 직렬로 연결된 이른바 '사슬' 구조다. 인과 관점에서 사슬은 한 군데라도 끊어지면 원하는 최종 결과를 얻을 수 없다는 특징이 있다.

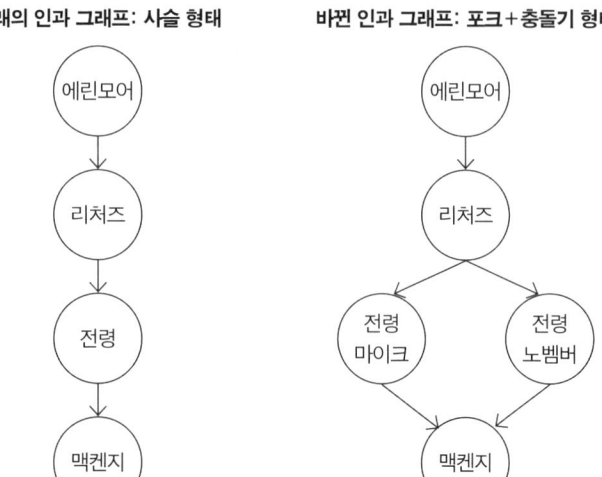

사슬의 취약성은 반사실을 통해서도 확인할 수 있다. 가령 에린모어의 바람과는 달리 데번셔 연대가 무모한 공격을 감행해 전멸됐다고 해보자. 자신의 연대와 함께 전사한 맥켄지는 상관의 명령이라면 무조건 복종하는 인물이다. 에린모어가 보기에 자신이 리처즈에게 명령서를 건넸음은 틀림없는 사실이고, 추궁해보니 리처즈가 전령에게 명령서를 전달했음도 확인됐다.

그렇다면 데번셔 연대의 전멸을 설명할 수 있는 유일한 요소는 전령에서 맥켄지로 향하는 화살표의 실종이다. 더 확실하게 다음과 같은 반사실을 질문해보자.

"전령이 맥켄지에게 명령서를 전달했더라면 어떤 일이 벌어졌을까?"

인과 그래프와 확인된 사실들로 미루어보건대 전령이 명령서를 전달했다면 매켄지가 연대에 공격 명령을 내리지 않았을 터다. 즉 매켄지의 연대가 공격했다는 사실은 전령이 매켄지에게 명령을 전달하지 않았다는 사실을 증명한다. 자신의 명령서가 매켄지에게 반드시 도달하게 만들려면 에린모어는 어떤 선택을 할 수 있을까? 에린모어가 택할 수 있는 간단한 대안이 있다. 전령팀을 하나만 보내지 말고 동시에 여러 팀을 보내는 방법이다.

이익집단의 독점 폐해를 깨트릴 방법은 무엇일까

엔지니어들은 이러한 방법을 중복디자인이라고 부른다. 중요 임무를 담당하는 부품을 하나로 하지 말고 여럿이 동시에 작동하도록 하는 개념이다. 혹시 그중 하나가 고장이 나더라도 전체 시스템에 문제가 생기지 않도록 하기 위함이다. 에린모어가 중복디자인을 활용해 명령을 내렸다고 가정해보자. 부관 리처즈에게 두 명의 전령을 동시에 다른 경로로 보내라고 명령하면 될 일이다. 이 경우 인과 그래프는 사슬에서 포크와 충돌기가 결합한 형태로 바뀌게 된다. 인과 그래프의 구조를 바꾸는 일은 환부를 도려내는 본질적 수술이 될 수 있다.

바뀐 인과 그래프를 대상으로 먼저 개입을 검토해보자. 편의상 두 전령의 이름을 각각 마이크와 노벰버라고 부르자. 마이크가 에린모어의 명령을 충실히 따르지 않는다는 개입을 가하면 어떤 일이 벌어질까? 인과 그래프에서 어느 정점에 개입한다는 의미는 그 정점으로 들어오는 화살표를 모두 끊어버리는 일과 같다고 4장에서 설명했다. 즉 마이크는 에린모어의 의도와 무관하게 본인의 판단으로 매켄지에게 명령서를 전달하기를 거부한다.

이 경우, 마이크의 불복종은 어떤 결과를 가져올까? 바뀐 인과 그래프에 의하면 최종적인 결과에 아무런 영향을 미치지 못한다. 마이크의 행동과 무관하게 에린모어에서 리처즈와 노벰버를 거쳐 매켄지에 도달하는 인과 사슬은 정상적으로 작동되기 때문이다.

이번엔 반사실을 확인해보자. 실제로 마이크는 에린모어의 명령서를 매켄지에게 전달했고 매켄지는 공격을 취소했다고 가정해보자. 두 가지 사건은 모두 기정사실이다. 이때 예전 버릇대로 마이크가 '내가 명령서를 매켄지에게 전달하지 않았더라면 무슨 일이 벌어졌을까?' 하고 상상을 하는 경우다.

마이크가 기정사실과 다르게 행동했다는 가정은 곧 마이크에 대한 개입을 의미한다. 앞에서 설명했듯이 이 경우 마이크로 들어오는 화살표는 인과 그래프에서 제거된다. 마이크가 명령을 따르지 않았다는 가정으로 인해 마이크에서 매켄지로의 화살표도 작동하지 않는다. 그럼에도 불구하고 이러한 마이크의 변심은 결과에 아무런 영향을 주지 못한다. 다른 한쪽의 인과는 마이크와 무관하게 정상 작동되기 때문이다.

마이크는 자신의 불복종이 결과에 아무런 영향을 미치지 못함을 미리 알 수 있었다면 어떻게 행동했을까? 노벰버가 명령에 따르리란

사실을 알았다면 본인도 명령에 따라야겠다고 생각했을 수 있다. 혼자서 전령 역할을 하던 때라면 역할을 독점한다는 이유로 제멋대로 행동할 여지가 있었다. '어차피 나 아니면 명령이 전달될 방법은 없어.'라고 하는 고약한 생각 때문이다. 하지만 여러 전령이 있는 상황에서 그런 생각을 행동에 옮겼다가는 군법에 따라 도태될 뿐이다.

영화 〈1917〉에 빗대어 단일 사슬의 문제를 이야기했다. 마이크와 같은 행태를 보이는 여러 이익집단이 생각나서다. 무엇이든 독점을 깨지 않는 한 주권자의 의도가 제대로 전달되지 않는 문제를 해결할 길은 없다.

6

재판과 법률에서 반사실은
어떻게 사용될까

 이 책의 3장에서 인과의 중요한 역할 중 하나가 책임 지우기임을 이야기했다. 책임을 따지는 대표적인 분야가 둘이 있다. 하나는 윤리고 다른 하나는 법률이다. 마지막으로 법률에서 인과, 특히 재판에서 반사실이 어떻게 활용되는지를 살펴보자.

 법률은 크게 보아 세 가지 종류의 인과를 규정하거나 인식하고 있다. 먼저 가장 충족되기 까다로운 이른바 '없었더라면but for' 인과를 설명하자. 없었더라면 인과는 로마법의 시네 콰 논sine qua non에서 유래한 개념이다. 이 표현은 6세기 초 서로마 멸망 후 동고트의 왕 테오도릭Theoderic the Great 밑에서 집정관을 지낸 아니키우스 보에티우스Anicius Boethius의 글에 처음 등장했다. 앞에 생략된 단어 콘디티오conditio까지 포함해 직역하면 '~이 없다면 ~이 아니게 되는 조건'이다. 우리

말로 간략하게 의역하면 필수선행조건이라고 옮길 수 있다.

오스카가 칼을 휘두르지 않았다면 파파가 죽지 않았을까

필수선행조건은 형법이 따지는 인과의 원인이다. 우리 형법 제17조(인과관계)는 '어떤 행위라도 죄의 요소되는 위험발생에 연결되지 아니한 때는 그 결과로 인하여 벌하지 아니한다.'라고 규정돼 있다. 예를 들어 오스카가 파파를 칼로 찔렀다. 피를 많이 흘린 파파는 얼마 후 찔린 현장에서 죽었다. 형법이 묻는 인과는 파파가 죽은 원인이 오스카가 칼을 찌른 행위인지다. 법조인들은 형법 제17조를 적용할 때 필수선행조건으로써 인과를 확인한다. 즉 오스카가 칼을 휘두르지 않았더라면 파파가 죽지 않았을지를 따져본다. 방금 질문의 답이 "그렇다."인 경우에 한해 파파 사망의 책임을 오스카에게 묻는다는 이야기다. 말하자면, 형법의 시네 콰 논은 필수조건이다. 해당 결과가 발생했다면 반드시 해당 원인이 있었기 마련이라는 의미다.

흥미롭게도 시네 콰 논은 의료에서도 사용하는 표현이다. 어떤 증상이 없다면 해당 질병의 부재를 확신할 수 있는 경우에 쓴다. 예를 들어 대장암이 있는데 대장용종이 없을 수는 없다. 용종 혹은 폴립은 점막 일부가 혹처럼 돌출된 상태다. 즉 대장용종은 대장암의 필요조건이다. 따라서 대장용종이 대장내시경에서 발견되지 않았다면 대장암은 없다고 결론 내려도 무방하다.

오스카와 파파 사례를 좀 더 엄밀하게 정의해보자. 먼저 기정사실 두 가지가 있다. 오스카가 파파를 칼로 찔렀다는 사실과 파파가 피를 많이 흘려 죽었다는 사실이다. 이미 발생한 두 가지 기정사실을 전제한 상태에서, 판사는 사실에 반해 "만약 오스카가 파파를 칼로 찌르지 않았다면?"이라고 묻는다. 방금 질문은 더도 덜도 말고 반사실이다.

현실의 형사재판은 완전히 일방적이지 않은 경우가 일반적이다. 오스카가 찔렀을 가능성이 커 보이는데 본인은 찌른 사실을 극구 부인한다든지 혹은 찌르긴 찔렀지만 다른 원인으로 파파가 죽었다고 주장한다든지 하는 경우가 절대 드물지 않다.

영미법에서 하나의 격률로 채용된 이른바 '블랙스톤의 비율'은 형사재판에서 유죄를 선고하려면 범죄의 인과가 정말로 확실해야 한다는 개념이다. 영국의 판사 윌리엄 블랙스톤William Blackstone은 1760년대에 이 개념을 주장했다. 1785년 미국 건국의 아버지 벤저민 프랭클린은 블랙스톤의 비율을 상징적으로 "한 명의 무고한 사람이 고통받는 쪽보다 100명의 범법자가 방면되는 쪽이 낫다."라는 말로 표현했다.

그러면 정말로 확실한 경우란 어떤 경우를 가리키는 걸까? 이를 나타내는 법률적 표현은 이른바 '합리적인 의심의 여지가 없는beyond reasonable doubt'이다. 확률로 보자면 아마도 99퍼센트 혹은 그보다도 더 높은 기준에 해당할 터다. 여기에 더해 우리 헌법 제27조 제4항은 '형사피고인은 유죄의 판결이 확정될 때까지는 무죄로 추정된다.'라는 이른바 '무죄추정의 원칙'을 명시하고 있다. 또한 범죄사실에 대한 입증의 책임은 기소자인 검사에게 있으며 피고인 자신이 무죄임을 적극적으로 입증할 책임이 없다. 검사가 합리적인 의심의 여지 없이 유죄를 입증하지 못한다면 판사는 무죄로 판결해야 한다는 의미다.

칼을 피하다가 피아노에 깔려 죽었다면 범인은 누구인가

법률이 규정하는 두 번째 인과는 이른바 '근접 인과proximate causation'다. 미국 모범형법전Model Penal Code은 이를 가리켜 '결과의 발생이 너무 희박하거나 우연하지 않은 경우'라고 설명한다. 근접 인과는 그 모호함으로 악명이 높다.

다음 사례를 보자. 퀘벡은 로미오를 죽일 의도를 갖고 칼을 집어 던졌다. 로미오는 퀘벡이 던진 칼을 피하느라 몸을 피하다가 하필이면 하늘에서 떨어지던 피아노에 깔려 죽었다. 필수선행조건으로 보면 로미오에게 칼을 던진 퀘벡의 행위는 로미오 죽음의 필수선행조건이다. 퀘벡이 칼을 로미오에게 던지지 않았더라면 로미오가 옆으로 몸을 피하지 않았을 것이다. 따라서 피아노에 깔려 죽을 일도 없었을 것이기 때문이다.

상식적으로 보건대 이러한 판단은 과한 면이 있다. 퀘벡은 로미오를 죽이려는 의도가 있었고 로미오의 죽음을 야기할 행위도 저질렀다. 하지만 막상 로미오의 죽음은 낙하한 피아노가 최종적인 원인이기 때문이다. 말하자면 퀘벡의 행위는 살인이기보다는 살인 미수에 가깝다. 이 경우 법조인들은 하늘에서 떨어진 피아노를 가리켜 근인近因이라고 부른다.

그러면 형벌이 수반되지 않는 민사재판에서도 인과를 따지는 경우가 있을까? 당연히 있다. 우리 민법 제750조(불법행위의 내용)는 '고의 또는 과실로 인한 위법행위로 타인에게 손해를 가한 자는 그 손해를 배상할 책임이 있다.'라고 규정하고 있다. 법조인들은 민법 제750조와 관련해 가해자의 위법행위와 피해자에게 발생한 손해 사이에는 인과가 있어야 한다고 설명한다.

민사상의 손해배상 책임을 다툴 때 형사재판처럼 필수선행조건으로 합리적 의심의 여지가 없는 경우만 인과를 인정하면 어떻게 될까? 원고가 피고에 비해 지나치게 불리한 입장에 처한다. 그렇기에 민사재판은 요구되는 인과의 세기가 형사재판보다 약하다.

미국법은 이른바 '증거의 우세preponderance of the evidence'가 있으면 인과를 인정한다. 영국법의 '확률의 균형balance of probabilities'이라는 용어 역시 증거의 우세와 동일한 개념이다. 증거의 우세는 통상적으로 50퍼센트를 초과하는 확률로 이해하는 경우가 일반적이다. 우리의 민사재판에서는 '상당한 개연성'이라는 표현으로 인과를 확인한다.

나오는 말

당신이 대학을 중퇴했더라면 억만장자가 됐을까

여러분은 긴 이야기를 용케 끝까지 마쳤다. 축하한다. 이제 인과의 백신을 맞았으니 온갖 착오정보와 역정보로 호도하려는 자들에게 맞설 최소한의 지적 면역력이 생겼다. 이 정도로는 충분하지 않다고 느낀다면 뒤의 참고문헌을 잘 활용하자. 여러분의 새로운 길잡이가 될 나침반 같은 책이 많이 포함돼 있다.

이 책을 마무리하면서 제목 때문에 끝까지 읽었을 독자가 있을지 모르겠다는 걱정이 들었다. 도발적인 질문을 던져놓고 알아서 답을 찾으라는 듯 아무런 힌트를 주지 않는 것도 책임 있는 행동은 아닐 터다. 아래에 이 책의 제목에 대한 답을 제시했다. 이 책에서 설명한 개념과 도구들로 구성한 내 방식의 대답이다. 물론 여러분은 내 생각에 동의하지 않을 권리가 있다.

먼저 일반적인 설명 두 가지를 해보겠다. 이게 맞는 방법이라서가 아니다. 그저 이런 식의 설명이 흔하기 때문이다. 첫 번째 설명은 확률이다. 들어가는 말에서 설명했듯이 전 세계 부자 순위 1등부터 7등 중 네 명이 대학을 졸업하지 않았다. 확률로는 약 57퍼센트다. 확률만 놓고 보면 대단한 금광이라도 발견한 듯싶다.

이게 진짜 금광이 되려면 더 낮은 순위까지 검토해도 경향이 유지돼야 한다. 32조 원의 재산을 가진 30위까지 30명을 대상으로 했을 때 대학을 졸업하지 않은 사람 수는 여섯 명에 그친다. 8위부터 30위까지의 23명 중 두 명만이 대학을 나오지 않은 때문이다. 이제 확률은 20퍼센트로 줄었다. 16조 원의 재산을 가진 100위까지 넓혀 보면 모두 열네 명이라 14퍼센트로 준다. 이쯤에서 이 계산은 그만 두련다.

일반적인 두 번째 설명은 3장의 확률적 인과다. 세계 100위까지가 억만장자라고 하자. 지구상의 전체 인구에서 억만장자가 차지하는 확률에 비해 대학을 졸업하지 않은 사람 중에 억만장자가 차지하는 비율이 더 높다면 대학을 졸업하지 않는 쪽이 억만장자가 되는 확률적 원인일까? 물론 이 자체로는 심슨의 역설 때문에 아무런 의미가 없다고 앞에서 설명했다. 그럼에도 재미 삼아 한번 계산해보자.

전 세계 인구는 약 78억 명이다. 인구 중 대졸 미만의 학력을 가진 사람의 비율을 구해야 한다. 그런데 주요 44개국의 비율을 국가별 인구로 가중평균해 구한 값은 약 75.6퍼센트다. 전체 인구에서 억만장자의 비율은 100 나누기 78억인 0.0000013퍼센트이고 대학을 졸업하지 않은 억만장자의 수 14를 대학을 졸업하지 않은 인구 추정치 59억으로 나눈 값은 0.0000002퍼센트다. 대학을 졸업하지 않았다는 조건을 붙일 경우, 오히려 억만장자일 확률이 낮아짐을 확인할 수 있다.

지금까지는 아무 소용이 없는 일을 했다면 이제부터가 소용 있는 본격적인 내 생각이다. 대학 중퇴가 억만장자의 원인이 되려면 우선 인과 그래프를 그려야 한다. 인과 그래프를 그리려면 억만장자가 될 수 있는 여러 방법을 생각해봐야 한다. 대략 세 가지로 요약할 수 있다. 다음을 읽기 전에 여러분이 먼저 세 가지를 생각해보자.

먼저 억만장자가 되는 제일 쉽고도 확실한 방법은 바로 상속이다. 즉 아빠나 엄마 혹은 할아버지, 할머니를 잘 둬서 되는 경우다. 이를 위해 우리가 할 수 있는 일은 없다. 그저 운에 달린 문제다. 그렇다면 상속으로 억만장자가 되는 비율은 얼마나 될까? 30위까지 중 상속으로 억만장자가 된 경우는 모두 열 명이다. 세 명 중 한 명꼴인 셈이다. 100위까지 해도 32명으로 대략 비율이 같다.

억만장자가 되는 두 번째 방법은 이를테면 결혼이다. 결혼한 상대방이 나중에 억만장자가 되거나 이미 억만장자인 상대방과 결혼해 유산을 상속받는 경우다. 후자의 경우는 앞서 상속으로 억만장자가 된 경우에 포함하지 않았다. 결혼으로 억만장자가 된 비율은 얼마나 될까? 생각만큼 높지는 않다. 30위까지 중 두 명이고 100위까지 중 세 명에 그친다. 결혼은 상속과 더불어 원래 부를 일구는 주요한 수단으로 알려졌지만 작은 부에서나 통하고 큰 부에서는 그 가능성이 크지 않은 듯하다.

그럼에도 결혼은 여전히 유효한 방법이다. 최소한 박사학위를 받는 것보다는 낫다. 100위 안에 박사 학위자가 세 명 있다. 그중 헤지펀드 르네상스테크놀로지스의 제임스 시몬스James H. Simons가 39위로 가장 높다. 그리고 세 명 다 박사학위 때문에 억만장자가 됐다고 보기는 어렵다.

억만장자가 되는 세 번째 방법은 직접 창업한 회사를 거대한 비즈니스로 키우는 경우다. 제프 베이조스가 그랬고 빌 게이츠가 그랬고 워런 버핏이 그랬다. 30위까지 중 18명, 100위까지 중 65명이 이 방법으로 억만장자가 됐다.

이 세 가지 방법 중 대학 중퇴가 원인이 될 수 있는 경우가 있을까? 달리 말해 대학을 그만둠으로써 이룰 가능성이 커지는 방법이 있을까? 상속은 태어날 때 주어지므로 아예 해당사항이 없고 결혼도 대학을 중간에 그만둔다고 해서 억만장자를 만날 가능성이 커질 리는 없다. 즉 대학 중퇴와 상속이나 결혼 사이에는 인과가 없다.

유일하게 남은 후보는 창업이다. 이는 좀 더 고민이 필요한 대상이다. 창업한 회사가 커져 억만장자가 된 사람 중에 대학을 그만둔 사람이 없지는 않다. 그런데 모든 억만장자 창업자가 다 대학을 그만두지는 않았다.

창업을 시도하고 또 회사를 크게 키우는 품성이나 역량이 있을 듯싶다. 이러한 기질을 총칭해 '모험사업가 기질'이라고 부르자. 모험사업가 기질을 객관적으로 관찰하기는 물론 쉽지 않다. 학생 때는 대개 우등생이기보다는 자기만의 세계가 뚜렷한 고집쟁이였을 가능성이 크다. 우등생은 어떤 면으로는 모험사업가 기질이 별로 없는 사람이기 쉽다. 우등생은 시험을 통해 승진하는 공무원 같은 역할을 선호한다. 단적으로, 좋은 학교를 나와야 갈 수 있는 골드만삭스의 매니징 디렉터는 작은 부는 모을지언정 억만장자는 될 수 없다.

이럴 때 흔히 듣는 말이 매니지먼트의 구루 피터 드러커의 "측정할 수 없으면 관리할 수 없다."라는 말이다. 측정할 수 없는 모험사업가 기질은 관리할 수 없으니 아예 신경을 꺼버리자는 이야기도 들을 수 있다.

관찰의 어려움이 존재의 부재에 대한 증명은 아니다. 객관적 데이터가 전부인 듯한 품질경영의 아버지 에드워즈 데밍W. Edwards Deming은 오히려 "측정할 수 없으면 관리할 수 없다는 생각은 잘못됐다. 대가가 큰 신화다."라고 했다. 요점은 대학을 중퇴했다는 사건은 모험사업가 기질에서 비롯될 수 있는 중간 결과에 불과하다는 사실이다. 대학 중퇴에서 모험사업가 기질로 화살표를 그릴 수는 없다.

대학 중퇴라는 결과를 가져올 원인도 생각해보자. 한 가지 원인은 학사 과정을 끝내지 못하게 만드는 불성실 혹은 끈기 부족이다. 다른 원인은 갑작스럽게 가정 형편이 어려워진 재정적 곤란이다. 모험사업가 기질도 용감하게 대학을 그만두게 만드는 한 가지 원인일 수는 있다.

모험사업가 기질이 불성실이나 재정적 곤란의 원인일 것 같지는 않다. 즉 대학 중퇴의 세 가지 원인은 서로 독립이다. 또한 억만장자가 되는 두 가지 원인, 즉 상속과 결혼이 학부를 마치지 못할 정도의 불성실과 재정적 곤란에 영향을 줄 것 같지도 않다. 이 모든 사항을 합쳐 보면 대학 중퇴라는 행위가 원인이 돼 억만장자가 될 리가 없음은 자명하다. 다시 말해 모험사업가 기질이 없는 사람은 아무리 대학을 중도에 그만둬도 그 때문에 생기지는 않는다.

이로써 '당신이 대학을 중퇴했더라면 지금쯤 억만장자가 됐을까?'라는 반사실에 대한 답을 할 준비가 됐다. 대학 중퇴와 억만장자 사이에는 인과가 없다. 따라서 이미 지나간 과거의 일을 돌이켜 후회할 필요는 없다.

참고문헌

강신익 외, 과학철학, 창비, 2011.
게르트 기거렌처, 강수희 옮김, 지금 생각이 답이다, 추수밭, 2014.
게르츠 기거렌처 외, 박병화 옮김, 통계의 함정, 율리시즈, 2017.
권오상, 혁신의 후원자 벤처캐피털, 클라우드나인, 2020.
권오상, 세 가지 열쇠, 부키, 2019.
권오상, 혁신의 파, 청어람미디어, 2018.
권오상, 신금융선언, 들녘, 2018.
권오상, 돈을 배우다, 오아시스, 2017.
권오상, 이기는 선택, 카시오페아, 2016.
김동환, 빅데이터는 거품이다, 페이퍼로드, 2016.
김양렬, 의사결정론, 명경사, 2012.
데보라 베넷, 박병철 옮김, 확률의 함정, 영림카디널, 2000.
로버트 후크, 김동훈 옮김, 통계학자와 거짓말쟁이, 새날, 1995.
르몽드 디플로마티크, 이푸로라 옮김, 르몽드 비판 경제학, 마인드큐브, 2019.
마쓰오 유타카, 박기원 옮김, 인공지능과 딥러닝, 동아엠앤비, 2015.
마이클 더다, 김용언 옮김, 코난 도일을 읽는 밤, 을유문화사, 2013.
마이클 루이스, 이미정 옮김, 빅 숏, 비즈니스맵, 2010.
발터 크래머 외, 박영구·박정미 옮김, 상식의 오류 사전 747, 경당, 2007.
블라드스톤 페헤이라 필루, 박연오 옮김, 컴퓨터 과학 로드맵, 인사이트, 2018.
안건훈, 인과성 분석, 서울대학교출판부, 2005.
알베르토 카이로, 이제원 옮김, 진실을 드러내는 데이터 시각화의 과학과 예술, 인사이트, 2019.
움베르토 에코·토마스 A. 세벅, 김주환·한은경 옮김, 셜록 홈스, 기호학자를 만나다, 이마, 2016.
유신, 인공지능은 뇌를 닮아가는가, 컬처룩, 2014.
이바르 에클랑, 박지훈 옮김, 가능한 최선의 세계, 필로소픽, 2016.
이언 해킹, 정혜경 옮김, 우연을 길들이다, 바다출판사, 2012.

조엘 베스트, 노혜숙 옮김, 통계라는 이름의 거짓말, 무우수, 2003.

조지 박스, 박중양 옮김, 어쩌다 보니 통계학자, 생각의힘, 2015.

조지프 마주르, 노태복 옮김, 그건 우연이 아니야, 에이도스, 2019.

존 맥코믹, 민병교 옮김, 미래를 바꾼 아홉가지 알고리즘, 에이콘, 2013.

질리언 테트, 김지욱 외 옮김, 풀스 골드, 랜덤하우스 코리아, 2010.

질베르 리스트, 최세진 옮김, 경제학은 과학적일 것이라는 환상, 봄날의책, 2015.

최기성·이은수, 2018 한국의 직업정보, 한국고용정보원, 2019.

페드로 도밍고스, 강형진 옮김, 마스터 알고리즘, 비즈니스북스, 2016.

피에르 바야르, 김병욱 옮김, 누가 로저 애크로이드를 죽였는가, 여름언덕, 2009.

필립 로스코, 홍기빈 옮김, 차가운 계산기, 열린책들, 2017.

Aaronson, Scott, *Quantum Computing Since Democritus*, Cambridge University Press, 2013.

Arbesman, Samuel, *The Half-Life of Facts*, Current, 2012.

Akerlof, George A. and Robert J. Shiller, *Phishing for Phools*, Princeton University Press, 2015.

Aldred, Jonathan, *Licence to be Bad: How Economics Corrupted Us*, Allen Lane, 2019.

Amato, Jeffrey D. and Jacob Gyntelberg, "CDS index tranches and the pricing of credit risk correlations", *BIS Quarterly Review*, part 7, 2005, March, pp.73-87.

Arbesman, Samuel, *The Half-Life of Facts*, Current, 2012.

Baker, Lee, Truth, *Lies & Statistics: How to Lie with Statistics*, Independently published, 2017.

Banerjee, Abhijit and Esther Duflo, *Good Economics for Hard Times*, PublicAffairs, 2019.

Barker, Eric, *Barking up the Wrong Tree*, HarperOne, 2017.

Bergstrom, Carl and Jevin D. West, *Calling Bullshit: The Art of Skepticism in a Data-Driven World*, Random House, 2020.

Bookstaber, Richard, *A Demon of Our Own Design*, Wiley, 2007.

Bostrom, Nick, *Superintelligence: Paths, Dangers, Strategies*, Oxford University Press, 2014.

Bowles, Samuel, *The Moral Economy*, Yale University Press, 2016.

Bram, Uri, *Thinking Statistically*, CreateSpace, 2013.

Brand, Myles and Marshall Swain, "On the Analysis of Causation", *Synthese*, 1970, 21(2), pp.222-227.

Brynjolfsson, Erik and Andrew McAfee, *The Second Machine Age*, W. W. Norton, 2014.

Cairo, Alberto, *How Charts Lie*, W. W. Norton & Company, 2019.

Carr, Nicholas, *The Shallows*, W. W. Norton, 2011.

Carson, David, "The abduction of Sherlock Holmes", *International Journal of Police Science & Management*, 2009, 11(2), pp.193-202.

Carter, Julian B., *The Heart of Whiteness: Normal Sexuality and Race in America*, Duke University Press, 2007.

Chaplin, Geoff, *Credit Derivatives*, Wiley, 2005.

Charig, C. R., D. R. Webb, S. R. Payne, and J. E. Wickham, "Comparison of treatment of renal calculi by open surgery, percutaneous nephrolithotomy, and extracorporeal shockwave lithotripsy", *British Medical Journal*(Clin Res Ed), 1986, March, 292(6524), pp.879-882.

Christian, Brian and Thomas Griffiths, *Algorithms to Live By*, Picador, 2017.

Chatterjee, Shoutir Kishore, *Statistical Thought: A Perspective and History*, Oxford University Press, 2003.

Cohen, Ben, *The Hot Hand: The Mystery and Science of Streaks*, Custom House, 2020.

Cox, David R. and Nanny Wermuth, *Multivarite Dependencies: Models, Analysis and Interpretation*, Chapman and Hall/CRC, 1996.

Crumley, Jack S. II, *An Introduction to Epstemology*, Broadview Press, 2009.

Diaconis, Persi and Brian Skyrms, *Ten Great Ideas about Chance*, Princeton University Press, 2017.

Diebold, Francis X., *Elements of Forecasting*, 4th edition, South-Western College Pub, 2006.

Doll, Richard and A. Bradford Hill, "Smoking and Carcinoma of the Lung", *British Medical Journal*, 1950, September, pp.739-748.

Doll, Richard and A. Bradford Hill, "The Mortality of Doctors in Relation to Their Smoking Habits", *British Medical Journal*, 1954, June, pp.1451-1455.

Donnelly, Kevin, *Adolphe Quetelet, Social Physics and the Average Men of Science*, University of Pittsburgh Press, 2015.

Doyle, A. Conan, *The Sign of Four*, SeaWolf Press, 2019.

Doyle, A. Conan, *The Adventures of Shcerlock Holmes*, SeaWolf Press, 2019.

Dreyfuss, Barbara T., *Hedge Hogs: The Cowboy Traders Behind Wall Street's Largest Hedge Fund Disaster*, Random House, 2013.

Drobny, Steven, *Inside the House of Money*, Wiley, 2006.

Dunbar, Nicholas, *The Devil's Derivatives*, Harvard Business Review, 2011.

Eells, Ellery, *Probabilistic Causality*, Cambridge Unversity Press, 1991.

Ekeland, Ivar, *The Broken Dice*, The University of Chicago Press, 1993.

Ellenberg, Jordan, *How Not To Be Wrong: The Power of Mathematical Thinking*, Penguin, 2015.

Engle, Robert, *Anticipating Correlations*, Princeton University Press, 2009.

Epstein, David, *Range: Why Generalists Triumph in a Specialized World*, Riverhead Books, 2019.

Fortenbaugh, William, *Eudemus of Rhodes*, Transaction Publishers, 2002.

Fox, Justin, *The Myth of the Rational Market*, Harper Business, 2009.

Frey, Bruno S. and David Iselin, *Economic Ideas You Should Forget*, Spinger, 2017.

Gilboa, Itzhak, *Making Better Decisions*, Wiley-Blackwell, 2011.

Gilboa, Itzhak, *Rational Choice*, MIT Press, 2010.

Gilboa, Itzhak, *Theory of Decision under Uncertainty*, Cambridge University Press, 2009.

Gomez, Brad T, Thomas G Hansford, and George A Krause, "The Republicans Should Pray for Rain: Weather, Turnout, and Voting in U.S. Presidential Elections", *The Journal of Politics*, 2007, 69 (3), pp.649-63(663?).

Granger, Clive W. J. and Paul Newbold, *Forecasting Economic Time Series*, Academic Press, 1977.

Halpern, Joseph Y., *Actual Causality*, MIT Press, 2019.

Handy, Charles, *The Second Curve: Thoughts on Reinventing Society*, Random House, 2015.

Hazlitt, Henry, *Economics in One Lesson*, Three River Press, 1979.

Henderson, Bobby, *The Gospel of the Flying Spaghetti Monster*, Harper Collins Entertainment, 2006.

Hidalgo, Cesar, *Why Information Grows: The Evolution of Order, from Atoms to*

Economies, Basic Books, 2015.

Huff, Darrell, *How to Lie with Statistics*, W. W. Norton & Company, 1993.

Ishikawa, Tetsuya, *How I Caused the Credit Crunch: An Insider's Story of the Financial Meltdown*, Icon Books, 2010.

Jacque, Laurent L., *Global Derivative Debacles from Theory to Malpractice*, World Scientific Publishing, 2010.

Jann, Rosemay, "Sherlock Holmes Codes the Social Body", *ELH*, 1990, 57(3), pp.685-708.

Jones, Garett, *Hive Mind*, Stanford University Press, 2015.

Kahneman, Daniel, *Thinking, Fast and Slow*, Farrar, Straus and Giroux, 2013.

Kaplan, Jerry, *Artificial Intelligence: What Everyone Needs to Know*, Oxford University Press, 2016.

Kaplan, Michael and Ellen Kaplan, *Chances are*, Penguin Books, 2007.

Kat, Harry M., *Structured Equity Derivatives*, Wiley, 2001.

Kern, Stephen, *A Cultural History of Causality: Science, Murder Novels and Systems of Thought*, Princeton University Press, 2006.

Kevles, Daniel J., *In the Name of Eugenics: Genetics and the Uses of Human Heredity*, Harvard University Press, 1998.

Kim, Jaegwon, *Philosophy of Mind*, Westview Press, 2010.

King, Mervyn and John Kay, *Radical Uncertainty*, W. W. Norton & Company, 2020.

Kirk, Donald E., *Optimal Control Theory*, Dover, 2004.

Kleinberg, Samantha, *Why*, O'Reilly Media, 2015.

Kleinberg, Samantha, *Causality, Probability, and Time*, Cambridge University Press, 2018.

Konnikova, Maria, *The Biggest Bluff*, Penguin Press, 2020.

Kruschke, John K., *Doing Bayesian Data Analyses*, Academic Press, 2011.

Kwon, Ohsang, "Limitations and Mis-uses of Correlation in Financial Markets", *Jounral of Korea Association of Business Education*, 2011, 26(6), pp.21-42.

Kucharski, Adam, *The Rules of Contagion*, Basic Books, 2020.

Kurzweil, Ray, *How to Create a Mind*, Penguin Books, 2013.

Laplace, Marquis de, *A Philosophical Essay on Probabilities*, Dover, 1951.

Lee, Peter M., *Bayesian Statistics*, 3rd edition, Hodder Arnold, 2004.

Leinweber, David J., *Nerds on Wall Street: Math, Machines and Weird Markets*, Wiley, 2009.

Levesque, Hector J., *Common Sense, the Turing Test, and the Quest for Real AI*, MIT Press, 2017.

Levitin, Daniel J., *A Field Guide to Lies: Critical Thinking in the Information Age*, Dutton, 2016.

Levitt, Steven D. and Stephen J. Dubner, *When to Rob a Bank*, William Morrow, 2015.

Lewis, H.M., *Why Flip a Coin?*, Wiley, 1997.

Lewis, Michael, *The Undoing Project: A Friendship that Changed Our Minds*, W. W. Norton, 2016.

Lienhard, John H., *The Engines of Our Ingenuity*, Oxford University Press, 2000.

Lloyd, Geoffrey E. R., *Magic, Reason, and Experience*, Cambridge University Press, 1979.

Lotto, Beau, *Deviate: The Science of Seeing Differently*, Hachette Books, 2017.

Lowenstein, Roger, *When Genius Failed: The Rise and Fall of Long-Term Capital Management*, Random House, 2001.

Lynn, Richard and Tatu Vanhanen, *IQ and the Wealth of Nations*, Praeger, 2002.

Maas, Harro, *William Stanley Jevons and the Making Modern Economics*, Cambridge University Press, 2005.

Mackenzie, Donald, *Knowing Machines: Essays on Technical Change*, MIT Press, 1998.

Mallaby, Sebastian, *More Money Than God*, The Penguin Press, 2010.

McCarthy, John, "Circumscription – A Form of Nonmonotonic Reasoning", *Artificial Intelligence*, 1980, 13, p.27-39.

McDonald, Lynn, *Florence Nightingale: Collected Works of Florence Nightingale*, Wilfrid Laurier University Press, 2002.

McKelvey, Jim, *The Innovation Stack*, Portfolio, 2020.

Mellor, D. Hugh, *The Facts of Causation*, Routledge, 1995.

Menand, Louis, *The Metaphysical Club*, Farrar, Straus and Giroux, 2002.

Mindell, David A., *Our Robots, Ourselves: Robotics and the Myths of Autonomy*, Viking, 2015.

Mounfield, C. C., *Synthetic CDOs: Modelling, Valuation and Risk Management*, Cambridge University Press, 2009.

Muller, Zerry Z., *The Tyranny of Metrics*, Princeton University Press, 2018.

Nise, Norman S., *Control Systems Engineering*, 5th edition, Wiley, 2008.

Ord, Toby, *The Precipice: Existential Risk and the Future of Humanity*, Hachette Books, 2020.

Orrell, David, *Apollo's Arrow*, Harper Perennial, 2008.

Palencia, Pedro et al, "Strawberry yield efficiency and its correlation with temperature and solar radiation", *Horticultura Brasileira*, 2013, 31(1), pp.93-99.

Parker, Matt, *Humble Pi: When Math Goes Wrong in the Real World*, Riverhead Books, 2020.

Pearl, Judea and Dana Mackenzie, *The Book of Why*, Basic Books, 2018.

Pearl, Judea, *Causal Inference in Statistics*, Wiley, 2016.

Pearl, Judea, *Causality*, 2nd edition, Cambridge University Press, 2009.

Peart, Sandra, *The Economics of W. S. Jevons*, Routledge, 1996.

Peterson, Martin, *An Introduction to Decision Theory*, Cambridge University Press, 2009.

Postman, Neil, *Technopoly*, Vintage, 1993.

Rebonato, Riccardo, *Volatility and Correlation*, 2nd edition, Wiley, 2004.

Riel, Jennifer and Roger Martin, *Creating Great Choices*, Harvard Business Review Press, 2017.

Ritchie, Stuart, *Science Fictions*, Metropolitan Books, 2020.

Rose, Todd, *The End of Average*, HarperOne, 2016.

Rose, Todd and Ogi Ogas, *Dark Horse*, HarperOne, 2018.

Rosling, Hans, Ola Rosling and Anna Rosling Ronnlund, *Factfullness*, Flatiron Books, 2018.

Ross, Sheldon M., *Introduction to Probability Models*, 6th edition, Academic Press, 1997.

Rubinstein, Mark, *A History of the Theory of Invesmtments*, Wiley, 2006.

Russell, Stuart, *Human Compatible: Artificial Intelligence and the Problem of Control*, Viking, 2019.

Sastry, Shankar and Marc Bodson, *Adaptive Control: Stability, Convergence and Robustness*, Dover, 2011.

Sautoy, Marcus Du, *The Creativity Code: Art and Innovation in the Age of AI*,

Belknap Press, 2020.

Savage, Leonard J., *The Foundations of Statistics*, Dover, 1972.

Savage, Sam L., *The Flaw of Averages*, Wiley, 2009.

Shreffler, Philip A., *Sherlock Holmes by Gas Lamp*, Fordham University Press, 1989.

Silver, Nate, *The Signal and the Noise*, The Penguin Press, 2012.

Simpson, E. H., "The Interpretation of Interaction in Contingency Tables", *Journal of the Royal Statistical Society*, Series B., 1951, 13, pp.238-241.

Sloman, Steven, *Causal Models: How People Think About the World and its Alternatives*, Oxford University Press, 2009.

Smith, Vernon L., *Rationality in Economics*, Cambridge University Press, 2008.

Stefanini, Filippo, *Investment Strategies of Hedge Funds*, Wiley, 2006.

Suppes, Patrick, *A Probabilistic Theory of Causality*, Armsterdam: North-Holland Publishing, 1970.

Taleb, Nassim N., *Fooled by Randomness*, Texere, 2001.

Taleb, Nassim N., *The Black Swan*, Random House, 2007.

Taleb, Nassim N., *Skin in the Game*, Random House, 2018.

Taleb, Nassim N., *Statistical Consequences of Fat Tails*, STEM Academic Press, 2020.

Tavakoli, Janet M., *Structured Finance & Collateralized Debt Obligations*, 2nd edition, Wiley, 2008.

Taylor, Richard, *Metaphysics*, 4th edition, Prentice Hall, 1991.

Tenner, Edward, *The Efficiency Paradox: What Big Data Can't Do*, Knopf, 2018.

Tetlock, Philip E. and Dan Gardner, *Superforecasting: The Art and Science of Prediction*, Crown, 2015.

Thrun, Sebastian, Wolfram Burgard and Dieter Fox, *Probabilistic Robotics*, MIT Press, 2006.

Tibbetts, Stephen G. and Craig Hemmens, *Criminological Theory*, SAFE Publications, 2018.

Topol, Eric, *Deep Medicine: How Artificial Intelligence Can Make Healthcare Human Again*, Basic Books, 2019.

Vigen, Tyler, *Spurious Correlations*, Hachette Books, 2015.

Warwick, Kevin, *Artificial Intelligence: The Basics*, Routledge, 2011.

Weinersmith, Kelly and Zach Weinersmith, *Soonish: Ten Emerging Technologies That'll Improve and/or Ruin Everything*, Penguin Press, 2017.

Whitehead, Alfred North, *Process and Reality*, Cambridge University Press, 1929.

Wolfram, Stephen, *Idea Makers*, Wolfram Media, 2016.

Wolla, Scott A. and Jessica Sullivan, *Education, Income, and Wealth*, Federal Reserve Bank of St. Louis, 2017.

Young, Gerald, *Unifying Causality and Psychology: Being, Brain, and Behavior*, Springer, 2016.

Zagorsky, J. L., "Do you have to be smart to be rich? The Impact of IQ on wealth, income and financial distress", *Intelligence*, 2007, 35(5), pp.489-501.

Zarkadakis, George, *In Our Own Image: Savior or Destroyer? The History and Future of Artificial Intelligence*, Pegasus, 2016.

억만장자가 되려면 대학을 중퇴해야 할까

초판 1쇄 인쇄 2021년 9월 23일
초판 1쇄 발행 2021년 9월 30일

지은이 권오상
펴낸이 안현주

기획 류재운 **편집** 안선영 **마케팅** 안현영
디자인 표지 최승협 본문 장덕종

펴낸 곳 클라우드나인 **출판등록** 2013년 12월 12일(제2013-101호)
주소 우) 03993 서울시 마포구 월드컵북로 4길 82(동교동) 신흥빌딩 3층
전화 02-332-8939 **팩스** 02-6008-8938
이메일 c9book@naver.com

값 17,000원
ISBN 979-11-91334-30-2 03320

* 잘못 만들어진 책은 구입하신 곳에서 교환해드립니다.
* 이 책의 전부 또는 일부 내용을 재사용하려면 사전에 저작권자와 클라우드나인의 동의를 받아야 합니다.
* 클라우드나인에서는 독자 여러분의 원고를 기다리고 있습니다.
  출간을 원하시는 분은 원고를 bookmuseum@naver.com으로 보내주세요.
* 클라우드나인은 구름 중 가장 높은 구름인 9번 구름을 뜻합니다. 새들이 깃털로 하늘을 나는 것처럼 인간은 깃펜으로 쓴 글자에 의해 천상에 오를 것입니다.